JN041118

人の資本主義

Capitalism for Human Co-becoming

中島隆博［編］

東京大学出版会

本書は、立命館大学稲盛経営哲学研究センターの
企画協力により刊行される。

Capitalism for Human Co-becoming
Takahiro NAKAJIMA, Editor
University of Tokyo Press, 2021
ISBN978-4-13-013098-1

はじめに——人の資本主義

中島隆博

人の資本主義。これは、人間と資本主義の複合語です。重要なことは、わたしたちはまだ人間も資本主義もよくわかっていないということです。しかも、人間という概念も資本主義という概念も、歴史の上で大きく変遷してきています。その内容がよくわからず、変化し続けている二つの概念を組み合わせたときに、何が起きるのでしょうか。わたしが望んでいるのは、人の資本主義がよりましな世界を開くということです。

現在の状況は楽観できるものではありません。人間は深く分断されています。それは、人間と動物の分断、人間と生物の分断、人間と環境の分断が人間の中に折り返された結果だろうと思います。資本主義もまた、わたしたちの社会に巨大な格差をもたらし、人間の分断を助長し、環境に大きな負荷をかけ続けています。

人間が人間的になっていくこと。これはまるで花が咲くようなプロセスです。適切な時期に適切な支えが必要です。『孟子』公孫丑上に、悪い「助長」の話があります。宋の国の人が苗の生長が遅いのを心配して、一日中苗を引っ張って生長を「助長」したところ、苗は枯れてしまった、というものです。現在の資本主義は、まさにこうした「助長」に溢れています。資本主義とは何かはよくわからないのですが、ひとつの大きな特徴は、時間の支配の仕方にあります。資本を投下して回収するのが投資ですが、それに典型的に現れているように、単線的な時間を設定して、無理な投資をしては恐慌を起こす仕組みです。しかし、人間の時間にはふくらみがあり、無理な「助長」が、人間を枯らしてしまうのは明らかです。

そうであれば、資本主義により賢くなってもらう必要があります。それが、適切な時期に適切に支えるということです。そのためには、まず、現在大きく発展してきている情報技術をうまく使うことも大事になります。もちろん情報技術には光と影がありますので、悪くすると、人間を支配する方向に行きかねません。また、わたしたちの世界を計算し尽くして、到来するもの、偶然的なものを、あらかじめ排除する方向に行くこともあるでしょう。

しかし、そこは知恵の見せどころです。人間を支配し尽くしたり、未来を支配し尽くしたりすることは、おそらく原理的にはできないはずですし、アルゴリズム構築の中に、それが肥大化しない穴のような仕掛けを組み込むことはできるはずです。人間が自由になるために、情報技術があることを徹底するべきなのです。

次に大事なことは、資本主義と並走する社会システムを洗練することです。資本主義はそれ単独では機能しません。市場が必要ですし、何よりも社会そのものが必要です。人間が住む社会が真に豊かになるように、社会システムを洗練することで、資本主義を上手に組み込むことができるようになるはずです。そのためには、社会的想像力を鍛えなければなりません。その根本にあるのは、

「わたしたちはいかなる社会を望むのか」という問いです。

どうしても、わたしたちは、「できる」ことを拡大しようとしがちです。あれもできます、これもできます。資本主義が「助長」するのは、まさにこの「できる」ということです。それによって、欲望がいったんは充足されるかもしれません。しかし、「できる」ことには限りがありませんので、再び、次の「できる」に向かって進んでいくのです。

では、「望む」はどうでしょうか。それは「できる」とは異なる欲望の形です。「希む」と書いたほうがよいかもしれませんね。「この国には何でもある。だが、希望だけがない」と言っていたのは、村上龍『希望の国のエクソダス』（文藝春秋、2000年）の少年でした。わたしたちは、希望のレッスンをずいぶん怠ってきたように思います。社会的想像力は、希望のレッスンなしには育まれません。わたしはかつて立命館大学に在職していた際に、当時文学部長であった長田豊臣先生から、現在の立命館大学アジア太平洋大学の構想を手伝うようにとお声がけいただいたときに、「日本にかつてなかった大学を構想しなさい」と言われました。心に震えるものがありました。長田先生なりの希望のレッスンだったのだろうと思います。「できる」ではなく「望む」ことに真剣に向き合う時間がそこにはありました。

「わたしたちはいかなる社会を望むのか」。これを踏まえて社会的想像力を鍛えることで、ひょっとすると資本主義をよい方向に少しは飼い慣らすことができるかもしれません。しかし、今は逆になっていて、グローバルに展開する資本主義によって社会システムの方が変化させられているのです。それは資本主義にとっても不幸なことだろうと思います。

資本主義により賢くなってもらうために、三番目に大事なことは、言葉の問題です。欲望、利己心、資本、時間、貨幣、利潤、利子、価値、差異等々、資本主義を支えている重要な概念がいくつもあります。とはいえ、そうした概念は十分にアップデートされているわけではなく、現在の資本主義を理解するために役に立っていない可能性もあります。そうした近代的な諸概念をアップデートすると同時に、新しい概念、新しい言葉を生み出していく必要があります。たとえば、本書には「共生」、「定常経済」、「脱成長」、「手入れ」等々の新しい言葉がいくつも登場します。それは、現在の資本主義を理解するために、どうしても必要な概念なのです。

わたしたちの生はきわめて複雑な複雑系です。それをいかなる概念でどう理解するかということ自体が、生に影響を与えます。概念をアップデートしたり、新しく生み出すことは、単に記述をしているわけではなく、生に関与しているのです。資本主義も同様に、わたしたちはそれをすでに生きてしまっているのであって、単なるシステムではもはやありません。そうであれば、概念を通じて、資本主義自体をよい方向に変容させていくこともできるはずです。

人の資本主義に戻りましょう。これ自体が、新しい概念です。それは、人間を資本とみなすような human capital の議論とはまったく異なりますし、人間中心主義的な匂いが消えない人間的な資本主義とも異なります。それは、人間と資本主義の再定義を同時に要求するものです。

人間の方から述べると、わたしたちは近代になって、ずいぶん人間中心主義的な人間観に浸ってきました。それは神の代わりなのです。人間以外の動物や生物そして環境が、人間にどれだけ苛まれてきたかを考えるだけでも、人間中心主義の残酷さはよくわかります。そして、それが人間の中に折り返されて、人間を深く分断していることもよく知られるようになりました。ユヴァル・ノア・ハラリがその『ホモ・デウス』（柴田裕之訳、河出書房新社、2018年）の中で、神のようになった人間すなわちホモ・デウスと、それ以外の多くの「無用者階級」への分断を描いたことは、わたしたちを戦慄させました。しかし、それはある程度はすでに現実化しているかもしれないのです。

それに対して、わたしたちが考えているのは、Human Co-becoming ということです。とりわけ西洋哲学の文脈では、人間は Human Being として、存在の側から、つまりは存在としての神の側から見られてきました。それに対して、近年、東洋哲学を研究する人々から、Human Becoming という考えが出されてきています。これは「仁」という古い概念の読み直しでもあり、人間は人間的になっていくものだ、という意味です。わたしたちはそれに co すなわち「一緒に」という言葉を付け加えて、Human Co-becoming と言ってみたいと思っています。つまり、人間はひとりで人間的になることはできず、他者と共にあることではじめて人間的になるということです。

これが、西洋哲学の根本概念である存在論への挑戦であることは容易にわかるかと思います。存在に代えて変容を、しかも共に変容することを、人間の再定義として考えてみたいのです。ひとりひとりの人間が根底的に変容することに、人間のチャンスがあると思います。そしてそれが、人間の価値ではないのでしょうか。

このように変容する人間に価値を置くことに、もし新たな資本主義が貢献できるとすれば、それは望ましいように思います。そして、それを人の資本主義と呼んでみたいのです。

では、資本主義のほうはどうなるのでしょうか。わたしは、資本主義も大きく変化し続けていると思っています。その見取り図として、モノの資本主義とコトの資本主義を考えておきたいと思います。

モノの資本主義では、労働によって製品というモノを生産し、それを流通させて所有します。人間は、そこでは労働者です。生産が労働の中心にあり、所有が生を彩っていました。「わたしとは何であるのか」と問われれば、「働く者だ」と容易に答えることができたはずです。

ところが、ある時期から世の中にはモノがあふれるようになり、消費しても消費しても追い付かなくなります。すると身体的だけでなく精神的にも過剰なメタボリックに苦しむという、何とも皮肉な状況ができました。

資本主義はここで、コトに向かいました。差異をつくり出し、差異を消費する資本主義は、モノではなくコト、すなわちある種のパッケージ化された出来事や情報に向かったのです。そうして差異がなければ差異があるように見せる、あるいはそれを経験する出来事自体が差異として消費されるようになりました。「違いをつくり出す」が合言葉です。

ただし、そのコトは、プログラム化されパッケージ化されているので、偶然性に乏しいものです。そこに偶然性をどう組み込んでいくかが腕の見せ所ですから、偶然性が脚光を浴びます。しかし、それはやはり相変わらず偶然性に乏しいものであり続けています。

ある人の個性も、こうしたコトの資本主義では重要な価値になります。何を所有しているかというよりむしろ、どのような経験をしているか、どのような生き方をしているかが、その人のユニークさとして消費されていくのです。ただ、ユニークさといってもある範囲でのものであり、それを越えるとすぐさま叩かれるわけです。

では、資本主義はどこに向かえばよいのでしょうか。わたしは、それが「人の資本主義」だと考えています。その場合の「人」は、生産者、消費者、労働者、個性ある個人、といった近代的な概念には収まりません。それは遥か昔の「仁」や、今日的な Human Co-becoming が同時に告げている「人」なのです。そうした「人」が花咲くことを価値とすること。もし資本主義がそちらに向かうことができるのであれば、世界の風景は大きく変わるだろうと思います。

人の資本主義。この新しい複合語が開くものは、ある慎ましい生の様式です。それは人間がともに人間的になっていく望みのもとに生きるものです。そうすることで、もしかすると人間は動物や植物の高貴さに少しは近づくことができるかもしれません。

人の資本主義／目次

第II部 ディスコースの変容と資本主義

第5章 なぜ利己的個人か 野原慎司——117

第8章

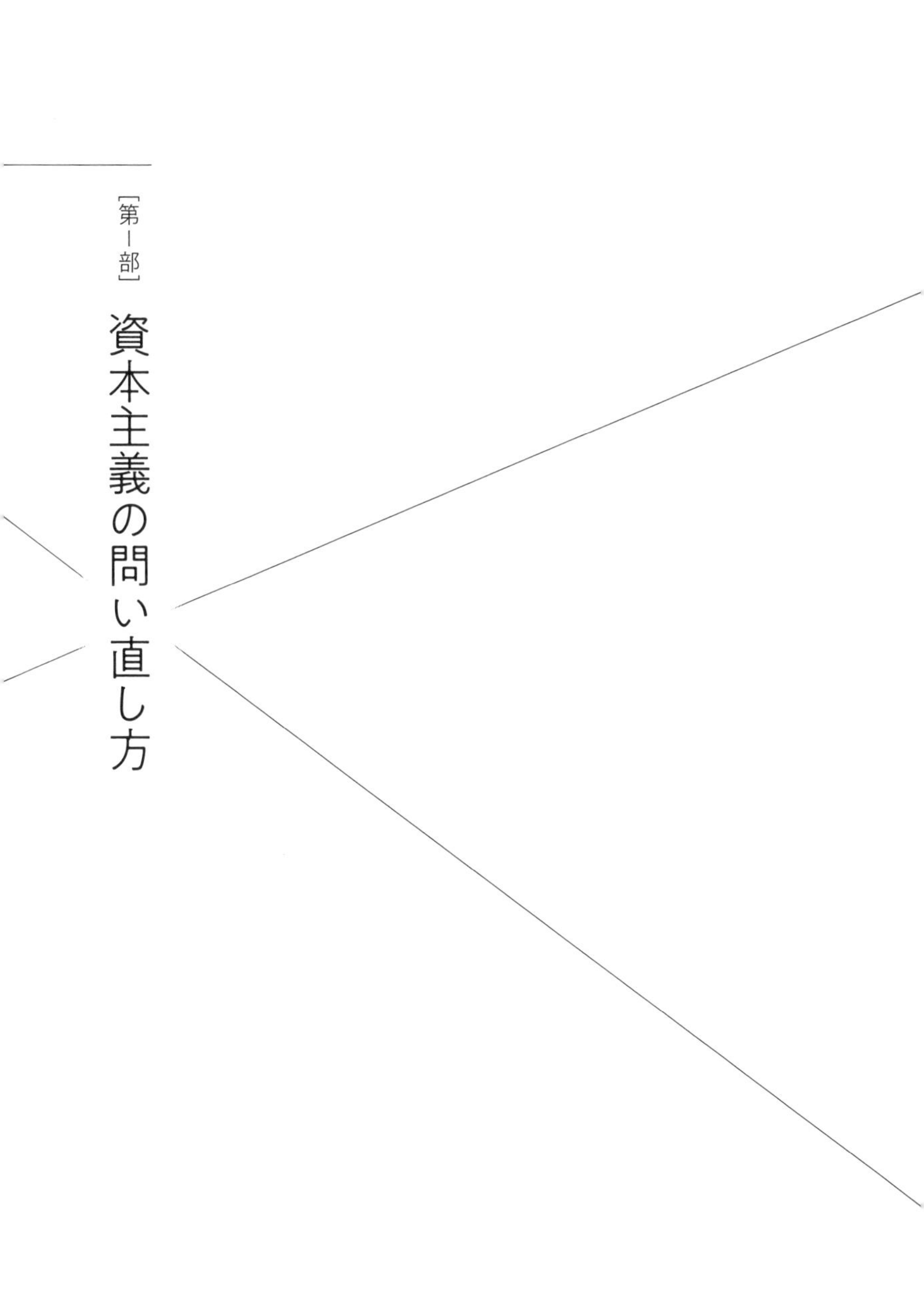

［第一部］

資本主義の問い直し方

第1章　「人の資本主義」の意味と可能性についての覚え書き

小野塚知二

1. 資本主義の人間的性格と非人間的（あるいは非人格的）性格

まず資本主義という言葉を、わたしは次のように定義します。

①商品生産を、それがすべての財・サービスのうちでどれほどの割合を占めているのかという量的な問題としてではなく、

②商品として売れるものが先に決まっていて、残余が非商品として供給されているという点で、商品生産は、人間＝社会全体の再生産において基底的な性格を有しており、

③その商品生産の基底的な部分を、自営的な小商品生産者ではなく、他人の賃労働を雇う資本の運動が担う社会・経済である。

わたしに特有の定義の仕方は②です。①と③に関しては、通常どの辞典や辞書、あるいは経済学の概説書にも、だいたいそう書いてあります。

資本主義というのは、商品生産が重要だとよく言われます。商品生産とは端的に言うと、金儲けのための生産であり、貨幣を獲得することを目的にする生産のことをいうわけです。

ただ、通常の定義では、商品生産が財・サービスのほとんどを占めていると書いてありますが、

それはありえません。現在でも、また先進国の経済であっても、商品生産（市場向けの貨幣を目的とした財・サービスの生産）は、人間の投入している総労働時間の5～7割程度にしかなりません。したがって、商品生産が全ての財・サービスを占めていることはなくて、②が重要なのです。つまり、商品として売れるものが先に決まっていて残余が非商品として供給されるのです。なぜなら、財を非商品として供給し、また非商品として流出させるほうがより多くの貨幣が手に入るからです。個人であれ、家であれ、企業のような大きな組織であれ、産み出すものをすべて市場向けに商品として売り、また必要なものをすべて市場で購入するよりも、内部で非商品形態で自家生産し、それを自家消費する方が、貨幣収入と貨幣支出の差額をより大きくできることがあるのです。家族成員によってなされる家事、自営業者の自家消費、ボランティア活動などは、いずれも有償の賃労働を購入して財・サービスを生産したり、有償の財・サービスを外部市場から購入するよりも、無償労働で財・サービスを生産する方が、最終的により多くの貨幣を入手できるのです。公共部門の公共サービスは、産み出すのに投入される労働は有償の賃労働ですが、産み出されたサービスは公共財として無償で供給されます。それは各人が個別的に公共サービスと同等のサービスを市場で購入するよりも、税金を払ったうえで無償の公共財として調達する方が、各人の貨幣支出が減るし、非効率や不公平も減少するからなのです。そういう意味で、貨幣を獲得するための商品生産は人間社会全体の再生産において基底的な性格を有していて、その商品生産の基底的な部分を自営的な小商品生産者ではなく、他人の賃労働を雇う資本の運動が担うような社会・経済を資本主義というのです。それがわたしの資本主義の定義です。

資本主義成立の前提条件

こうした資本主義が成り立つためには前提条件が二つあります。

一つは金儲けのために商品を生産するので、万人がより多くの貨幣を得ようとして、より多くの生活必需品が自家生産・自家消費ではなく、市場向けの商品として生産・販売され、その商品を市場で買ってくることにならないといけないということです。王侯貴族や大商人の顕示的な消費は、市場の一部しか占めていません。そうした意味での資本主義は、マックス・ウェーバーも言うように、2000年前ないしは5000年前ぐらいからあったわけです。そうではなく、社会の中の無視できない部分、特に生活必需品をつかむことが、資本主義には決定的に重要なのです。生活必需品が市場向けの商品として生産され消費される点では、市場経済が資本主義の論理的前提になります。もう一つは、他人の賃労働を雇う資本の運動が商品生産を担うわけですから、自由な賃労働があらかじめ市場に存在していなければなりません。この賃労働の存在が資本主義の論理的前提であると同時に、歴史的な前提でもあります。

マルクスの『資本論』は、資本の発生を、資本の本源的蓄積や原始的蓄積という言葉で表現しました。しかし、マルクスはなぜ賃労働が発生するのかは論理的にうまく説明できませんでした。イギリスの歴史を踏まえて、こういうふうに賃労働が登場したという歴史の話に論理をすり替えることで、『資本論』はできあがったわけです。しかし、歴史的に資本主義に先立って賃労働が存在しないといけないというわけではなくて、資本主義が存在するためには、論理的に労働市場が先に存在していることが必要になるとわたしは考えています。

資本主義は、その他の生産様式と同様に、簡単に言うなら欲望充足システムの一つの種類です。際限のない欲望が人間の本質だとするならば、前近代のさまざまな生産様式は、そうした人の欲望を充足しますが、なんらかの力でもって規制するシステムでした。それに対して、資本主義は、そのチェック機構を外して人の際限のない欲望に対応する形で成長していきました。20世紀に入ると、さらに人の欲望を人為的にかき立てもしました。よく需要の創出という言い方をしますが、際限のない欲望という人間の本質から照らしてみた場合、それ以前のさまざまな生産様式よりも、資本主義のほうが人間的であるということができると思います。ルネサンスが人文主義（humanism.人間中心主義）であるということの意味は、ここにあります。

原子論モデル

それでも、資本主義には非人間的で非人格的な性格もあります。原子論モデルもしくは方法的個人主義から資本主義を考えた場合、市場経済は組織されない複雑系であって、要素と要素の間に何も関係がありません。人々は自分の欲望を満たすために市場に出てきて、他人とモノの交換あるいはモノの売り買いをしますが、そこでの他人との関係は別にその人との関係を結ぶことに目的はありません。自分の欲望を満たすために自分の持っていないものを獲得することが目的なので、他人との協同性が結果としては形成されているかもしれませんが、それ自体には何の意味もないということになります。

これに対して、同じ方法的個人主義からでも、ホッブズ以後の17世紀・18世紀の学者たちは、社会契約論に従って、市場社会とは異なる原理の市民社会を導出しました。市民社会は相手の人格を目的にするものです。相手との間に平和的な関係を安定的に維持するために、相互に自分のもっている自然権の一部を国家権力にプールすることで国家権力を作り、急迫不正の場合以外は、自衛権を放棄して司法権力を信頼し、私刑・私裁を禁止するという契約を結ぶことになります。これは、契約当事者という点でも、契約目的という点でも、他者の人格を承認したうえでの目的意識的な協同性になります。

そうすると、原子論モデルから出てくる二つの近代社会のあり方は、市場社会であるか市民社会であるか、非人格的であるか人格的であるか、という点で、二つの異なる顔をもつことになります。市場は非人格的で、自分の際限のない欲望をよりよく満たすための場にすぎず、他者は自分にとっての手段にすぎません。市場では、モノの値段が上がると思えばどんどん買い占めてもいいし、売り惜しみをしてもいい。そのことは市場においてはごく当然の機会主義的な行動だとして、市場経済、あるいは経済学では、経済主体の当然の行動とみなされます。

しかし、こうした形式合理性を放っておくと、『ヴェニスの商人』や『水戸黄門』の話のように、人間の生活や生存にとって都合の悪いことが出てくることがあります。そして、生活や生存の実質合理性と市場の形式合理性が衝突するようになると、エドワード・P・トムスンやジェームズ・スコットが述べたようなモラル・エコノミーが登場してきますし、『ヴェニスの商人』や『水戸黄門』『鶴の恩返し』『猫の恩返し』に表現されたような、市場の形式合理性への不満・不信感と、生活や生存の実質合理性の回復欲求みたいなものが出てくることになります。

2. 協同性モデルの難点

ここまでが、原子論モデルもしくは方法的個人主義から資本主義を見た場合に出てくる、非人間的な性格の二つの側面です。それとは別に、資本主義を協同性モデルもしくはアソシエーションモデルとして見ることもできます。アソシエーションモデルが資本主義であることを一番わかりやすく表現しているのが株式会社です。株式会社はアソシエーションです。株式会社の定款は、アーティクル・オブ・アソシエーション Article of Association と表現されています。株式会社は、複数の赤の他人が会社を作るとか、何かの事業をする目的で結合すること、仲間になることを本質としています。

株式会社は本来、ある特定の事業を行うために、人々が自分の出資分を持ち寄って仲間になることに本質があります。この何十年かで、日本でも急速にアメリカ風の株主主権論が入ってきました。

それは、株式会社は基本的に株主にとっての配当と株価の問題であるというものです。ある意味で明晰ではありますが、非常に一面的でもあります。こうした観点から株式会社を表現・評価することが日本でも進んでくることで、それは一面的であるという問題も議論されています。いま一度、株式会社とは何であったか、何であるのかをしっかりと議論してみないといけないのではないかと思います。

ここで述べるのは、株式会社のもともとの意味です。近代資本主義において生み出されたさまざまな協同組合・共済組合・労働組合もアソシエーションですので、それらは基本的には株式会社と原理的に同じようなものであると考えています。原子論モデルではなく、協同性モデル、アソシエーショナルモデルで構成された社会原理です。

voice と exit

原子論モデルもアソシエーショナルモデルでも、そこに入るのも自由、出て行くのも自由である点では同じです。しかし、原子論モデルの市場社会では、市場に対して人間は発言することができません。価格だけをパラメーターとして、売るか買うかという行為を決めるだけですので、市場に対する発言権はそもそも予定されていないのです。それに対して、アソシエーショナルモデルでは、出入り（exit）が自由なだけではなく、協同性をどのように作るかについての発言権（voice）も確保されているのです。そういう voice と exit にもとづく結合関係になっています。

出入りも自由でそのうえ発言権もあるというのは、バラ色の発想です。人間の社会は大昔から voice と exit のどちらかは必ず保障してきました。たとえば、前近代の村やギルドといった共同体は、出入りは自由ではありません。生まれついた共同体でメンバーと決まったら外に出ることはできません。出てしまったらはぐれ者になってしまいます。ですから、出ること、exit はできないのです。その代わり、100パーセントの voice が保障されています。ところが市場社会は逆で、exit は保障されているけれども、voice は保障されていません。アソシエーションは両方を保障しようではないかといういいとこ取りの発想です。

しかし、欲望の効率的充足という観点から考えると、アソシエーションはバラ色だけではすまなくなっていきます。さまざまな協同組合の破綻や自主管理労組の悲惨な末路が顕在化しています。自主管理労組とは、企業が倒産したあとの企業経営を、労働組合が自主的に管理して行うものです。日本でもヨーロッパでも、1980年代に非常に注目された労働組合の新しい運動スタイルでした。いくつか例がありますが、日本で一番有名なのは、光学機器のペトリという会社です。それは自主管理企業としてまだ存続しているかもしれません。ただ、ペトリに関しては、井上雅雄さんの非常に詳細な調査に基づいた研究があります。決してバラ色の話にはなっていません。結局、資本主義的な企業と同じか、むしろそれ以上に強烈な効率性を追求する管理がなされるようになっています。

ユーゴスラビアの自主管理社会主義が悲惨な末路をたどったことは、皆さんご存じのとおりです。欲望の効率的充足から見ると、アソシエーションも指揮命令—服従実行関係（わたしはそれを「労指関係」と言っています）の不自由さや抑圧性を免れることはありません。

3．人格なき後の資本主義の可能性——「電脳社会主義（Digital Leninism）」

現在われわれに残されている資本主義の可能性は、「人格なき後の資本主義の可能性」だろうと思います。これは完全に制御可能で調和の取れた資本主義のようなものです。それが、われわれの目の前で、あと一歩のところで可能なところまできています。人々の売買や移動といった行動が瞬時に観測でき、さらには行動している人に瞬時に何らかの信号を送って望ましい方向に誘導する。こうしたことがほぼ可能になりつつあります。それを実行する社会的合意がなされるかどうかというところにまできているのです。

よく知られているように中国は、現金通貨をほとんど使わずに日常生活を送っています。中国の人々がいつ・どこで・誰から・何を・どれだけ買ったかは、すべて計測されているのです。中国政府はその情報をすべて手に入れることができる。したがって今、何が足りないのか、何が余っているのかを、原理的には常にわかっている状況になっています。１００年前に、ソビエト社会主義計画経済はできるのかできないのかを論じた時に、たとえばルートヴィヒ・フォン・ミーゼスなどを巻き込んで、経済計算論争をやりました。この経済計算論争では、価格というパラメーターがないと計算は不可能だということに対して、価格に代わり得るパラメーターはあるので経済計算は可能だとか、需給の調節も計画によって可能だとして論争をしたものです。

現在、中国で起きていることは、価格というパラメーターは残っていて、それを瞬時にモニタリングして、瞬時に調整することが可能な一歩手前にきているということです。習近平が狙っている電脳社会主義は（英語ではDigital Leninismという言葉も使うそうですが）、実を言うと、人格なきあとの資本主義です。それは、人の人格とか自由とか自律とか個人といったものをとりあえず流してしまう。あるいは擬似的に残すとしても瞬時に観測して、モニタリングして調整するというものです。そういうあり方は、資本主義なのか、それとも新しいバージョンの計画経済なのか、どちらなのか、なんとも言えないところがあります。現在の中国は私的な資本が多く存在していて、なおかつそれを計測して調整することが可能だという、計画・管理・監視・統御された資本主義が可能な状況にさしかかっていると思います。そういったことが現在のわれわれの目の前にあるのです。

最後に、資本主義を考えるためのいくつかの前提として、社会主義や共産主義がこれまで失敗してきたことを確認しておく必要があると思います。電脳社会主義を、それはそれで結構ですといって受け入れるのか。それとも、リアルタイムでモニタリングされて調整されることは基本的な人格や人権や自由に根本的に抵触するので、そのようなことはやりませんというのか。これは資本主義の外側の問題ですが、大きな問題として残っていると思います。単純に資本主義の需給調節や効率性だけを考えれば、そういう方向に進むほうがいいことは非常に明瞭です。したがって資本主義の外側で考えないといけないことだと思っています。そして、物的成長には自然的な限界がある。有限性があることも、人の資本主義を考えるための原点です。

[討議]

資本主義の性格

資本主義の非市場的、非商品的領域

中島　冒頭におっしゃった非商品の問題についてうかがいたいと思います。財・サービスのなかで、商品生産は5、6割、よくて7割であって、それ以外が非商品であるということですね。そうしますと、この非商品の領域は、資本主義の進展の中で、やはり資本主義の中に組み込まれてしまっているのか、それともそこには資本主義の論理から外れる何らかのチャンスがあるのか、どう見た方がよいのでしょうか。

小野塚　おそらくそれは議論がわかれるところだと思います。わたしは、資本主義のもっている非市場的、あるいは非商品的な領域は、完全に資本主義のもとに編成されていて、そこからは独自に新しいものは何も出てこないと思っています。では、なぜ非市場的で非商品的なのかというと、そのほうがより多くの貨幣が入手できるからです。資本主義とは別の理屈を担保しようとして、非商品的、非市場的な領域を作っているわけでは決してないのです。そこに、資本主義から逃れていく、あるいは資本主義を乗り越える何らかの可能性があるというように見たい人はそう見ればいいと思いますが、わたしは、それはロマン主義だと思います。資本主義というのは、非商品的、非市場的な部分を含めて、生活と労働のすべてを資本主義的に再編していると見るべきではないかと考えています。

中島　わたしも中国の今の電脳社会主義を見ていると、非商品的な領域の計測がきわめて正確ですし、相当緻密になっていると思います。そう簡単に資本主義の外部があると思わないほうがいいと思います。とはいえ、最初に区別していただいたように、商品生産と非商品的なものは同じではないわけです。そこには、いくつかの構造の違いや、レイヤーの違いがありそうだということはわかります。

小野塚　それはあります。

中島　その違いを本当に首尾一貫して、資本主義の何らかのロジックにどう落としこむことができるのか。これがよくわからないのです。もっともわからないのは、計画資本主義という場合の「計画する」です。それは資本主義とどういう関係にあるのか。それは資本主義の中にあって、その延長上にあるのか、あるいは実は資本主義から異なるところからスタートしているのだけれども、資本主義を飲み込んでいるのか、あるいは資本主義がそれを利用して進んでいっているのか。どのようにご覧になっていますか。

小野塚　両様あると思います。安藤馨さんの『統治と功利――功利主義リベラリズムの擁護』（勁草書房、2007年）を読むと、資本主義という理屈とは別に、社会をより調和の取れた、より矛盾や摩擦の少ない仕方で統治する方法的な可能性が、目の前に開かれていると述べています。そうである以上、そういう統治システムを法哲学者として構想することは可能です。つまり、彼は資本主義の理屈とは一切切り離したところで、電脳資本主義のようなものを構想しているわけです。

ただし、逆に資本主義の側から、より効率的で、より調和の取れた需給の可能性も提案できるわけです。それは、資本主義経済もしくは経済学者がずっと夢見てきた完全な均衡状態を可能にするものですね。そのような観点から見ると、計画資本主義は、資本主義にとって好都合であると見えなくもない。ただ、そこでは不確実性もないし、予見の不可能性まですべて予測でき計算できているはずですので、はたしてどのようにしてイノベーションが発生するのでしょうか。こういう問題は考えておく必要があると思います。イノベーションは、現在あるものを破壊したうえで、新しい均衡状態に変わっていくことですが、それがもはや発生しなくなる可能性があると思っています。

安田　それと関連して、市場、資本主義のシステムの内と外の話で、小野塚さんの答えに一番近いと思ったのは、ロナルド・コースの企業の境界の話です。コースが何を言ったかというと、市場を通じて効率化できるものについては、当然市場取引において経済活動として行われるが、市場との相性が悪い組織における経済活動については、たとえば家庭内で誰がご飯を作るのかというものですが、そういうものは別に金銭で売り買いするわけではない、ということです。企業の中でも、お得意先を回る際に、いちいち入札にかけて行く人を決めたりはしません。それは市場のメカニズムを使わずにやっています。

なぜなら、いちいち市場のメカニズムを使っていると、そのほうがコストがかかるからです。その場合はやらないというのが、コースの発想です。ですから最適な規模の企業を考えると、規模が大きくなりすぎてあまりにも組織内での意志決定コストが高くなると、小さくなっていきます。逆に規模が小さすぎると、すべて市場を通じて取引しなければならなくなるので、それはそれで別のコストがかかってくる。そのように、いろいろな市場で、コスト最小化の視点から企業のサイズを議論したのがコースです。

そうして見ると、企業同士の取引は市場を通じて行われるのですが、企業の中の取引は直接市場を使わないので、非市場が残ることになります。ただ、全体として見ると、ある種の効率性やコスト最小化にもとづいて、経済のシステム自体が決まってくるという発想です。その限りで、資本主義的な発想と言えなくもない。ここから、小野塚さんの最初のお答えは、わたしの中ではかなりコース的な話なのかなと思ったのです。その場合だと、組織の中で行われていることは、本当に資本主義の外と言えるのかどうか、非市場と言えるのかどうかという問題が残ります。

また、現代的な電脳社会主義的な話を聞いて思うことがあります。家庭内でお金を使って勉強させるとか、お手伝いをさせるということはさすがに浸透しそうにはみえません。しかし、お金以外の価値が出てきて、たとえばSNSの「いいね」やお手伝いを頑張ったらポイントとか、そういう貨幣とは違うけれどもきわめて貨幣的な色彩の強いものを通じて、従来の組織の中ではまったく何の評価にももとづかずに経済活動が行われていた部分に、ある種の評価が入ったとすると、それを何と呼べばいいのか。これはなかなか悩ましいのですが、少し市場的な側面の入った経済取引が、今の非市場的な経済活動の中に出てくるかもしれませんし、一部では出始めていると思います。それが個人的には興味があるところです。

全部が市場化するとは思いません。ただ、貨幣には縛られないけれども、ある程度定量化できるとか、「媒介物」あるいは「媒介物のようなもの」などを通じて経済活動を行っていくとか、広い意味での市場化にはなるのだろうと思います。それがどこまで行くのでしょうか。やはりそこにも限界があって、資本主義の外のようなものがあるのか。こうしたことには、とても興味があります。

小野塚　脳科学者の言うところに従うなら、人間の脳はもともと報酬・懲罰のシステムとしてできあがっているので、何らかの報酬・懲罰がないと、人間のやる気を増やしたり、逆にやろうとしていることをやめさせるような規定的な作用は発生しないかもしれません。ただ、そこで出てくる報酬・懲罰が一般目的貨幣、つまりわれわれが通常知っているところの通貨であれば、それが市場経済と非常に似た働きをすることになります。しかし、一般目的貨幣ではなく、安田さんがおっしゃるようなポイントとか「いいね」のような特殊目的貨幣で報酬・懲罰が行われている場合はどうでしょうか。それが市場経済とどこまで重なった挙動をするようになるのでしょうか。

資本主義社会と貨幣

中島　わたしが耳にした限りですが、今の中国ではそれこそありとあらゆる活動をスマートフォンを通してやるわけです。データは受動的に取られているわけですが、どうもそれだけではなく、スマートフォンの使用者が能動的に送ることもあるようです。その結果何が起きているのか。たとえばレストランを予約していたのにドタキャンをするとしましょう。それはレストランに損害を与えますが、それに加えて、そのデータがシェアされることで、その人は松竹梅で梅の顧客だとされます。すると次にレストランを予約するのが難しくなるわけです。このように、いろいろな局面でたえず評価されることになり、悪い振る舞いを続けていると、次第に人間的におかしいという評価が固まってしまいます。

そこで次に何が起こるかというと、たとえば切符が買えなくなり、移動の自由が奪われます。自由に切符を買って街の外に出るのが難しくなるわけです。事態はここまで来たのかと思いました。今、安田さんがおっしゃったことにも関わりますが、小野塚さんの言葉を借りて言えば、一般目的貨幣ではなく特殊目的貨幣によってある人の活動が測られうることになってきているのです。あらゆる活動が計測され、組み込まれていく、しかも自ら望んでそうしさえする。こうした社会が来てしまっていると思うのです。それをわれわれはどう評価するのかという問題ですね。

広井　ＭＩＴのメディアラボにいた伊藤穰一さんが『教養としてのテクノロジー――ＡＩ、仮想通貨、ブロックチェーン』(NHK出版、2018年)という本で書かれているのも、今のような議論です。結局のところ、貨幣のもつ比重が今後下がっていくのではないか。昔からお金に換算できない価値ということはよく言われてきました。貨幣で測れないような人間の欲求が相対的に大きくなったとき、それをどう測るのか。これだけ物があふれる社会になったからこそ、逆に貨幣では測れない価値を、何でどうやって測るのか。

資本主義社会である以上、収入を得て生活していかなければなりませんから、貨幣は必要です。しかし、貨幣では測れない価値の比重が高まっています。そうした根本的矛盾のような問題があるのだと思います。

中島　昔学生の頃に学んだマルクス経済学では、商品・貨幣・資本が連動しているという議論を最初にするわけです。ところが今われわれが見ているのは、貨幣が消えるかもしれないということですね。すると経済学の建て付けが相当変わってくる気がします。広井さんがおっしゃったように、貨幣以外の計り方で社会が組み立て直されることになったら、何が起きるのかということです。貨幣自体には、ある種の開放性もあったわけです。全部をお金に換算できるというのはおかしな発想ですが、お金に換算することで何かを開放的に解決するということもあったわけです。それが消える可能性があるとすれば、何が代替として出てくるのでしょうか。

安田　今、中島先生がおっしゃった経済学の話というのは、おおむねマルクス経済学の話で、商品があって、貨幣があって、資本があるというものです。ところが、一方で近代経済学、現代経済学はどうかというと、そもそも貨幣が登場しません。貨幣は完全な黒子であって、貨幣は最終的に財・サービスを手に入れるための手段でしかありません。お金自体に対して欲求や欲望をもつという発想ではなくて、それを持っていればあくまで最終的に財・サービスを手に入れられるというものです。

マクロ経済学では、間接的に貨幣が出てきます。しかし、結局見ているのは実体的な資本設備であるとか、そこに投資するとリターンとして財がたくさん出てくるといったことです。貨幣もその間には入ってきますが、実質的には黒子の役割です。

ですから経済学が抱えている貨幣に関する問題は、このようなものです。一方で、マルクス経済学には、商品・貨幣・資本という、わりとわかりやすい見取り図があったのですが、それがテクノロジーの進展もあって崩れてきています。他方で、近代経済学に関していうと、最初から貨幣に対しては何も言っていないので、説明できるフレームワークを自由に変えていけるのですが、逆に言うと何も言っていないわけです。こうした両方から、経済学がこの種の問題についてあまり語れない弱みがあると思います。

小野塚　ゼミで学生と話をしていて、目の前に金塊もしくは金（きん）のコインが落ちているのと、1万円札が何枚か落ちているのとでは、どちらを拾うだろうかと聞くと、大半の学生が1万円札であって、金は拾わないと答えます。それはおかしいんじゃないかと言ったのですが、単なる紙切れにすぎないもののほうが、金よりも信頼が厚いという世の中なのです。

50年ほど前、1971年に金とドルの交換を停止するまでは、通貨の裏には金という裏づけが存在していました。人類は何千年もの間、基本的には、通貨には金や銀といった金属が裏に存在していると考えてきました。それに似た制度が19世紀にも20世紀にもあったのですが、1971年以降、ついにそれが失われたのです。そういう状態になってそろそろ半世紀になりますが、通貨当局は過剰とも言えるほど通貨を供給し続けています。それでも人々は通貨に対する信頼をなんら失わずにいる。少なくともわたしのゼミの学生に限って言うと、落ちていたら金ではなくて紙切れのほうを拾うのですから、いったい通貨のあり方というのはどうなっているのだろうと思うのです。

中島 紙幣というもの自体が本当に消えてしまう可能性もありますね。

小野塚 完全に記号化してしまえば。

中島 今われわれは、それにそろそろ直面しかけているようです。

小野塚 なぜ人はそれを信用できるのでしょうか。

中島 少し哲学的に考えてみると、ある時期の貨幣論はほぼ言語論と同じで、貨幣の働きと言語の働きが非常に似通っていると考えていました。それは、言語が何らかの実体を参照しているように、貨幣も金なら金という実体的なものに担保されているというものです。だからこそ、言語と同様に貨幣もまたしっかりしたものだと思っていたのです。マルクス経済学の商品・貨幣・資本という形式もその応用形ですね。ところが今は違ってきていて、何らかの実体的なものなしでも交換やコミュニケーションは可能ですし、価値や意味を構成しうると考えるようになりました。これはある種のユートピアでもありましょうし、ディストピアかもしれません。

小野塚　それは、みんながそう受け取ってくれるという期待をみんなが共有している限り、有意に成り立つ話です。誰かが「王様は裸だ」と言ってしまったら、消えてしまいます。つまり、通貨はただの記号にすぎないと誰かが言ってしまった途端に、受け取る側の一般的な受容可能性が雲散霧消するかもしれないのです。今のところはそうならずにこの半世紀きています。むしろ経済史の研究者の立場からすると、この半世紀のほうが異常なのではないかという気もしているのですが、どうでしょう。

中島　そこは面白い議論になりそうですね。

［2018年7月2日収録］

第2章　人の資本主義への視点

広井良典

本章では、比較的長い時間軸で資本主義を考えてみたいと思います。（1）人類史的な文脈、（2）資本主義とポスト資本主義という文脈、それから人の資本主義、経営という観点から、（3）「経済と倫理」の分離と再融合、の順で考察していきましょう。

1．人類史的な文脈

超長期の推移

わたしは定常型社会やポスト成長というテーマに関心をもってきたこともあって、拡大・成長と定常化という視点を重視して人間の歴史を見ています。そこに資本主義がどう関係してくるか。図1のグラフは、大きく言うと人間の歴史に3回のサイクルがあったことを示しています。横軸の一番左は100万年となっていますが、ネアンデルタール人とか初期人類が活動していた時代を想定しています。ホモ・サピエンスの登場は最近では20万年前と言われています。20万年前に現在の人類が生まれて、狩猟採集段階でいったん拡大した後で定常化しています。1万年前からまた人口が増えているのは、農業がメソポタミアあたりで始まって、伝播、拡大、成長し、そして定常化したからです。この定常化したのが一般的には中世といわれている時代です。そして、ここ300

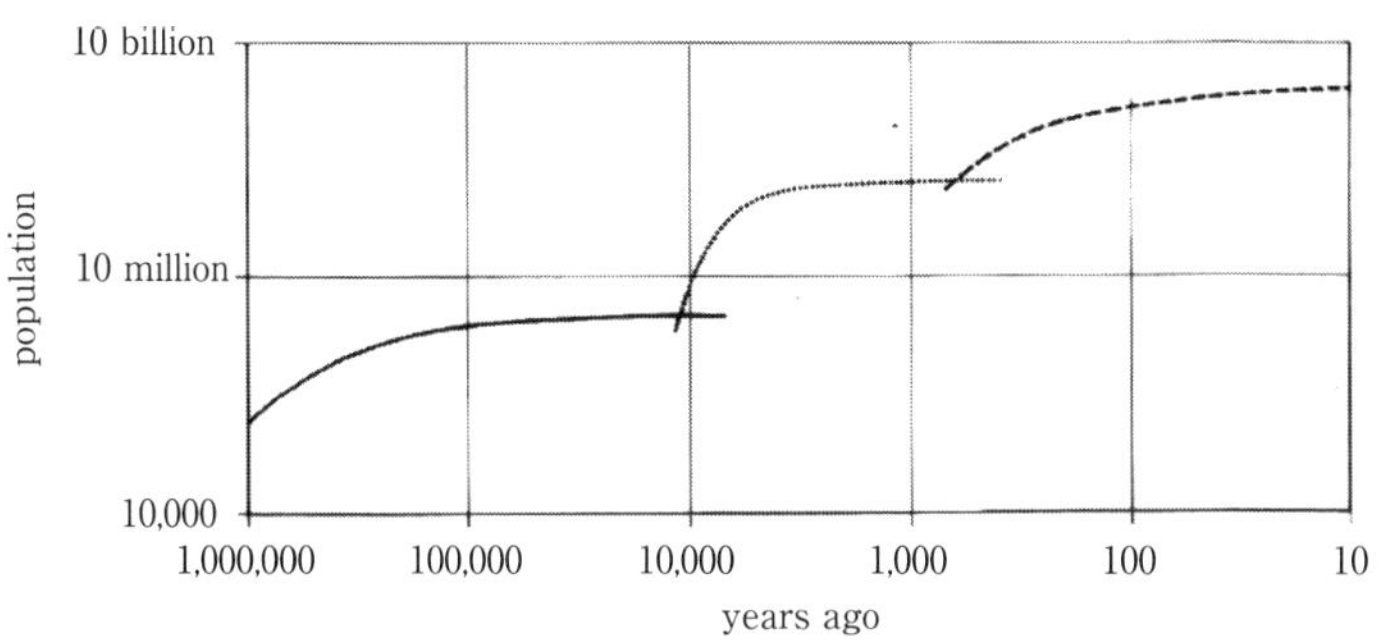

図1　世界人口の超長期推移
（ディーヴェイの仮説的図式）

（出所）　Cohen, Joel E.（1995）, *How Many Peole can the Earth Support?*, Norton.

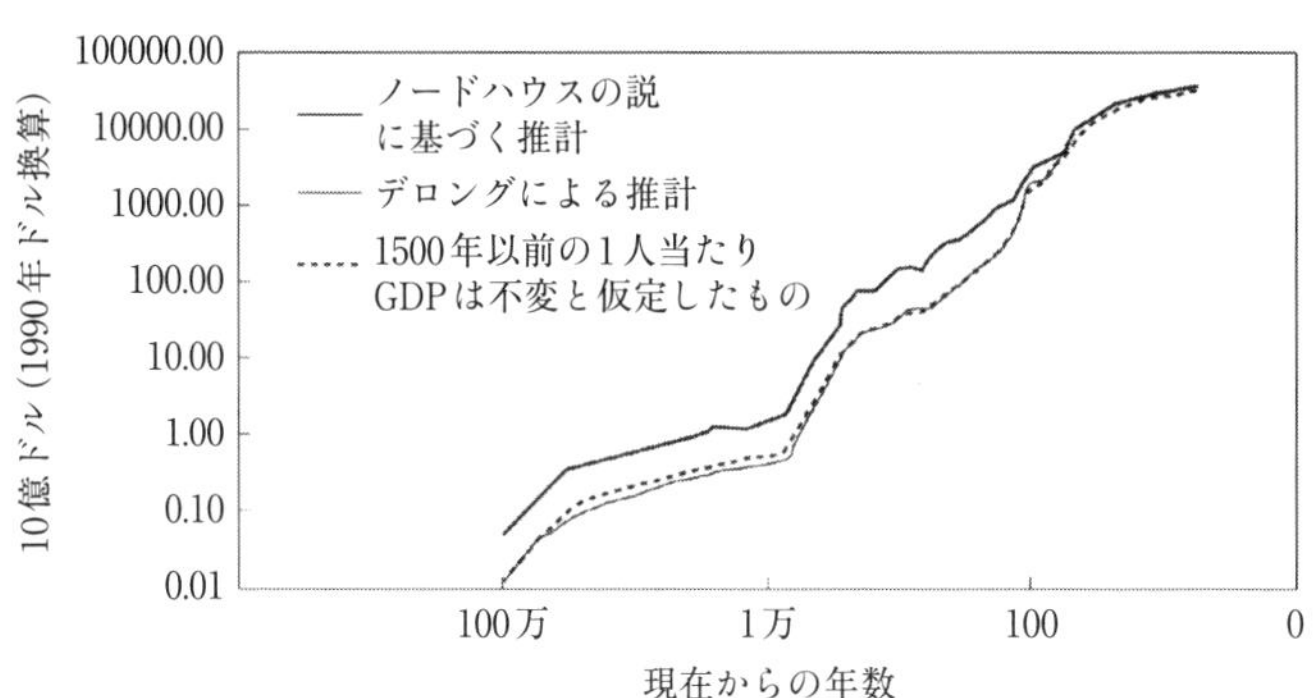

図2　超長期の世界 GDP（実質）の推移

（出所）　DeLong（1998）.

～400年ぐらいが3番目の、近代、とりわけ工業化社会の進展があった時代です。資本主義はここに関わっています。ここではまず3回の拡大・成長と定常化のサイクルがあったことを確認しておきましょう。

そもそも、なぜ人間の歴史に拡大・成長期と定常期があるのでしょうか。そこではエネルギーの利用形態が関わっています。言い方を換えますと、人間が自然からどのようにエネルギーを得るか、より強い言い方をすると、自然をどう搾取するか、ということが関わっているのです。

狩猟採集の時代は、単純に光合成をして栄養分を作れるのは植物だけですから、植物やそれを食べた動物を獲って食べていました。それに対して、農業が中心の時代は、植物の光合成を集団で管理して、それでエネルギーを得るようになりました。第3の拡大期である近代工業化社会は、何億年もかけて地下に溜まっていた生命の死骸である化石燃料を、わずか数百年のうちに消費して、拡大・成長を得たということだと思います。

図2は参考までに、デロングというアメリカの経済学者が、超長期の推移にGDPを当てはめてみたものです。ここでも同じようなサイクルがおぼろげながら見えてきます。

人類史における拡大・成長と定常化

図3をご覧ください。人類史における拡大・成長期と成熟・定常期がそれぞれどういう性格の社会なのかというと、大きく言えば、拡大・成長期は物質的生産が量的に拡大していく時期で、それ

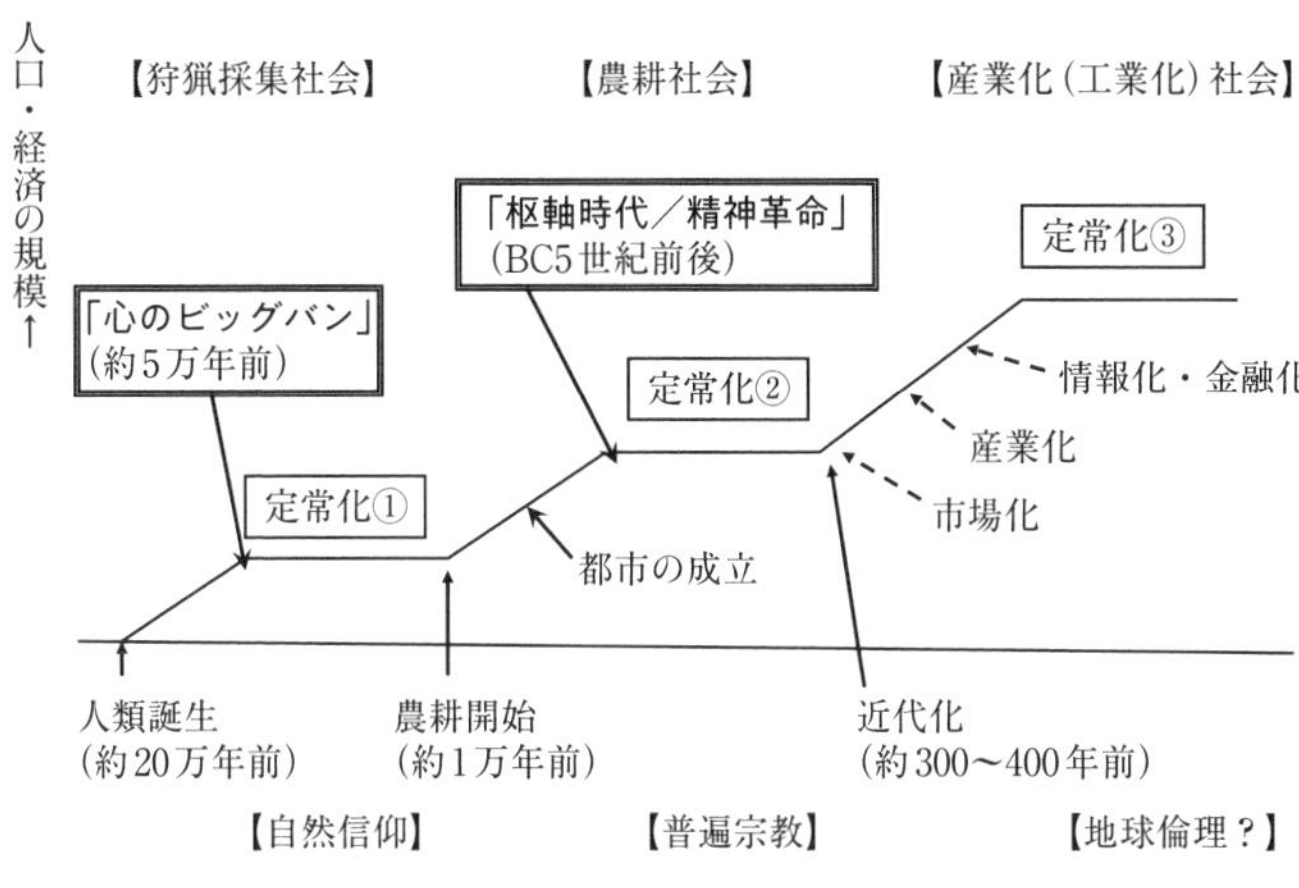

図3　人類史における拡大・成長と定常化のサイクル

に対して成熟・定常期は、内的世界や新たな概念・価値の創造、関係性や共生への関心が高まります。人間と自然の関係が変わるのが拡大・成長期だとすれば、成熟・定常期は人間と人間の関係性に比重が置かれるということです。

狩猟採集社会の定常期には「心のビッグバン」（約5万年前）が起こりました。例としては、ラスコーの洞窟壁画や、装飾品や芸術品と言われるものが一気に現れたのがこの頃です。要するに、外に向かって拡大・成長を続けていた人間の意識に、内的な世界が登場したわけです。それが拡大・成長から定常期への移行と重なっています。

農耕文明が起こった頃の後半（BC5世紀前後）に何が起こったかと言うと、ヤスパースが枢軸時代と呼んだり、科学史の伊東俊太郎さんが精神革命と言ったことが起こりました。みなさんご存じかもしれませんが、地球上のいくつかの場所で同時多発的に、非常に新しい普遍思想が生まれたのです。インドの仏教や中国の儒教、老荘思想、ギリシア哲学、中東のユダヤ教などです。こうした、それまでになかった普遍的な観念や思想が現れたのが農耕文明の定常期に相当する時期です。

それから近代になります。今われわれが生きているのは第3の拡大・成長サイクルが定常期へ移行する時期であり、これが資本主義そしてポスト資本主義という話と関連してくるのではないか、と考えています。

2. 資本主義/ポスト資本主義という文脈

わたしたちがいま立っている場所

図4は、第3の拡大ということで、GDPが飛躍的に大きくなっていることを示しています。フェルナン・ブローデルは、資本主義イコール市場経済ではないと言いました。ブローデルの議論によると、市場経済とは、簡単に言うと、競り市のような、フェアで小規模の競争がある透明性の高いものです。それに対して資本主義とは、規模がものを言い、強者が弱者を駆逐するようなものです。

わたし自身としましては、資本主義は市場経済プラス限りない拡大・成長への志向を持つことが、基本的な性格ではないかと考えています。ここで注目したいのが、なぜ拡大・成長が可能なのかということです。それはやはり、自然資源が無限にあると想定して、自然から限りなくエネルギーを取っていくことに関連してくると思います。

このことと一体に、もう一つ重要だと思うのが、人間の行動様式です。資本主義の土台には、「私利の追求」の肯定があり、その基盤としての「パイの拡大」があります。個々人が自らの利益を追求していくことが全体のパイの拡大に繋がり、それが他の人々の利益の拡大にもなるというわけです。

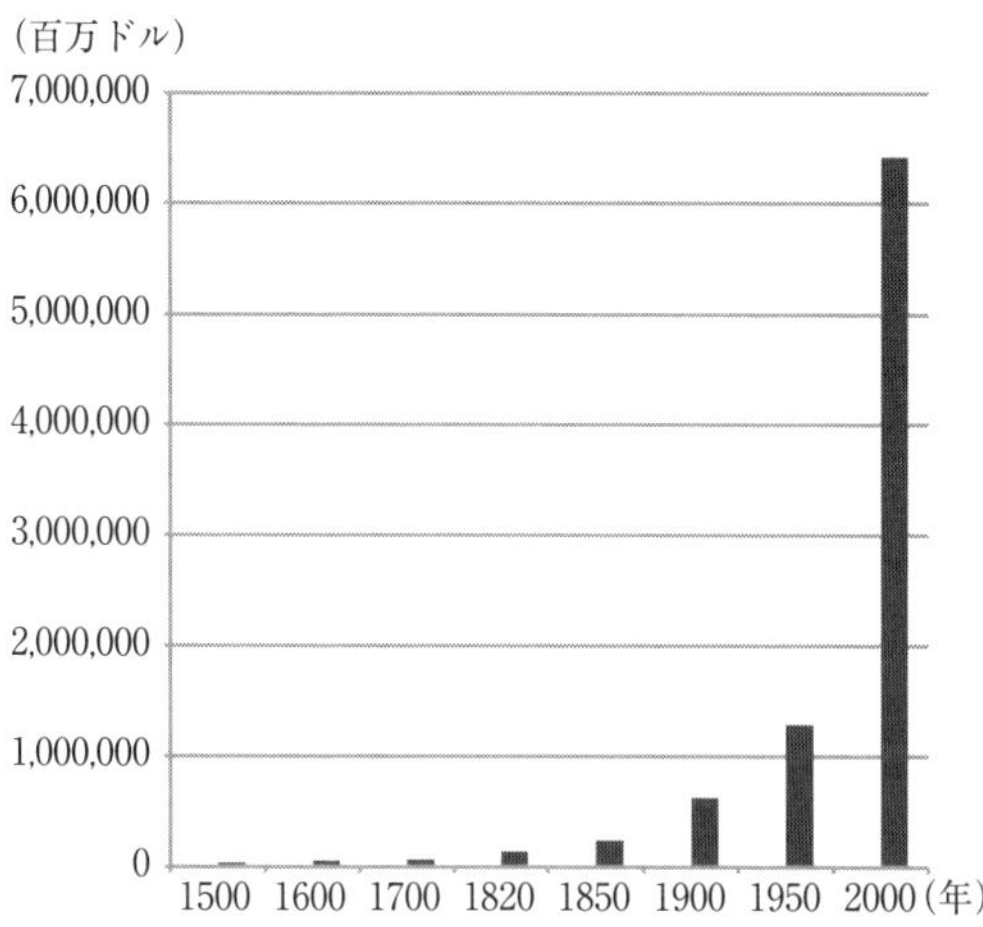

図4　西ヨーロッパ諸国の GDP の推移（1500 年-2000 年）

（注1）　対象国はオーストリア、ベルギー、デンマーク、フィンランド、フランス、ドイツ、イタリア、オランダ、ノルウェー、スウェーデン、スイス、イギリス。

（注2）　ドルは 1990 年換算。

（出所）　Angus Maddison, *The World Economy:Historical Statistics*, OECD, 2003 より作成。

このような拡大の循環ができるとすることが一つポイントです。その場合に、倫理のあり方や価値のあり方が、全体のパイが拡大するかどうかによって、根本的に変わってきます。

×「貪欲や放蕩こそが社会全体の利益をもたらす」という考え。

×節約、慈悲心→経済社会にとってマイナス

×副題の“Private Vices, Publick Benefits”（私的な悪徳→公共的な利益）が象徴。

図5　バーナード・マンデヴィルの『蜂の寓話（*THE FABLE OF THE BEES*）』（1714）

図5をご覧ください。これはこの時代を非常に象徴的に示した本で、オランダからイギリスに移ったバーナード・デ・マンデヴィルの『蜂の寓話——私悪すなわち公益』です。それは、当時としては非常に常識破壊的なもので、「貪欲や放蕩こそが社会全体の利益をもたらす」とか、「節約や慈悲心は美徳とされてきたけれども、それでは社会全体がシュリンクしてみんなが不幸になる」という内容のものです。ポイントは先ほどのパイ全体が拡大するかどうかにあります。パイが拡大するような社会では、個々人が利益を極大化していくことが他者にとってもプラスになります。この本の副題は、「Private Vices, Publick Benefits」（私的な悪徳、公共的な利益）という非常に象徴的な言い方をしています。こういうマンデ

ヴィルが生きていた、第3の拡大・成長が始まろうとしていた時代とは逆の場所に、わたしたちはいま立とうとしているのではないか。それを考えるべきだと思うのです。

代表的な議論の一つとして「長期停滞論」というのがあります。リーマン・ショックから多少回復したけれども、先進国の平均成長率は年1・6％という低い水準にとどまっており（2011-15年）、全体的には構造的な低成長である、というものです。わたし自身は、これを第3期の定常期への移行と考えていますが、それに対してはまったく逆の議論もあります。

第4の拡大・成長はあるか？

果たして「第4の拡大・成長はあるか？」。これは電脳資本主義の話にも一部つながりますが、レイ・カーツワイルが『ポスト・ヒューマン誕生——コンピュータが人類の知性を超えるとき』（井上健ほか訳、NHK出版、2007年）の中で論じたシンギュラリティのような議論であるとか、最高度に発達した人工知能と改造された人間が結びついて、人間は永遠の意識を得るという映画「トランセンデンス」のような世界観は、そういう問題意識を表しています。

わたしは第4の拡大・成長もありえなくはないと思っています。大きく言うと、三つの可能性があると思っています。一つ目が、人工光合成です。植物だけができていた光合成を人間自身もできるようになる。二つ目に、SFなどでよくある地球脱出、または宇宙進出です。地球そのものから脱出して行くということです。それから三つ目に、先ほど触れたようなポスト・ヒューマン（人間そのものの改造）です。

どれもありうるとは思いますが、少なくともこれらは根本的な解決にはならないのではないでしょうか。はたして、それで人間は本当に幸せになるのだろうかということです。地球から脱出するとしても70億人のうち、せいぜい数十万人かそこらでしょう。富裕層が出て行って貧困層が地球に残るという映画がよくありますが、出て行った先の環境も快適とはとても思えませんし、結局地球の中で何とかやっていくしかないのではないでしょうか。むしろ拡大・成長的ではない社会のあり方を考えていく必要があるのではないか。このあたりについては、詳しくは第9章で考えたいと思います。

3. 経済と倫理の分離と再融合

最近の日本では、企業などの幹部が3人ほど並んで深々と頭を下げるという場面のニュースが日常的な風景のようになっています。企業の不祥事が続いているのにも、個別特殊な要因もあろうかとは思いますが、何か構造的な要因が潜んでいるのではないでしょうか。わたしは、拡大・成長期の発想で企業のあり方やものを考えていくことに、何か根本的な矛盾が出てきているのではないかと考えています。

経済と倫理について、単純化して考えてみましょう。近代以前は、経済と倫理がけっこう重なって考えられていました。よく言われる「三方よし」とか、二宮尊徳の経済と道徳の一致といったことです。パイが拡大しない時代の倫理は、まさにそういうものだったと思います。定常期の倫理です。

それが拡大・成長期に移行していきます。資本主義の黎明期です。その当初は、拡大・成長期に移行するなかでも、それ以前の倫理・世界観のようなものがなお残されていました。有名な渋沢栄一の『論語と算盤』の話や、社会事業を積極的に行う事業家が多く存在していたことが裏付けています。しかし、そうしたものが高度成長期になってくると徐々に変化していったと言えると思います。

松下幸之助は根源の社という宗教施設を設けるなど、独自の信仰をもっていました。この時代にはそういうタイプの経営者がまだある程度いましたが、その一方で、富の再分配は経営者の仕事ではなく政府の仕事であると考えるようになりました。ある意味皮肉なことに、社会保障が整備され充実していくなかで、経営者は社会事業などからは次第に疎遠になっていきます。それでも、この時期はまさにモノが不足していましたから、企業がモノを作って人々に行き渡らせること自体が、ある種福祉的な意味をもっていました。それもあって、貧困も90年代半ばにかけて一貫して減っていきます。ある意味で、収益性と倫理性がなかば予定調和的に結びついたような牧歌的な時代だったと思います。

ところが、1980年代頃から大きく変容していきます。モノがあふれて消費が飽和していくと同時に、経済と倫理は良くも悪くも分離していったのです。そうした帰結として、やがて格差の拡大や資源の有限性が顕在化してきました。

近年は、希望をこめて言えば、分離していた経済と倫理が再融合するような兆しが見えてきているのではないでしょうか。これはおそらく、拡大・成長から成熟・定常期への移行と関連があると思います。若い世代がソーシャルビジネスや社会的起業に取り組むとか、そうしたものに関心をもつ学生が明らかに増えています。これがかつての古い時代の経営者の理念と意外に共鳴するような内容であったりもします。拡大・成長期から定常期へと移行する中で、従来型の行動様式を続けていけば、首を絞め合うような結果になります。単純化した言い方になりますが、拡大・成長ではなく、持続可能性・循環・相互扶助に軸足を置いた、新しい性格をもった経営や経済が重要になってくるのです。

[討議]

新たな再分配の可能性

再分配と相互扶助

小野塚　人類史の拡大・成長というのは、やはり物財レベルで考えているのでしょうか。

広井　それは重要なポイントだと思いますが、物財だけではないと思っています。物財や資源消費が定常化しても、ＧＤＰや経済が拡大・成長し続けることはありえます。現に１９８０年代以降はそういうかたちです。そうしたことも含めて拡大・成長を考えています。しかし、わたしは、資源消費が定常化してもそれ以外のものが拡大し続けるという姿があっていいのではないかという考えには、少し距離を置いています。たとえば金融資本主義のようなものは、資源消費が拡大するというよりはマネーの部分がどんどん大きくなっていくもので、それによって大変な競争や格差が生まれます。物財の消費が定常化すればそれでＯＫということでは、必ずしもないのではないでしょうか。

中島　今の再分配の機能を見ていると、国が相当関与して再分配しているという感じですが、必ずしも国でなくてもかまわないわけです。広井さんが再分配をイメージする時に、こういう再分配の方がよりましだというアイデアはおもちですか。

広井　有名な、経済史家のカール・ポランニーが、経済には三つの機能があると言っています。交換が市場の機能で、互酬性がコミュニティ（共同体）の機能で、再分配が政府の機能だという三元論のようなものです。それは近代的な一つのモデルとしてはあると思います。しかし、近代以前はそれがもう少し渾然一体となっていて、コミュニティの中で互酬と再分配が同時に行われていたこともあると思います。

今の福祉国家では、一方で企業はとにかく利潤を拡大化し、他方で、そこで生じた格差を政府が事後的に再分配するという発想です。しかし、それはすでに限界が来ているのが今の状況だと思います。企業の行動様式そのものの中に、利潤極大化ではない論理を入れていかなければならないと思います。利潤極大化をフル稼働させたうえで、事後的に再分配で調整するという方法では限界にきていると思います。

中島　具体的な例はあるのですか。

広井　たとえば、ヨーロッパは基本的に福祉国家ですから、再分配の機能はかなり強く政府が行っていて、実際に相対的にはジニ係数も小さいわけです。ところが、そういうヨーロッパでさえ、近年では、ＯＥＣＤの報告書などを見てもジニ係数は拡大していて、政府だけが再分配するという方法の限界が現れています。それを乗り越えていくためには、それこそ今出てきているシェアリングエコノミーやソーシャルビジネスのような相互扶助的な要素を、企業や経済活動の中に組み込んでいくことが必要だと思います。

中島　なぜこうした質問をしたかというと、中国のことを念頭に置いていたからです。中国では国営企業の中に相互扶助的な要素を組み込んで、再配分の機能を持たせた面もありました。しかし、歴史的に見ると、そこには影の部分もあったという評価もありそうです。共同体での相互扶助が影の領域に行かないような形でどう構想できるのかということですね。

広井　それはかなり根本的な問題で、利潤極大化と再分配を融合させてしまうことが、マイナスに働く面もあります。むしろそれらをクリアにわけたほうが、すっきりすることもありうるかもしれません。その具体的な姿はまだわかりませんが、第5章で議論される貨幣のあり方などとも関係してくると思います。

中島　ここはかなり大事なポイントだと思っています。何か具体的なイメージや仕組みがあるとよいと思ったのですが、悪い例しか思い浮かびませんでした。悪い例をもう少しいい例に変える、何らかの仕掛けはないものでしょうか。

広井　言葉としてはコミュニティ経済ということを考えています。相互扶助的な要素と経済がもう少しうまく融合したようなものですね。単純な利潤極大化ではない経済のあり方です。

中島　よい例を思い出しました。イタリアでは戦後に精神病院をなくしました。その後にどうしたかというと、ある種の企業的な協同組合を作って、そこで利潤も追求する一方で、相互扶助の仕組みも作って、精神的にハンディキャップを抱えている人たちがきちんと暮らせるようにしたのです。わたしはその中でうまくいった例しか読んでいないので、そういう方向性もあるのかなと思ったのです。

小野塚　その場合、儲けた分を自分でため込むのではなくて、再分配に使わないといけないようにする仕組みを作らなければいけません。自分でため込んでしまうと再分配されなくなって、格差はどんどん拡大していく世の中になってしまいます。

これまで近代・現代は、国家が再分配機能をもっていました。しかし、現在では法人税を取られるのがいやだからということで、パナマ文書のように、タックスヘイブンに逃げてしまうようになりました。それもあって、先進国はみな法人税の実効税率の引き下げ競争をすることになってしまって、再配分機能が破綻しかかっています。コミュニティの方はというと、かつての人民公社もうまくいかなかったし、ユーゴスラビアの自主管理企業も、まさに生産と福祉の両方をやっていたのですが、生産が立ち行かなくなった途端に人の生活も含めて全部破綻して、悲惨な殺し合いで倒れたわけです。そうだとすると、ため込んだ金を再分配に使わなければいけないような仕組みをどう作れるかは、きわめて重要な問題になっています。

堀内　なぜ相互扶助のような考え方が現代社会に出てきたのでしょうか。定常化への移行期という局面だからということもあるのかもしれません。しかし、経済の成長する可能性を広井さんも否定されていないわけです。では、何ゆえこういうものが出てきたのでしょうか。その背景をもう少し詳しく知りたいと思います。

広井　人間の、少なくとも貨幣で測れる欲求や欲望には限界があります。よく出てくるマズローの欲求の段階説があります。単純に言えば、経済的な欲求を超えたものがかなりの比重を占めるようになっているのに、今の資本主義システムではそれに十分応えきれていないのではないでしょうか。先ほどの長期停滞論ではありませんが、ＧＤＰが拡大してどれほどジャブジャブお金を流しても、経済自体はある種飽和してしまっているのです。

安田

再分配のデザイン

共同体型の再分配というか、メンバーがある程度決まっていて、財・サービスの再配分のような形で制度設計がなされていた地域が、都市化が進んでそういうコミュニティに頼れなくなってきた時に、どうするかですね。

先ほど第1章で、voice と exit の話が出ました。共同体は exit がないけれども長期的な関係を結べますから、この家庭は貧しいので最低限こういった食を与えようということがあります。それを再分配と考えてもいいですが、別の見方で言うと、同じ価格をすべてのメンバーに課すのではなく、お金のない人からは取らない、逆にたくさん持っている人からは多く取るという形で、個別の家計や消費をカスタマイズすることでもあります。これは、移動のない、exit のない社会ではやりやすいと思います。あるいは、貨幣以外の尺度ではないにしても、長期的な関係が結ばれていれば、貸し借りがやりやすいということがあります。あそこの家庭はこういう事情があるから、われわれの村の中ではこういう優遇をしてあげようとか、若い頃にこちらが何かを与えたから返してもらおうとか、そういうことがやりやすい。

けれども都市化していくと exit だらけの世界になってくるので、長期的な関係を使った相互扶助のようなことは難しくなってきます。お金という尺度を使って、この人は困っていそうだから安い値段で売ってあげようとか、金持ちそうだから高い金で買わせようとか、そういうことをしたくても非常に難しくなります。というのも、安く買おうと思って、貧乏なふりをする人が出てくるかもしれないからです。exitの社会では難しいのですね。

それでも、最近起きてきている面白いことは、そうなった時に、お金以外の尺度で測ればいいのではないかということです。貨幣とは違う、SNSの「いいね」のようなものを利用して、「いいね」をたくさん稼いでいる人は何らかの社会的な貢献をしているのだから、別途リターンをするといったものです。

要は、短期的な関係性において、貨幣だけでは乗り越えられなかった問題に対して、貨幣以外の価値尺度でそれをデザインする余地のようなものが出始めているということです。今のシェアリングエコノミーは、村社会のようなものに戻るのは無理なので、exitを前提としつつも、少し違う再分配ものを探っている途中ではないでしょうか。

中島　ポイントはそこですね。

丸山　今、安田さんが指摘された可能性の中に、どうしてもわたしは危険な要素を感じてしまうのです。

SNSをビジネス目的で利用する起業家の中には、今や奪い合っているのは可処分所得ではなく「可処分時間」、さらに「可処分精神」だとまで言う人々もいます.

中島　可処分精神ですか。

丸山　今や心の共感が商品になるという訳で、それが一番の商品だと明言している起業家もいるぐらいです。安田さんがおっしゃった、経済の外での「いいね」の充足だったものですら、どんどん経済の論理、資本主義の論理の内部に組み込まれてしまっているように見えるのです。ただ単に「いいね」がほしいだけで、フェイスブックのフォロワーの数を増やして、それによってその人の時価総額が決まるとか、その時間が証券化されて売り出されるということがありえるわけです。しかも、それを積極的に使おうとしている起業家がいつの間にか、そのプラットフォームで、人々の感情を商品として消費していく……。それは市場の自由としては当然止められないし、ある程度は健全なのかもしれませんが、同時にそのことによって病んでいる若い方々もいる訳で、すごく引き裂かれるような思いがあります。

中島　さきほどおっしゃったのは exit のありなしですが、もう一つ voice の問題もありますね。再配分の議論で、voice はどこに入るのですか。

安田　小野塚さんが exit と voice の両方ともを狙ったのがアソシエーションだとおっしゃっていましたが、わたしはそれがどちらもないという状況もけっこうあるような気がしています。

中島　両方ない状況というのは、大学などもだんだんそうなってきたかもしれません。

voiceが出せる環境をつくる

安田　やや脱線するのですが、最近、日本の働き方改革がいろいろ問題になっています。一番大きいのはexitもvoiceも両方ないような日本の古い組織ですね。それが諸悪の根源のような気がします。もちろん究極的には組織をやめるという選択肢があるのですが、次へ行ける期待値が非常に低いので、実質的にはそれは取れません。

そうすると、古い組織が残ることを前提とすると、本来はそこでvoiceが出せるような環境にしていかなければいけません。しかし、「どうせやめられないんだろう」「それなら黙っていろ」というようなことがまかり通っているので、どんどんvoiceがない状態になっていきます。悪い見本として多くの日本の組織はそちらにはまっているのです。面白いことに、exitが多い、つまり転職が多い職場ですと、「どうせ究極的にはやめればいい」と思うのでvoiceも出せるようになります。こうしたvoiceとexitとの両方ある組織と、どちらもない組織に二分化したような気がします。

先ほどのシェアリングエコノミーとかソーシャルな要素が入った新しい仕組み作りは、そもそもexitをなくすことが非常に難しいので、いいプラットフォームがよそにあればそちらに人が流れていってしまいます。けれども、そのうえでvoiceを出せるように、貨幣とは違うものを使いながら、いろいろトライしているという気がします。その中でいろいろなものが出てきて淘汰されていくと思うのです。違いは、昔は貨幣社会という一元化されたゲームでしかプレイできなかったものが、いろいろなプラットフォームが出ては消えて、ある程度選択の余地が出てきているところでしょうか。

丸山　たしかに過渡期なのかもしれませんが、何か危険に感じるのは、GAFAが思ったよりも力をもってしまう状況になったのだとすると、結果的にそちらのほうに資本主義を動かす力が生じているということです。このことも、セットで考えなくてはいけないと思います。

堀内　わたしも丸山さんの言われていることに近くて、やはり資本主義がいろいろなものを取り込んでいるプロセスなのではないかと思っています。SNSがさまざまに発達して淘汰されながらも、ありとあらゆる情報をSNSから取り込んで一元管理しているわけです。それは、基本的には資本主義が守備範囲を広げているプロセスのように思います。その中で、単に円やドルという通貨が介在することが減っているだけで、仕組みとしては同じではないかと思っています。

その中で、根源的に人間とは何かという話になりますが、みな人間という視点から見たときに、この状況はおかしいのではないかと思い始めている。そういう思いがいろいろな人の中にあって、それが新たなソーシャルビジネスやIT起業家を生み出しているのです。ビジネスの目的自体が今の若い人たちは違います。お金を儲けるためにビジネスをしているのではなくて、社会的課題を解決するためにビジネスのプラットフォームを活用するし、資本主義の仕組みを使うという人たちが出てきています。その背景としては、定常社会だからというよりも、いきすぎた資本主義の守備範囲の拡大に対する人間側からのカウンターがあると思います。それが、共産主義のようなものとは別の形で出てきているのではないか。これがわたしの直感で、それがまさに人の資本主義ではないかと思います。

広井　堀内さんが言われたことには基本的に共感しています。先日たまたま、首都圏から陸前高田に移って活動している若者のグループと話す機会がありました。みんないろいろなことを考えていて、今の、特に首都圏などで感じられる社会の姿はおかしいのではないかといった問題意識をもっています。そうした学生や若い世代が明らかに増えているのです。

そこには、先ほどからの話にあるような、SNSのように資本主義の中に搦め捕られていくベクトルもある一方で、同時に、それには尽きない、むしろ資本主義を突破する内容をもったものも出てきている気がしています。シェアリングエコノミーを過大評価する議論には少し距離を置いているのですが、そういうものとも違う、新たな経済のあり方に向かうベクトルが出てきている感じがしています。

もう一つ、それでも政府の再分配機能はやはり重要です。ソーシャルビジネスがあるから小さな政府でいいという議論には疑問があります。やはり政府の再分配機能はある程度以上に必要で、先ほど三つの機能を申しましたが、再分配と相互扶助と交換の最適な組み合わせが重要です。言い換えると、経済と福祉と環境、効率性と分配の公正と持続可能性という、三者の望ましいあり方を示せたらと考えています。これができるとノーベル賞ものだろうと、学生には言っています（笑）。

［2018年7月2日収録］

第3章　歴史性・普遍性・異質性から見た経済

安田洋祐

1．はじめに

近代経済学には貨幣が出てきません。貨幣どころか人もいません。いや、人はいるのですが、人々には好み、選好が与えられていて、選好が変わればすべてが変わるような存在です。いわば王様のような存在なのですが、それがどこから来るのかは完全にブラックボックスで、そこに宗教であるとか富豪であるとか、いろいろなフィルターを通した好みが体現されていると解釈できるものの、選好を生み出す要因を直接は考慮しません。選好の手前のことは、わたしたちは知らないという発想ですので、人を議論する土台はほとんどなかったのです。

そうは言っても、なぜ経済学の枠組みで人が説明できないのかについては、深く考えてみる必要があると思います。そのことについて、最近一番参考になったのが、『サピエンス全史』のユヴァル・ノア・ハラリです。彼が言っていることはとても理解しやすく、今回のテーマに合うと思いましたので、まずはハラリの言っていることを援用しつつ、人と経済の動きについて見ていきたいと思います。

2. 三つのグラフで見る世界経済の歩み

まず、三つのグラフを見てみましょう。図1は、経済成長が1700年代、1800年代に急激に起きているというグラフです。前章の広井先生の論考に似たような図がありましたが、対数表示をしないでざっくり取ると、われわれのGDPはこの2、3世紀で急激に爆発しています。このイメージがおそらく近代経済学をやっている人にはほとんどないのです。資本主義とか、今われわれが当たり前に思っている経済というものが、どれだけ特殊なイベントで、この数百年に起きた異常事態であると見ていないのです。

図1のグラフを見た時に、当たり前ですが、人間の中身が200、300年でそれほど大きく変わったとは考えにくいので、何らかの偶然性やいろいろな要因が重なって、当たり前ではないことが起きたことがわかります。当たり前でないこの200、300年の経済現象だけを見て、われわれはつい経済を論じてしまうのですが、そこは少し反省しなければいけません。わたし自身は、忘れてはいけない資本主義の特殊性としてこのグラフを見ています。

後ほど説明しますが、こういった特殊なことを「はい、起きました。偶然です」といっただけでは面白くないので、なぜ起きたのかについて述べたいと思います。産業革命の裏で動いていたのは信用革命と呼ばれているもので、それが資本主義を成立させる一つの大きな要因になりました。それがなぜこの時期にワッと芽生えたのか。後ほどハラリの考えを引きながら述べていきます。

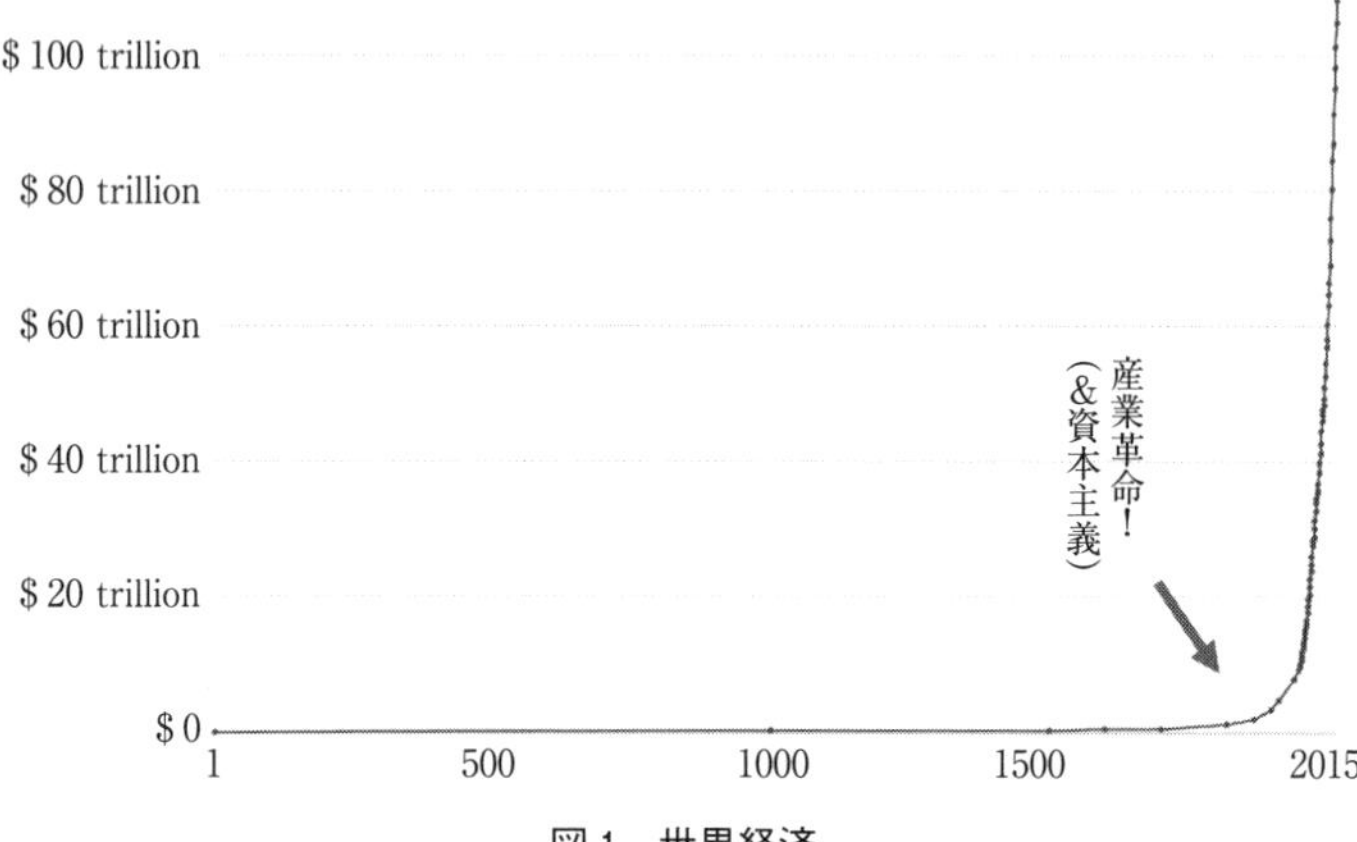

図1　世界経済

（出所）　OurWorldInData.org/economic-growth. CC BY-SA. World GDP - Our World In Data based on World Bank & Maddison (2017).

図2のグラフは、富のピラミッドです。2015年にクレディ・スイスが発表したかなり衝撃的なグラフです。これは何を言っているかというと、世界の人々をその人が持っている資産額ごとに色分けしたものです。一番下の大きな台形部分が、資産が1万ドル未満の人たちです。それが全世界の71%います。7割強の人の資産が1万ドル未満なのです。次に1万～10万ドルのところの人が21%いて、その上のところが10万～100万ドルで、そして一番上がミリオネア、つまり資産が100万ドル以上の人です。1億円以上持っている人は全体のわずか0・7%なのです。

人口比はこのピラミッドの面積に比例しているのですが、持っている資産額で見ると一番少ない0・7%の人たちが、資産の45・

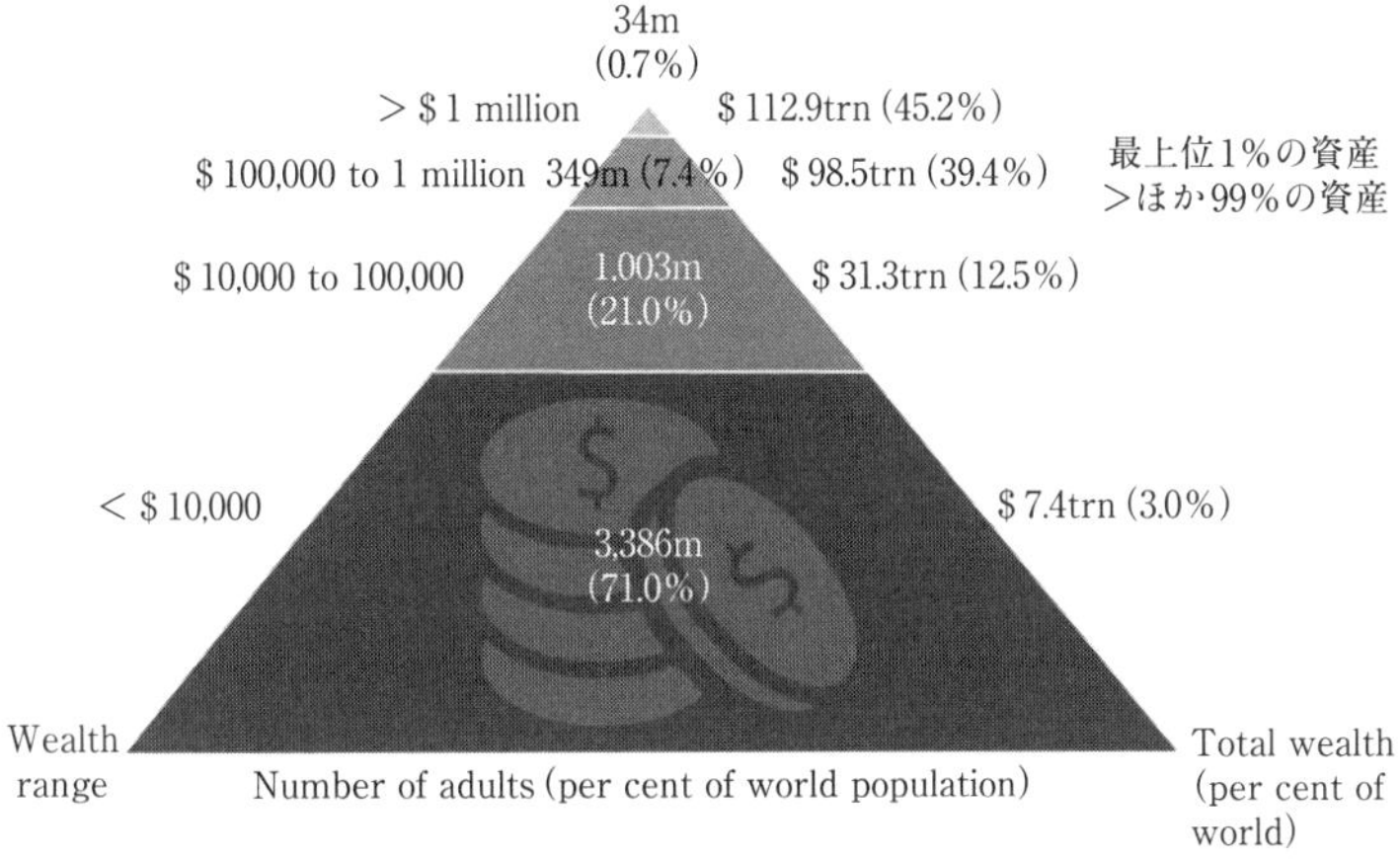

図２　富の格差

（出所） James Davies, Rodrigo Lluberas and Anthony Shorrocks, Credit Suisse Global Wealth Databook 2015.

２％とほぼ半分持っています。上位１％の富裕層の持っている資産を足し合わせると、クレディ・スイスの推計によれば、２０１５年に初めて５０％を超えました。１％の富裕層が、下の９９％以上の人々の資産と同じ額を持っているという状況です。何が問題かというと、もちろん格差が大きくてけしからんというのは見ればそのとおりですが、それ以上に深刻なのは、富裕層は消費する欲望がほとんどなく、彼らは消極的に貯め込んでいるということです。

ある程度金持ちになると、放っておいても資産が蓄積されていくので、ただ使いきれず貯まっていきます。たとえば金融市場では、上位１％の人たちの資産を、抜群に優秀なウェルスマネージャーたちが投資するわけです。増やしても消費しないので増

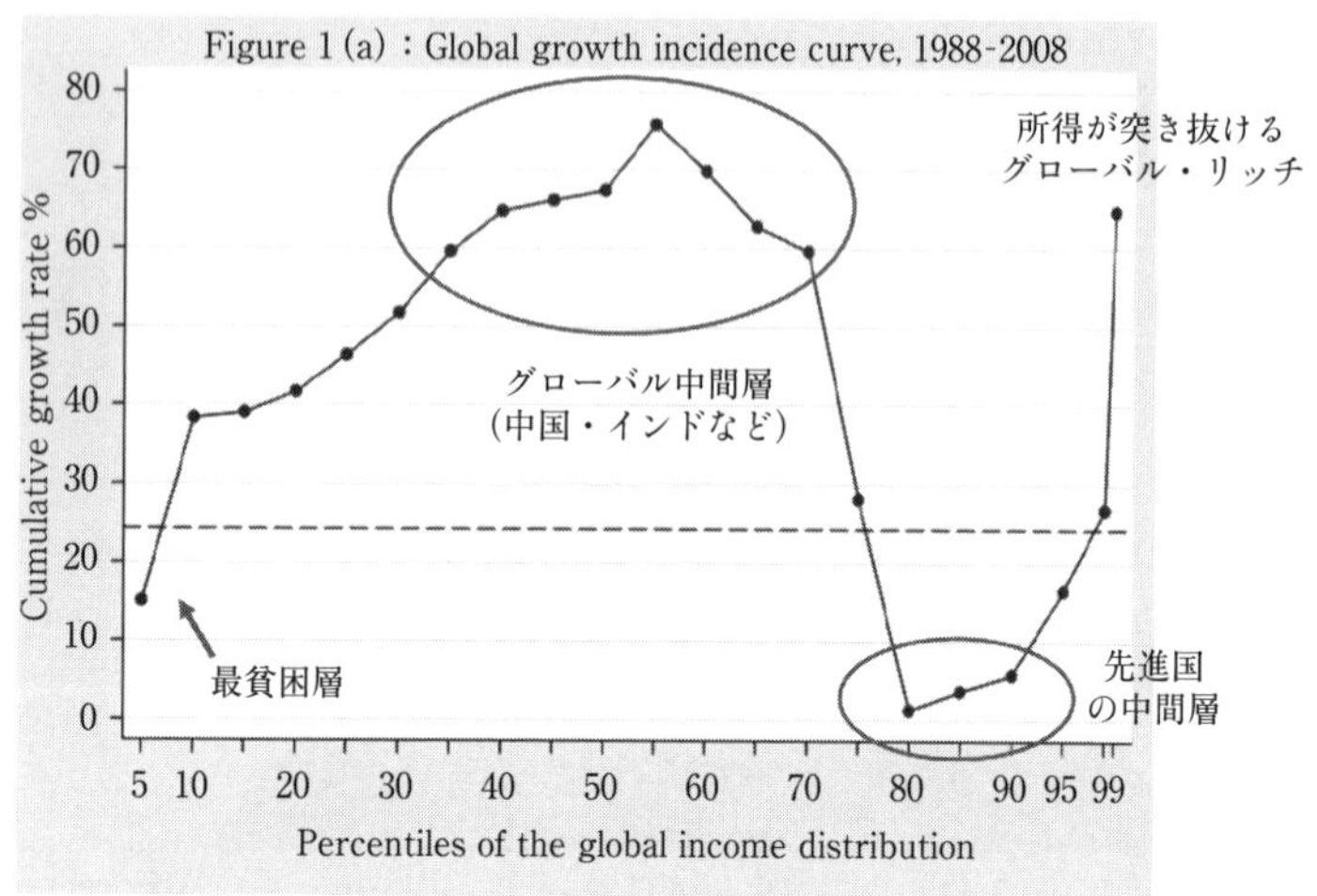

図3 “象”の曲線

(注1) Y-axis displays the growth rate of the fractile average income (in 2005 PPP USD). Weighted by population.

(注2) Growth incidence evaluated at ventile groups (e.g. bottom 5%); top ventile is split into top 1% and 4% between P95 and P99. The horizontal line shows the growth rate in the mean of 24.34% (1.1% p.a.).

やしても仕方がないような気がするのですが、とにかくそういう人が寄ってきて、出来のいいマネージャーに任せると資産が増えてしまう。資産を増やす動機の裏側に、儲けたお金で何を買うとか、見せびらかすとか一切なく、ただ増やすという人がこれだけいる。これはけっこう異常な状況ではないかという気がしています。これに対してどうすればいいのかという提案ではないのですが、現状として把握しておいていいと思います。

図2を見ると、格差が拡大傾向なのは具合が悪いという気がするのですが、一方、ミクロレベルで見てみると、格差が拡大していくところもあれば、縮小していくところもあります。それが

図3です。ブランコ・ミラノヴィッチという方が強調している「エレファントカーブ」（象の曲線）と言われるものです。このグラフの見方ですが、横軸に、世界の人々を所得別に下から何％いるかということを取って、左に行けば行くほど貧しく、右に行けば行くほど富裕層、つまり所得で見た富裕層になります。縦軸は、１９８８年から２００８年までの２０年間に、その所得属性の人が１人当たりどのぐらい所得を増やしたかということを取っています。

これを見ると、一番左側にいる下位５％の人は、２０年間でほぼ所得は増えていない。多くはサハラ以南のアフリカなどの地域に住む人たちです。残念ながら暮らしぶりはほとんど改善されていない。次に、点線が平均的な伸び率を示しているのですが、１０％以降になると平均を超えて大きく増えて、所得増の恩恵を非常に受けています。どういう層が典型的かというと、グローバルな中間層、特に人口の多い中国やインドの中間層の人たちです。平均寿命が延びているのは、健康を改善するといった、こういうグローバル中間層の暮らしぶりが一気に改善したことによっていて、平均的に見ると大きなプラスとしてあらわれています。

その一方で、日本のような先進国にいると非常に格差を感じることになりますが、それには理由があります。これは象の鼻の付け根のようなところに位置している人びと、世界で見ると下から８０～９５％、上から５～２０％の、先進国の中間層にあたる人たちのことです。この人たちがこの２０年、もっと言うと３０年ぐらい、ほとんど所得が増えていない。ですから、彼らは成長の恩恵もほとんど感じることなく、自分たちがある意味没落して虐げられていると感じています。おそらくこの所得増の恩恵にあずかれていない先進国の没落した中間層が、部分的にはブレグジット(Brexit)とかトランプ旋風を牽引した層になると思います。

グローバル中間層が得をして、先進国の中間層が損をして終わりであれば、グローバルに見るとそれはそれで格差が縮小していいのではないかという話です。しかし、一番気をつけなければならないのは、右端です。ほぼ青天井で突き抜けようとしています。0・1%までおそらく書いてあるのですが、0・01%のところを見ると、さらに鼻が伸びている。要はグローバルなスーパーリッチが台頭しているということですね。これを見ると、置かれた状況に応じて、資本主義の功の部分と罪の部分がかなりよく見えると思います。

ざっくりと三つグラフを示しました。マクロレベルで見ると、図1のように、大きな経済成長を起こした資本主義の功の部分がわかりやすく見えます。マクロレベルで罪のほうに目を向けて、格差の問題を示しているのが、図2での動きです。個別のミクロレベルで見ると、図3のエレファントカーブがあらわしているように、いい面も悪い面もあります。ですので、資本主義を全部ひっくるめていいか悪いかを判断するのは、相当注意をする必要があるのです。

3. ハラリに学ぶ貨幣・信用・資本主義

ここから先は少し話が変わります。主に図1の、なぜ特定の時期にワッと経済成長が実現されたかと関連して、特に人の資本主義、人はどのように経済成長に関わっているかということを、先ほど言及したハラリの『Money』という小冊子を読みながら考えてみます。

ご承知のとおり、『サピエンス全史』では人類の三大革命をクローズアップしています。具体的に言うと、認知革命、農業革命、科学革命です。このうち認知革命を強調したのがハラリの非常にユニークなところで、端的に言うとストーリーやフィクションを、人（ホモ・サピエンス）は共有することができるようになった。これが動物から人への大きな進化で、人が社会的な動物として、物理的な集団規模を超えて国を作ったり、宗教を信じたり、あるいは経済活動を拡大する根源は、この認知革命ではないかと言っているのです。

たとえば、交換の促進のためにお金というものは欠かせません。物々交換には限界があります。お金を使うことも認知革命があってこそで、人は紙切れを見せてもそれを欲しがるようになりました。これは動物ではなかなかできない。「これを持っていると、自分は将来何か有用なことに使えるのではないか」というストーリーを信じてもらえないと話にならないのです。お金が流通する背景には認知革命があります。後ほど紹介しますが、お金以上に重要だと思うのは信用革命です。将来何か投資をしたり、融資をしたりするとそれが返ってくるというストーリーです。時間軸を通じたストーリーを共有できないと信用は成立しないので、非常に大きい影響を与えたのではないかと思います。

この三大革命の中で、産業革命は言及されていないのですが、おそらく認知革命、農業革命、科

- …money isn't a material reality—it is a psychological construct.
- Money is a system of mutual trust, and not just any system of mutual trust：*money is the most universal and most efficient system of mutual trust ever devised.*
- …whereas religion asks us to believe in something, money asks us to believe that *other people believe in something.*

Yuval Noah Harari, *Money*, Penguin Random House, 2018, p.11, 20.

学革命が相まって産業革命も実現したのではないでしょうか。

お金の力

お金について考えてみましょう。まず『Money』から引用した上の部分（英文）を見てください。

1つ目の引用は、お金は物質的な実在ではなくサイコロジカルな構成物であるというものです。サイコロジカルとは何かというと、お金を受け取ってもらえるかどうかとか、お金を通じて将来何か買えるということで、物質固有のものが問題ではなく、そこにストーリーが乗っかっていることをおそらくは言いたいのでしょう。

2つ目の引用です。相互の信用（mutual trust）を育成するためには、貨幣以外のものも考えればできるのですが、貨幣はより強力です。なぜなら、貨幣は人類が今まで生み出した中で最も効率的、かつ最も普遍的なものだからです。

3つ目の引用では大変面白いことを言っています。宗教はわれわれに何かを信じることを要求します。神を信じるでもいいですが、何かしらストーリーを信じることを要求します。その点では貨幣も似ているのですが、自分が貨幣を信じるだけではなく、他の人も貨幣を信じることが共有されていないと貨幣のシステムは回らないというのです。この点が面白いですね。おそらく宗教にも同じ要素があって、自分が神を信じるだけだと個人と神との関係で終わりなのですが、他の人もある教祖やある神的なものを信じるようになり社会性を帯びてくるようになると、そこにはもう一段上のレベルの信念（belief）の階層が登場することになるわけです。これはお金の本質を、人の認知の面から捉えている非常に面白い記述だと思いました。

ちなみにわたしの専門のゲーム理論ですと、何かを信じることと、他の人々が何かを信じていることが共有されていることとは明確に区別されます。ある知識やある認識が共有しつくされていることを、われわれは common knowledge（共有知識、周知の事実）と言っています。ところが、誰かが何かを信じていること、たとえばわたしが神を信じていることをあなたは知っているというだけだと、それを mutual knowledge とは言いますが、common knowledge にはまだ行き着けないのです。お互いに知り尽くしているという common knowledge の世界と、誰かが何かを信じていることを知っているというだけの mutual knowledge では、信念の階層レベルがぜんぜん違うという言い方をしますが、これとハラリの言っていることとは非常に関連性があると思っています。

起業家のジレンマ

『サピエンス全史』の中でハラリは「起業家のジレンマ」という興味深いジレンマ的な状況を紹介

しています。そもそも何らかのストーリーが共有されず信用が生まれない社会に何が起きるかが問題なのです。図4を見てみましょう。ベーカリーを開こうと思っている人が、お金がないのでベーカリーを開けません。そうなると実際にパンやケーキを焼けませんから、お金を稼げない。結局お店自体を作れず、何も起こらないわけです。いいビジネス材料をもっているのに、元手がないことによってビジネスを興せない。ビジネスを興すのに、たまたま蓄財に成功した少数の人にしかビジネスへの参加権がないのが近代以前でした。

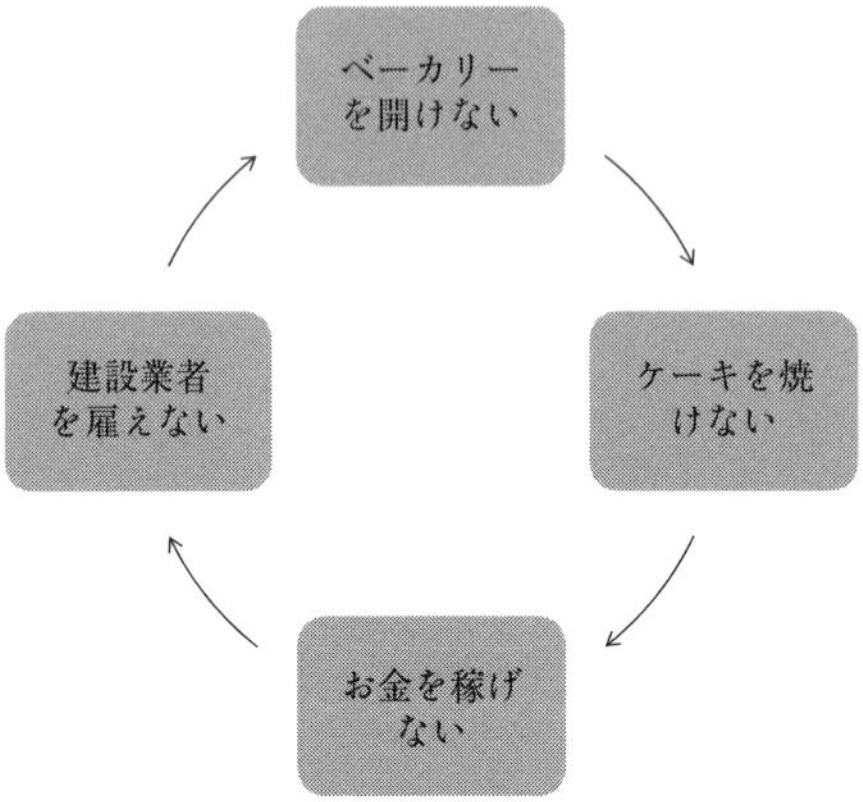

ベーカリーを開けない
ケーキを焼けない
お金を稼げない
建設業者を雇えない

図4　起業家のジレンマ

ところが図5では、この人がベーカリーを開くときちんとビジネスとしてペイしそうだということがスポンサーに伝わると、それはお金持ちなのか銀行なのかはわかりませんし、ケース・バイ・ケースだと思いますが、信用が発生します。将来を信頼してもらえると信用が発生して、そこでお金が借りられます。すると建設業者にお金を支払えるので、店を建て、新しいベーカリーを開き、ケーキを焼いてローンをきちんと返済する。こういうサイクルが生まれます。こうしたサイクルが生まれている社会は、チャレンジャーの数が全然違うのです。近代以前の世界では、たまたま蓄財できて、最初にお店を開けるだけの財を持っている人にいいアイデアが浮かぶことでしかビジネスは生まれなかったのですが、近代以降は、いいアイデアをもっている人にお金がつくのです。このサイクルを生み出せるかどうかがおそらく決定的に重要になってくる。

では、問題はどういうタイミングでこのサイクルが生まれるのか。さらに深ぼりしてみましょう。

信用と成長のジレンマ

そもそも信用がどういう状況で生まれるのかを冷静に考え直してみましょう。信用は今日のパイと明日のパイに違いがないと発生しません。つまり、きちんと儲かることが予想として共有されないと、信用は発生しないのです。ビジネスをやるのに、一か八かで、平均すると損をしているような人や事業には誰もお金を出そうとはしません。成功するとか成長するというビジョンが共有される必要があります。

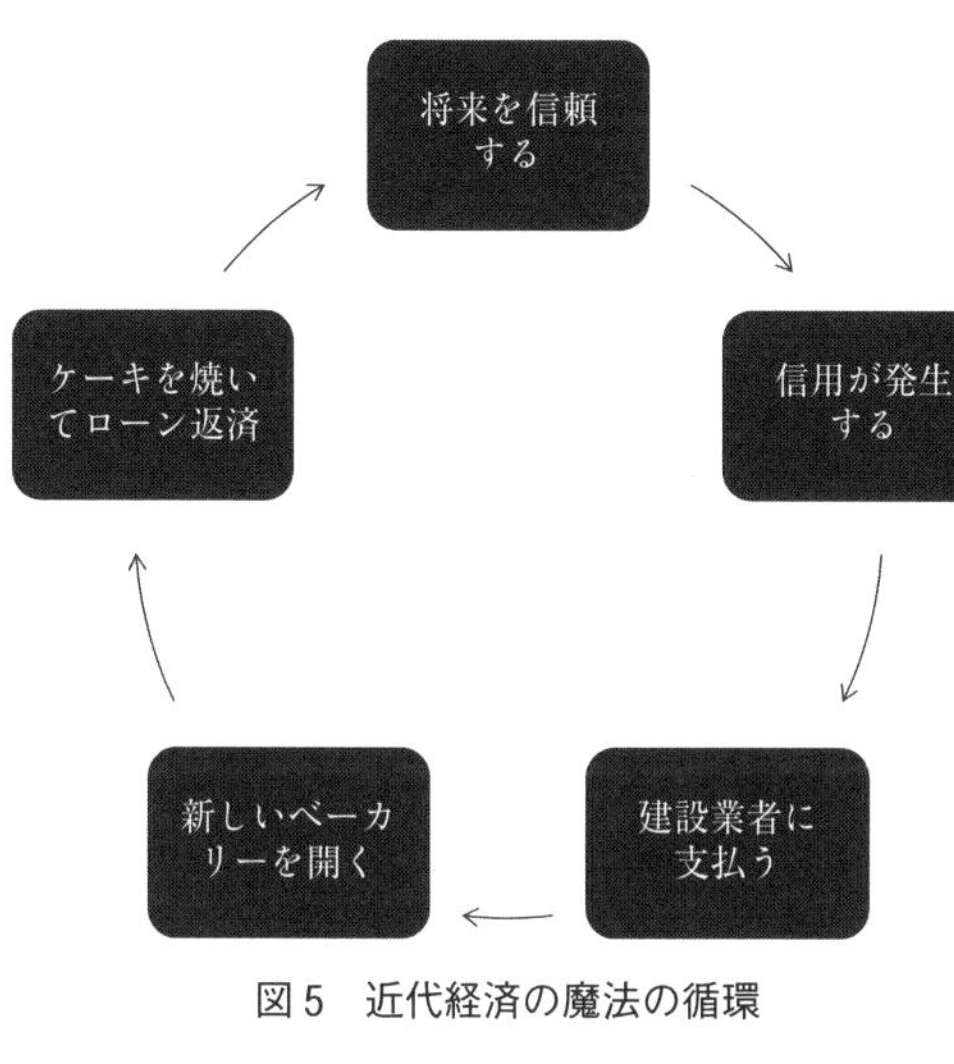

図5　近代経済の魔法の循環

ただ、マクロ経済全体を見ると、先ほどの図1にあったように、まったく成長していないところ

- If the global pie stayed the same size, there was no margin for credit. Credit is the difference between today's pie and tomorrow's pie. If the pie stays the same, why extend credit?
- …people seldom wanted to extend much credit because they didn't trust that future would be better than the present.
- Business looked like a zero-sum game.
- You could cut the pie in many different ways, but it never got any bigger.
  That's why many cultures concluded that making bundles of money was sinful.
- It was lose—lose. Because credit was limited, people had troubled financing new businesses. Because there were few new businesses, the economy did not grow. Because it did not grow, people assumed it never would, and those who had capital were wary of extending credit. The expectation of stagnation fulfilled itself.

Yuval Noah Harari, *Money*, Penguin Random House, 2018, pp.28-29.

ですと、平均レベルで見るとビジネスのリターンはほぼゼロです。そういう状況をハラリはゼロ・サムゲームと言っていますが、自分がお金を貸したベーカリーは儲かるかもしれないけれども、儲かるか失敗するかはほぼ五分五分であろうという状況です。そこで信用のサイクルが発生するかというと、これは難しいのではないでしょうか。

もちろんゼロ・サム的な世界でも、パイの大きさは変わらずとも、切り方によって大きく取れる人もいれば、小さくしか取れない人もいます。うまく大きく切れる投資先を見つければ、マクロとしては停滞していても、信用のサイクルは生まれるかもしれません。しかし、それは難しいのではないかというのがハラリの意見です。

さらに言うと、社会の仕組みとして、低

成長社会やゼロ成長社会では、信用の発生自体を抑えるような社会的規範が働いているのではないでしょうか。ここには宗教が絡んできます。多くの宗教は、キリスト教もそうですが、利子であるとか、そもそもお金の貸し借りをも禁止するケースが多くあります。なぜかと言うと、ハラリの面白い意見ですが、ほとんどマクロ全体で成長していない時に、お金を貸して利子をつけて返すようにすると、返せる人もいれば返せない人もいますから、返せない人が出てくると、その人は共同体で非常にまずい状態に置かれるからではないか。全体でゼロ・サムだからこそ、プラスのリターンである利子のようなものを認めた瞬間に、マイナスも必ず起きます。トータルでゼロである以上、絶対にマイナスが起きる。マイナスを起こすと共同体の維持が難しくなるので、それなら最初から利子を取ることを禁止してしまえ、というわけです。

それを知ってか知らずか、多くの宗教は、社会で目に見える信用とか、利子のようなものは禁止しました。それには一定の合理性があって、マクロ全体が成長していないなかで、それらを認めてしまうといろいろな不幸を生むという一定の節度があったわけです。だからこそ、利子を取るのは罪深いことだと多くの共同体では認識されたのではないかと思います。

少し話は逸れますが、そうしたなかでキリスト教社会がどのように成長軌道に乗っていったかというと、共同体の中であれ、外であれ、ユダヤ人が活躍することによってだと思います。ユダヤ人はキリスト教的な世界では同胞ではないので、必要悪として利子を取ることが認められていました。ですから、彼らは経済をドライブしていく反面、差別の対象になったのです。ここには、共同体の境界部分にいた人たちをある意味うまく使ったという背景もあると思います。

近代以前と近代の経済では、信用や信頼が発生するかしないかが大きな分水嶺になったと思います。ゼロ成長や低成長の世界では、そもそもお金を貸そうという発想にならないので、結果として成長は起きません。ところが一度成長が起きてしまうと、全体として伸びているのであれば、自分がお金を貸しても共同体を破壊することにはなりませんし、そもそもリターンが期待できます。ですから、一度成長が起きるかどうかが決定的に重要になります。

そういった視点で、17世紀、場合によっては16世紀頃に西側諸国で何が起きたのかを見てみると、一つは植民地ができてフロンティアが拡大したということがあると思います。植民地ができて東インド会社などが設立されると、出資すればリターンがけっこう期待できるようになりました。そうすると、他の全体がゼロ成長の世界ですから、偶然も重なってプラス成長やプラスのリターンができるとなると、その経済圏を拡大して、植民地からの収奪なども含めて、さらにプラスのリターンが発生するようになります。そして、これは儲かるとなるわけですから、信用も生まれやすくなってきます。ところで、単に収奪だけしていたら、フロンティアが消滅した時に経済成長が終わってしまうはずです。しかし、そこに工業化がおそらくうまく重なったために、一時的にフロンティアがなくなっても、生産性自体が上昇し続けたので、プラスのリターンが継続して期待できたわけです。

何が原因で何が結果かは難しいのですが、信用革命のようなものを生むためには、目に見える形で短期的な経済成長が起きないといけなかったと思うのです。工業化や植民地政策によって、目に見える形でプラスの成長が発生すると、あとは放っておいてもある程度回ります。そういういくつかの偶然と人間のニーズに根ざした信用革命が、この時点で起きたのだと思います。このハラリの話は完全に仮説止まりではありますが、わたしとしてはかなり信憑性があると思っています。

-ismとしての資本主義

資本主義についてもハラリは面白いことを言っています。資本主義というのは「イズム」ですね。日本語で言うと、民主主義にも「主義」がついていますが、それは「デモクラシー」の訳語として「民主主義」という言葉を当てはめただけであって、「主義」的なニュアンスはおそらく英語にはありません。民主制を民主主義と日本人が訳してしまっただけです。しかし、キャピタリズム capitalism は、外国語であっても-ismがついているので、制度としての資本制を超えた何かイデオロギー的なものを含んでいると解釈するほうが自然です。

ではそのイデオロギーは何かというと、「再投資すべきだ」というときの「べきだ」です。そこに「イズム」を見出しているのがハラリです。先ほど言った信用革命が起きてきた時に、資本が自己増殖をするという表現で、よくマルクス経済学などでは語られました。冷静に考えると、資本が自己増殖しているのか、それとも企業家、資本家が再投資をして資本を増殖させているのか、わかりにくいですが。

では、自己増殖をさせない、もしくは再投資をしなかった時に、何が起きるのでしょうか。結果として利益が発生してリターンが集まるとしても、それはおそらく死蔵されます。それをハラリはウェルス（Wealth）と呼んでいて、利殖して得たものが死蔵されるとウェルスで終わってしまうというのです。それは、プロダクティブなことに再投資されない。ところが、キャピタルはそれと違って再投資されます。同じ富でもキャピタルなのか、ウェルスなのかを明確に区別しています。その時に、資本主義は何であるのかというと、ウェルスに重点を置くのではなくて、再投資をしてキャピタルにしなければいけないという、「イズム」を含んだ意味でキャピタリズムと呼んでいるのです。こうしたことを踏まえて、先進国で起きている現状の問題は、ひょっとするとキャピタリズムのイズムが実現されていないことにあるのではないでしょうか。

どういうことかというと、ウェルスは集まるのですが死蔵されますから、先ほどのトップ1%程度の人たちは、おそらく再投資を意識している人は少数派で、勝手に貯まっていってしまうので、ウェルスなのです。ウェルスマネージャーに任せておくと、ウェルスが金融市場に一応名目上は投資されるのですが、中身を見てみると、本当にプロダクティブなことに再投資されているかは怪しい。日本にはビル・ゲイツのような超大物の資産家は少ないかもしれませんが、日本企業の内部留保問題もそれと同根かもしれません。再投資していないのです。死蔵されている富が蓄積されているだけなのです。そこに問題があるのではないかと、私自身は考えています。

4. 経済学の課題

アメリカの元財務長官で、ハーバード大学の学長も経験した、ご意見番のローレンス・サマーズという人が、最近は「長期停滞論」を唱えてクローズアップされています。サマーズはもともとは主流派の経済学の権化的な人ですが、リーマン・ショック以降は経済学の無力さをいろいろなところで述べています。あの自説を曲げなかったサマーズが、主流派の最近のマクロ経済学はまったく役に立たないと言っているのです。リーマン・ショックの時に彼が参照した経済学者は、そもそも学者ですらないウォルター・バジェットとか、異端の経済学者と言われ続けたハイマン・ミンスキー、そして経済史家のキンドルバーガーでした。そのようないわゆる狭い意味での近代経済学を超えたような人たちを参照したのです。もちろん最後はケインズです。このようなエコノミストたちの言っていることは参考にしたが、精緻な理論モデルを主張する現代的なマクロ経済学者は何一つ参考にしなかったというのです。

主流派経済学はいろいろな問題を抱えています。経済と人との関連で言うと、たとえばケインズが述べたアニマルスピリットが挙げられます。これは起業家精神というものが経済の原動力である、というものです。起業家には、新しい製品を作ったら何パーセントの確率で売れるかという客観的な状況が与えられているわけではない。大変な不確実性に直面している中で、「えいや」と投資をするとか、イノベーションに挑戦するのです。起業家のこうした、ある意味合理化しづらいメンタリティーが経済を動かすと言っているわけです。

とはいえ、アニマルスピリットは重要だと言っているだけですと、主流派の人たちを振り向かせるのはなかなか難しいものがあります。ですので、ケインズの優れているであろう直観と、現代的なフレームワークを何とかくっつけられないかとずっと考えています。

そのために、ひとつありうるかもしれないのは、不確実性の議論です。わたしが専門にしているゲーム理論で言うと、相手がどういうプレイをしてくるかということは不確実です。理論上は相手がどの戦略をどれくらいの確率で選ぶかを正しく予想できると仮定するのですが、実際にはこの確率分布はあってないようなものです。ですからゲーム理論の中で、個々のプレーヤーが抱えている、相手がどう出てくるのかという不確実性は、実はケインズのアニマルスピリットと相性がいいのです。

わかりやすい例で言うと、企業家がある商品を作った時に売れるかどうかはわかりません。それは、消費者が何を買ってくれるかがわからないという根源的な不確実性があるからです。それは企業家と消費者の間のゲームのようなものです。どのぐらい消費者の心に刺さるのかという不確実性は、おそらく確率計算が難しい。なぜかというと、まだ産み出してもいない商品を作るわけですから、予測ができないのです。

こうした、客観確率の出しにくい不確実性に直面している当事者に、そうはいっても何かしらの戦略を描いてみる。それは、ツールであるゲーム理論のようなものによって、ある程度分析できるかもしれません。そういう方向へ話をもっていくと、単に「わからない」「はい、終わり」ではなくて、既存の枠組みを通じて何らかの理解を進めることができるのではないでしょうか。

最近の行動経済学や、人間の脳波を測定している神経経済学でも同様です。従来完全にブラックボックスになっていた人の内面を探るような動きとして出てきているわけです。どこまでいってもブラックボックス限界はあると思いますが、より内面を探っていくと、従来では何も言えなかったブラックボックスについて、もう少し言えることが広がるかもしれません。その意味では、主要な経済学、特にマクロ経済学には、欠点がたくさんありますが、そこで駄目だと終わりにするのではなく、もう少し「人」を通じて、ブラックボックスを紐解いていくと、よりましな予測や、よりましな経済分析ができるようにバージョンアップできる可能性があると思っています。

[討議]

経済成長と信用

成長拡大への転換

小野塚　図4の「起業家のジレンマ」は、近代以前の停滞経済の図式ですね。図5が近代の成長する経済の図式です。さらに、ハラリを使ってキャピタルとウェルスとを区別しているのですが、結局このように書くと、信用は物語がないといけず、信用がないと新しい展開が生まれないので経済が停滞しましたという話になります。ただ、実を言うと前近代社会でも、やはりウェルスは生み出されていました。それはなぜかというとリスクを回避するために何らかの備蓄のようなものが必ずあったからですし、作付けのいい年が続けば当然モノが増えたからです。しかし、増えたものをキャピタルとして来期に投資するかというと、投資することがそもそもいけないという仕組みがあったわけです。それがまさにふたつめの英語の引用のところに書いていている話だと思います。

富が貯まってもそれを増やすことに使ってはいけないという時期から、富が貯まったらむしろ逆に増やすことに使わなければ無駄だ（それはタイム・イズ・マネーにつながってくるような話なのですが）という時期への、転換がなぜ起きたのか、どこで起きたのか。そのことについてはどう考えられますか。

安田　わたし自身も、図1のあのカーブがなぜ16世紀、17世紀あたりにバンと起きたのか、長年わかりませんでした。ハラリを読んで目から鱗だと思ったのは、いったん成長を経験すると信用のサイクルが回るという、逆因果関係のようなものが初めて突きつけられたことです。信用が起きれば成長が起きるというわかりやすい因果関係がよく示されますが、成長を経験しないとそもそも信用創造のようなものは社会に受け入れられません。結局何が起きるかというと、どこかのタイミングで目に見える経済成長が、ある種の偶然の力で発生し、それに応じて金融面、信用面での制度が変わっていくということです。そのタイミングがどこで訪れたのか。

今の段階で有力だと思うのはこうです。フロンティア自体が拡大して、商業的な経済成長が起きた１６世紀、１７世紀は、銀山をたくさん見つけて、目に見える形で成長がリアルなものになりました。それがおそらく信用制度のほうにもインパクトを与えたのではないかと思います。その後の産業革命時期は工業生産に移っていきましたので、フロンティアがなくても、テクノロジーの面からリターンが大きくなります。それは背後で科学革命のようなことが同時に起きてくれたのでうまくいきました。要は、成長を実現し、それがみんなに共有されるという、まさにストーリーとして経済成長がシェアされるようになるイベントがないことには、信用のサイクルは回らなかったということです。目に見えてシェアできるようなイベントが、たまたま１７世紀以降に続いたのではないか。

従来は、信用さえ起きれば経済が成長するとか、テクノロジーさえ豊かになれば成長するとか、あるいは法制度、所有権がうまく認められれば成功するといった議論が多かったと思います。その逆をハラリが言っているのが面白くて、何かしらで成長が見えるようにならないと、そういった制度面は整わないというのです。だからこそいったん成長する軌道に乗った時には、強固に補完性が発揮されて、次々に成長していく。それによって先ほど説明した信用のサイクルが生まれ、信用のサイクルが生まれれば、それが新たな成長を生みやすくなっていくというように、自己実現していくのです。

問題は、自己実現のサイクルが花開かないと、いつまで経っても停滞することです。ずっと長い停滞時期が続いていたのは、偶然によって成長のパイが「見える化」されないからです。なぜ17世紀前後に爆発的な成長が起きたかを説明するためには、それまでなぜ起きなかったかということを同時に説明する必要があります。そのひとつとして、成長がないと信用も回らないということが有力な説明である感じがしたのです。

小野塚　経済史の世界では、ポメランツの『大分岐（*The Great Divergence*）』によると、実を言うと、成長は中国でも日本でも西ヨーロッパでも15世紀にはすでに始まっていたといわれています。それが18世紀までは、中国でも特に南のほう、江南地域の長江下流とか、日本でいうと畿内とか中・四国、それからヨーロッパではオランダとかイングランドとかでは、みんな成長軌道に乗っていました。ところが、18世紀に分かれ目が起きたわけです。このことは、もうひとつの問題ではないかと思います。成長軌道には乗っていたけれども、中国と日本はその延長上に資本主義を作ったのではなく、イギリス的な資本主義のタイプを受け入れる形で、編成変えされて、世界資本主義の中に巻き込まれていきました。ですから資本主義の成長への転化そのものは、世界中のあちこちで同時多発的に起きたのです。そのうち本当に成功したのはひとつだけで、イギリス発のものです。この問いがもうひとつあると思います。それに対する答えが、ポメランツだと十分に答えられていません。そこにはもちろん、貿易を通じた、外国のものに対する欲望の強弱の差があると思います。日本人、中国人はイギリスのものを欲しがらなかったのに対して、イギリス人は日本のもの、陶磁器とか金とかお茶とかを欲しがりました。この欲望の非対称がなぜ発生したのか。おそらくそこまで遡らないといけないと思います。欲望の解放性と、信用と成長の解放は、おそらくハラリが言うよりももう少し早いのでしょう。最近の経済史研究では、日本で言うともう少し早く、15世紀、戦国時代ぐらいに起きていると言われています。深尾京司さんなどが書いている岩波講座『日本経済の歴史』の第1巻を見ると、そういう話になっています。

けれども、それがそのまま今に続いているかというと、そうではない。中国もそうです。宋末や明代に起きた経済成長がそのまま続いているかというと、清代でストップして、清末には相当程度植民地化してしまうわけです。

では、なぜヨーロッパだけが、特に西ヨーロッパもしくは北西ヨーロッパだけがその延長上でそのまま成長しているのか。図1のグラフで、急にガッと上がっているところですが、19世紀には400%成長していて、20世紀には2000%という成長率です。なぜそういう成長が可能になったのか。

中島　なぜなのですか。

小野塚　それがわからない。今後の課題だと思います。

中島　わたしがうかがってみたいのは、開発独裁のことです。人為的に経済成長を起こそうとして、開発独裁をすることがあります。成長させれば信用もついてくるのであれば、とりあえず最初の成長を起こすように開発独裁をやってみる、という考えですね。それがうまくいくところもあるかもしれませんが、うまくいかないところが多いように見えます。

安田　開発独裁の場合は、独裁者や富裕層が最初にドカンと投資をします。まだ成長前なので平均的な富は少ないけれども、偏在した富を使えば投資ができる。そこでバンとやろうということだと思うのです。

小野塚　最初の一撃だけでは、どうも説明できないのではないですか。

安田　最初の一撃の弱いところはこうです。信用のサイクルが回っている時は、いいアイデアをもっている人にお金がつく。要はアイデアの出所としての分母が大きいのですが、開発独裁の場合は、結局富を持っている人しかできないですね。富とアイデアを同じ人がもっていれば大成功しますが、富はあるけれどもアイデアがずさんだとか、あるいは富はなくてアイデアをもっている人のところにはお金がつきません。そういう限界があります。他方で、何をやれば成功するかということは比較的明らかな時は、誰がそのアイデアを実行しても弊害は出ない。

その意味で言うと、途上国がテイクオフする時には、典型的にこの産業分野に突っ込んでみればいいというものがあるとすれば、開発独裁も一定の効果を生むのではないでしょうか。逆に今の先進国のように、どのビジネスをすれば成功するのかがほとんどわからない状況で、特定の人しかプロジェクトを回さないという状況になると、当然あまり成功は期待できません。日本のレガシー企業が陥ったのはまさにそこではないでしょうか。

ベンチャーのようなものが出てきて、どんどん試行錯誤しなければいけなかった時期に、プロジェクトの意志決定を大企業が中心的になってやったために、そこで差がついてしまったことが少なからずあるように思います。

「イズム」としての資本主義

丸山　安田さんがおっしゃるように、キャピタリズムは「イズム」であって、本来そこには何らかの形で再投資する「主体」があってこその資本主義なのだということがよくわかります。ステレオタイプな言い方になりますが、欧米的な文の構造では、主語がはっきりしている、文化的に選び取ったキャピタリズムということが伝わる一方で、日本の場合は曖昧に、主語が不明確なままに事が成されていく文化であることから、違う理解が進んでいる気がします。つまり、資本主義というよりも、日本の場合は単に資本の運動をやっているだけで、主客の関係、制度、構造としての理解などが曖昧なまま受容しているという印象がありま す。概念を翻訳しながらやってきた日本的資本主義ではありますが、その言葉とのつき合い方を考えないといけないのでしょう。本来は「イズム」であるところが、けっこう重い気がしているのですが。

安田　NHKの番組「欲望の資本主義」でニューヨークにロケに行った時に、現地の人にインタビューしました。そこでキャピタリズムについて質問すると答えてくれたのですが、聞いた人の8割、9割は、キャピタリズムと言った時に、ほぼ市場経済のことをイメージして答えていました。ですからアメリカでも、日本とは別の理由ですが、「イズム」が抜け落ちているのです。むしろヨーロッパの人とかの考えを聞いたほうが、「イズム」的な面が見えてくるのではないでしょうか。単なる市場経済一辺倒のキャピタリズムではなくて、プラス何かということですね。

アメリカ人はほとんどそこを意識していないと思います。ノーベル賞経済学者のスティグリッツさんと話した時も、キャピタリズムとマーケットを互換的に使っていたので、ほとんど意識していないと感じました。

丸山　それこそ「欲望の資本主義」に関して言えば、チェコのアナリストであるセドラチェクさんの主張が興味深いと思います。彼は、共産主義を経験したからこそ、資本主義をもう一度相対化した上で考えています。資本主義は、市場原理にもとづき、市場で自由を獲得できるツールなのであって、どこまでも成長する必要はない、と最初から主張しています。当然のことではありますが、その国のもっている歴史とか民族性、文化から、資本主義を受容段階で捉えないと、普遍的に語るのはなかなか難しいと思います。

中島　安田さんのお考えでは、中国の今後はどうですか。

安田　本章の内容に関連づけて言うと、非常に面白い経済体制なのです。共産党がいて、トップダウンでいろいろなことを決められて、しかもデータをものすごく取れるわけです。もともとプライバシーという概念があまりないし、中国の方のプライバシーの要求水準も低いのでやりやすいという幸運もあるかとは思います。そういうことで言うと、多くの西側先進諸国ができないことができている。今後、それがどのぐらい成長につながるのかは読めない部分もありますが、一定程度、データを蓄積して新しい財・サービスが生まれていく傾向は続くでしょう。

ただ、一巡して何か本質的に新しいイノベーションを生まなければならなくなってきた時は難しくなるかもしれません。西側、特にアメリカを中心とした、ベンチャー企業がたくさんあって何か新しいものを日々試行錯誤で生み出しているような経済圏に対して、ある程度トップダウン型でやることを決めて、間接的にコントロールしていこうとする経済圏が勝てるのかを考えると、わりと難しいのではないかと思います。長い目で見た場合には、ビジネスの話もそうですし、どうやって再分配するかという議論もそうですが、もう少しボトムアップでいろいろなアイデアを汲み取れるようなシステムの方に強さがあると思うのです。

今、中国は追いかける立場なので、そうしたフレキシビリティをある程度犠牲にしても、共産党主導で、平均的に伸びるところは伸ばすことができています。しかし、おそらくは、どこかで新しいものを生み出しにくくなるのではないか。中国では、先ほどのエレファントカーブでもともと低かった中間層がガッと伸びたのですが、中国国内で見ると格差が非常に激しいので、その点では今後、中国国内から不満が噴出するはずです。それはまた別途政治的に考えておかないといけない問題です。

中島　中国で悩ましいのは、まさに信用の問題です。たとえば、中国のアリババを考えてみて、なぜあれほどの成功が可能になったかというと、非常に逆説的なことがいわれています。つまり、直接対する相手を信用しきれておらず、本当にこの人はお金を払ってくれるか不審に思うからこそ、その間に立ってくれるAlipay（アリペイ）が機能してしまうというのです。ものすごい不信が過剰な信用を支えていく構造ですね。これは安田さんの議論では、どう落とし込めるのでしょう。

安田　先ほどの信用サイクルが、どういうきっかけであれいったん回りだすと、おそらく制度的な補完性がいろいろ出てきて、いいサイクルが生まれます。ただ、どういうきっかけであのサイクルを回すかはその国によって事情が違います。

中島　根本的な不信があろうがかまわないわけですね。

安田　根本的な不信を長らく乗り越えられなかったから、あまり成長できなかった面もあると思います。それがテクノロジーの進歩もあって、偶然乗り越えられるチャンネルが中国に生まれたということです。Alipay などが出てきて、過去の購買利益などをきちんとコントロールできるとなった瞬間に、不信が乗り越えられる。そうでないと金融機関を通じてもなかなかお金が借りられないし、お札自体、偽札が横行するというグレーゾーンでやっていくしかなかったのが、テクノロジーをきっかけにあの国は乗り越えられたのです。

堀内　安田さんのお話で一番衝撃的だったのが、キャピタリズムを「イズム」だと言っているところです。わたしは、資本主義は、そもそも主義主張ではないからこそ普遍性をもつ、パソコンのキーボードのアルファベットの配置のように主義主張にかかわらず広がっていったと理解していたのです。それがお金を再投資すべきだという「イズム」だというお話が衝撃的でした。きちんと「イズム」として解釈している人もいるということが非常に新鮮でしたし、そこをもう一度考え直さないといけないと思いました。

安田　わたし自身もそうですが、もともと主流派の経済学者は資本主義と市場経済を同義に見ているので、制度や仕組みとしての普遍性にしか注目してきませんでした。おそらくハラリ自身も、「イズム」を強調しようというよりは、ひとつの見方として言及しただけだと思います。資本主義経済が成長してうまくいっている時は、「イズム」の側面を気にしなくてもよかった。資本が自己増殖するということ、儲かったらまた再投資することは当たり前で、あえて資本家の人たちに再投資しろと言う必要はなかったのです。「イズム」を意識してもしなくても、結果は変わらなかった。再投資を含めた資本主義であり、市場経済であったということが、この200、300年の動きだったと思います。

しかし最近になって、「イズム」なしでは再投資が行われにくくなってきました。それはフロンティアの消失が原因かもしれませんし、欲望の形が変わったのかもしれません。だからこそ、今は場合によっては「イズム」の側面を見ないといけないのかもしれないですね。放っておくと、企業にしても富裕層にしても、再投資しなくなっていく。これがキャピタルとウェルスの話につながるわけです。

今言った「イズム」が経済学の中でなぜ出てこないかというと、区別をする必要や、区別をする意味がないからです。なぜかというと、銀行にお金を預ける人は、個々人だとまったく再投資を意識しないかもしれませんが、実際にはそのお金を金融機関が代わりに、どこかに融資しているわけです。本人のモチベーションとして再投資したいかどうかとはまったく関係なく、資本市場、金融市場を通じて価格として金利が動き、社会全体として再投資されるのであれば、個人の思惑などはどうでもいいという発想なのです。

これまではそう思っていたのですが、今では個人の思惑がある程度重要になってきていきます。現在ですと、特に金利が下がってくる局面では、再投資せよと社会でプレッシャーをかけても、おそらく投資に回っていきません。だからこそ、単なる金稼ぎのためだけの再投資ではなく、長期投資とか社会投資とか、何らかの形でウェルスを再投資して、われわれの暮らしや人間性を豊かにしていくことが必要です。それを今こそ言っていかなければ、社会が回らなくなるかもしれません。そういう目線でハラリを読んだので、いいことを書いているなと思ったのです。

中島　アダム・スミスが『諸国民の富』で、ウェルスの分析から始めているのですが、それは初期の資本主義の分析には役に立ったわけです。ところが今は逆に、キャピタルに転換しないウェルスが相当世界に広がっていて、みんなどうしていいのかわからない。それをもう一度、キャピタルに転換するかというと、それを支えるキャピタリズムがあまり共有されていない可能性がある。すると、わたしたちは『諸国民の富』とは違う形かもしれませんが、ウェルスの分析をし直さないといけない。再投資という形で使われるウェルスではないウェルスまで構想できるのか、構想できるとしてどう構想するかですね。それには、おそらく人間と富の関係を整理し直す必要があると思います。そう考えてみると、「人の資本主義」というのは、人にとっての富、ウェルスとは何かという問いを根本的に問い直すことかもしれないですね。

安田　ウェルスを再度問い直す発想もありますし、もうひとつは再投資を定義し直すということでしょうね。狭い意味での資本の増殖ではなくて、まさに社会投資であるということを含めた方向に見方を変えていくということです。いずれにしても、現状のままでは死蔵されるウェルスをどうやって変えていくかが鍵だと思います。

［2018年7月2日収録］

［第II部］

ディスコースの変容と資本主義

第4章　歴史的ディスコースにおける資本主義

山下範久

本章のテーマは、歴史的ディスコースにおける資本主義という、とても大きなものです。歴史の中で資本主義という概念がどのように使われ、流布され、場合によっては濫用されてきたかということを考えてみたいと思います。わたしの視点のベースになっている「世界システム論」の観点から、最近2〜3世紀のディスコースを扱うことになります。

1．新語としての資本主義

長い人類史の中で、資本主義という単語は比較的新しい言葉で、19世紀になってようやく現れました。資本主義という言葉は最初から名詞として出現したものではありません。カール・マルクスの『資本論』は1867年に出版されたのですが、この本の中でマルクスが資本主義という言葉をほとんど使っていないというのは有名な話です。彼はその代わりに「Kapitalistische Produktionsweise（資本制生産様式）」という語句を使用しています。

ということは、資本主義という概念が流布されるまでに、ある種の概念構築の過程を経る必要があったわけです。特に19世紀前半という早い時期ですが、その時代の社会主義では、資本主義の代わりに産業主義という言葉を使うことが普通でした。実際に彼らが見ていたのは産業化だったと思われます。工場が建設され、都市が形成されるという、目に見える現実です。その現象に産業主義というラベルを貼ったのです。急変する都市の景観という目に見える現実をただ観察することから、資本主義という言葉をひね り出すには、なんらか抽象化する概念プロセスが必要です。また実際システムとしての資本主義が形成されるまでには、ある程度の時間とプロセスを要しました。ここでシステムという言葉は、より深い構造レベルでの現実を指します。資本主義というシステムは、ディスカーシブ（言説的）に具体化され、構成されました。

2. ブローデルの洞察

とっかかりにフェルナン・ブローデルの資本主義論を参照しましょう。

ブローデルはかなり風変わりな形で資本主義を特徴づけました。彼は資本主義を反-市場的な力が作用する場だと性格づけました。反-市場的な力とは、フランス語では contre-marché です。資本家は異なる価値システムを媒介するか、それを作るか、あるいはその両方を行うことで、差異を作り出そうとします。それは非対称の関係を利用しているわけですから、資本家が行っているのは差異の媒介または利用です。ところが、純粋な形での市場経済は等価交換のシステムです。そこでは、このような差異の利用は起こりえません。そうすると、資本家は、採算の取れる市場あるいは採算が取れると仮定される市場において、差異を見つけるか差異を創出する必要があります。ブローデルが資本主義の特徴を反-市場的な力とした根拠はここにあります。

資本家あるいは資本主義をこのように定義すれば、人類史上のあらゆるところで、資本家を見つけることができます。たとえば、ローマ帝国時代に遠距離の交易を行っていた商人たちは、地理上の差異を利用した資本家です。

こうしたブローデル的な資本主義は、世界史上ほぼいたるところに存在します。そのため、資本主義についてこの定義を採用すれば、資本主義をシステムと呼ぶべきかどうかは曖昧になります。なぜなら、資本家または資本主義の働きはほぼいたるところで見られる以上、それを時空間的な意味でのシステムとして認識することは、非常に難しくなるからです。したがって、資本主義を歴史的な対象として捉えようとするのであれば、人類史全体を覆うものとは区別された、何らかのシステムとして認識する必要が出てきます。

3. 200年または500年

システムとしての資本主義の起源や時空間的な境界線の引き方に関しては、マルクス主義の言説空間において議論が繰り返されました。そこには、ごく大雑把に言って、2つの異なるアプローチがありました。

ひとつは、わたしが垂直的アプローチと呼ぶものです。垂直とは時間の軸を意味していて、それに沿ったアプローチのことです。垂直的アプローチでは、ある社会（通常は国民国家として定義される社会）における、生産と階級の関係性の様態に注目します。そして、18世紀後半の英国で展開した最初のプロセスがいかに他の社会で反復されたかを特定します。このアプローチは、啓蒙主義的な政治的指向や、政治的発展へ向けた段階戦略と理論的な親和性をもっています。つまり、現在はこの段階にあり、次の段階へは革命が必要であり、その後、最終的に共産主義などを目標とする段階に達するような考え方です。このアプローチからはそうした考え方がほぼ演繹的に導かれます。

もうひとつは、水平的アプローチです。このアプローチでは、資本主義的な発展と低発展の両方を内包した構造的状況に注目する傾向があります。それは共通の構造内で起きる2つの異なるベクトルを取り上げることで、ひとつのシステムとして資本主義システムの実体を特定しようとします。このアプローチも、特定の政治的なイデオロギーおよび戦略と理論的な親和性をもっています。乱暴にひとことでいえば、ポピュリズム指向の傾向があり、分離的戦略を大事にする傾向のものです。そのため、既存のシステムとの間には距離を置いて、資本主義とは質的に異なる別のシステムに移ろうとするのです。

日本の学問的背景を持つ方であれば、すでにお気づきと思いますが、私が語っているのはいわゆる日本資本主義論争にあてはまります。おおまかに言って、垂直的アプローチは講座派に相当し、水平的アプローチは労農派に相当します。実は、このような資本主義論争はその形式それ自体が韓国でも、中国でも、世界中ほぼ至るところで繰り返されています。

4．批判的、科学的概念

資本主義の概念化の問題に戻りましょう。資本主義という概念には2つの側面があります。ひとつは、批判的なものです。資本主義という言葉を用いる人々には、既存の社会の状態や状況に対する批判が動機としてあるということです。彼らは資本主義という言葉を使うことで、わたしたちが克服しなければならないことを具体化するのです。もうひとつは、科学的なものです。資本主義に関する言説の初期段階では、資本主義は科学的な概念であると主張されました。マルクス自身、自分の社会主義を科学的社会主義と呼んでいました。

ところが、20世紀、とりわけ冷戦体制期以降になると、資本主義の言説空間は開発主義の論理に支配されていきます。資本主義への批判は、冷戦を前提とする思想的緊張関係によって、より鋭くなっていき、イデオロギー的なドグマになります。他方、分析的・科学的意味での資本主義はモダニティとほぼ同義になりました。モダニティが資本主義を婉曲的にあらわす別名になったのです。

19世紀には左翼的な思想家が資本主義という用語を使ったのに対して、20世紀にはより多くの学者が資本主義を、近代の発展のラインに沿った経済的な変貌を指す言葉として使いました。そして、冷戦終結後、資本主義という概念は、数十年にわたってイデオロギーのドグマとされた結果、その批判的な鋭さをほぼ失い、市場経済の同義語になったのです。科学的・分析的な側面は、世俗化や近代化というより広義の言葉に吸収されたのです。わたしの見るところ、文献学的なマルクス研究のようなニッチを除けば、アカデミックな文脈で最近の論文で実際に資本主義という概念を使っている経済史の研究者はますます減っています。彼らは資本主義という概念を捨てようとしています。分析のために資本主義という概念を使う必要がなくなっているのです。

5.「大分岐」——数量化

このようになってきた背景には、１９世紀におけるヨーロッパと非ヨーロッパの歴史のコースの「大分岐」に関する議論の再興があります。ヨーロッパ中心主義的なモダニティ概念にどれだけ歴史的、歴史地理的、社会学的妥当性があるのかが、グローバルな比較の中で問われるようになったのです。そのなかで、資本主義という概念も、さまざまな制度の合成物へと多元化されました。そして、冷戦後、とりわけ「大分岐」をめぐる議論の中で、概念の内容の大幅な数量化が進みました。経済学においては、数量経済史と開発経済学の間で相互浸透が起きます。そこでは、資本主義への移行という古典的なテーマに代わり、経済史家のエリック・L・ジョーンズが提唱したような、「繰り返す」成長がテーマになりました。「なぜヨーロッパが最初だったのか」、という古典的な問いが、比較制度分析という枠組みの中で問い直されているのです。それは、古典的な移行論争からの解放を意味しています。こうして資本主義は参照基準としての価値を完全に失いました。それが今日の状況です。

6. 資本なき資本主義

この見出しは無形資産の重要性を示したジョナサン・ハスケルとスティアン・ウェストレイクの著書の表題にあるものです。すなわち、*Capitalism without Capital*（2017年）（邦訳『無形資産が経済を支配する——資本のない資本主義の正体』、山形浩生訳、2020年）です。資本主義の概念を分析ツールとして使う歴史学者がますます減る一方で、ジャーナリスティックな分野に注目すると、面白いことに、ますます多くの経済学者と経済ジャーナリストの間で、資本主義の限界、資本主義の終焉、資本主義の危機というテーマが関心の的になっているのです。経済史専門の研究者が資本主義という概念を捨てようとしている中で、経済学者と経済ジャーナリストは資本主義の終焉にますます関心を寄せるようになる。後者の関心の背後には、情報革命の影響があり、部分的ではありますが、資本という概念の変化を説明しようとしています。ここにはさまざまなレトリックがあって、この現象をいろいろに分類していますが、わたしが特に関心を持つのは社会資本という概念です。

『資本なき資本主義』では、必ずしも社会資本という用語を使ってはいませんが、おそらくより広い読者を獲得したと思われるライアン・エイヴェントの *The Wealth of Humans*（『デジタルエコノミーはいかにして道を誤るか——労働力余剰と人類の富』、日谷真紀訳、東洋経済新報社、2017年）では、社会的なものの重要性や社会資本という概念の重要性が増していることを強調しています。その際、エイヴェントはネットワークの中にある無形資産に言及しています。古典的な言説では、資本主義における資本は有形であると想定して、きわめて古典的なモノの捉え方をしていました。資本はモノ、つまり工場や機械に体現されます。しかし、社会資本の時代では、資産はネットワークの中にあり、架空の商品をまったくのフィクションとして所有することが可能になります。そのため、古典的な資本主義の資本の意味は消え、ますます多くの人はこのフィクションを拡大したり、ネットワークの中の資産を商品として所有可能なものとみなすようになるのです。

このようなタイプの議論は、いわば、資本または資本主義による革命を説いているといえるでしょう。それは、人類史の規模での革命というナラティブの復活というトレンドでもあります。たとえば、最近の社会的変化に関して、新石器革命や産業革命に匹敵しうる大革命だと語る本がたくさん出版されています。オックスフォード大学で教鞭を執り、情報哲学を専門とするルチアーノ・フロリディは「第四の革命」を提唱しています。第一の革命はコペルニクスによりもたらされ、第二の革命はダーウィン、第三はフロイト、そして今、情報技術によって第四の革命が起きているというわけです。この一連のプロセスの中で、人間中心主義は弱体化し続けていったという説です。また、ドイツの「インダストリー4・0」という概念や、日本政府が述べる「ソサエティー5・0」という概念もまた、最先端社会を作ろうとしているもので、これらも革命というナラティブの復活の一部だと思います。

7. ビッグヒストリーと非人間的転回

これらのレトリックやナラティブは、より広い言説空間において、わたしが非人間的転回と呼ぶものの一部です。歴史学の領域では、ビッグヒストリーというトレンドがあります。ビッグヒストリーそのものはオーストラリアの歴史家であるデイヴィッド・クリスチャンが提唱したもので、ビッグバンから今日にいたる全宇宙の歴史をより複雑な次元の創発という観点から統一的に論じようとするものです。そこでは人間は歴史の主体というよりもむしろ巨大な進化のプロセスで創発されたものであり、また新たな創発の媒体のようなものになります。

進化の観点から世界史の歴史記述を刷新する作品としては、ユヴァル・ノア・ハラリの『サピエンス全史』（柴田裕之訳、河出書房新社、２０１６年）を挙げることもできます。同書の続編『ホモ・デウス』も最近翻訳されました。

先ほど引用したフロリディは、コペルニクス、ダーウィン、フロイト、そして脱人間化という革命が連続して起きたという説を提唱していました。最近の革命ナラティブの背後には、脱人間化という共通のテーマが背後にあります。

古典的には、歴史は人が作るものだとみなされていました。典型的なのがマルクス主義の言説で、マルクスは「人間が歴史を作る」と主張していました。しかし、今や人間の作り出すものとしての歴史は厳しい批判に晒されており、ビッグヒストリーの波に洗われています。ビッグヒストリーは人類史を自然史に還元する大きな圧力です。

批判的側面と科学的側面の両面を持つ資本主義の概念は、人間の構築物としての歴史と自然進化としての歴史の間の対立関係を内包しています。今では、後者の側面である自然進化としての歴史が再び前景化しています。ポストモダン的なラディカルな構築主義と、ポストヒューマン的なリベラルな進化論というように、言説は二極化していますが、それはおそらくこうした二つの側面の対立関係に相当するものです。そして、アイロニカルではありますが、それによってわたしたちはマルクスの最初のテーマへと連れ戻されます。つまり、最も広く深い意味でエコロジカルな次元における搾取、言いかえれば人間の究極的な疎外というテーマです。わたしはエコロジカルという言葉を一般に使われるようには使っていません。それは人間だけでなく、人間以外のものも含む関係のネットワーク全体を指します。

8. 人新世あるいは人間の復活?

人新世という新語を、耳にされたことがあるかと思います。作られてからすでに10年が経ちました。歴史学者のディペッシュ・チャクラバルティの論文は、人新世という概念の歴史学への影響に関して頻繁に引用されるものですが、その中で、この概念が人類史と自然史の区別を取り払うことが強調されています。人間の行為によって人間が受ける影響があまりに大きくなり、自然のプロセスと区別できなくなったからです。そのために、資本主義の歴史的な言説においても軸がシフトしていきました。

20世紀以降ですが、資本主義の歴史的な言説の基本的な枠組みは、2本の軸で構成されてきました。1本の軸は批判／科学の対立関係で、もう1本の軸は垂直／水平の対立関係です。ところが今や、あらたなシフトにより、新たな枠組みへと転換されています。それは2つの対立関係で構成されています。ひとつの対立関係は、人間と非人間の間の対称性をめぐる一元論的なアプローチと二元論的アプローチの対立です。もうひとつの対立関係は、無限と有限の対立関係です。いまでも資本主義の無限性を仮定する言説があり、そこでは資本主義の危機の最後にあっても、わたしたちの一部が生き残れるように、人間の持続可能性または創造性について語っています。しかし、他方で、世界の有限性を強調し、資本主義の終焉または限界を説くものがあります。

以上が、資本主義について語るときの新たな基準となる対立関係です。「人の資本主義」で、人間という概念を再導入するとか、人間、人間性、人類という概念を再定義するというのであれば、こうした言説の構造的シフトをも考慮に入れる必要があります。人間または人類を再定義する際には、それに付随するものとして、エージェンシー、責任、ウェルフェア（とりわけ、誰にとってのウェルフェアなのか）という概念についても再定義するべきだと思います。おそらくこれら3つの概念は、この新しい言説空間で自由、平等、友愛という近代の主要原理を大まかに引き継ぐことになるでしょう。

[討議]

資本主義の言説空間

環境問題・ナショナリズム・国家

中島　山下さんのお話で、資本主義に関する言説空間の変化について理解できました。そのなかで、モノという概念の変化についての考えはとても興味深いものがありました。モノにもとづく資本主義について、わたしにはとても初歩的で単純な考えしかありませんでした。つまり、モノを生産し消費するというイメージの資本主義ですね。ところが、山下さんはモノに関する別の考え方を示してくれました。モノに関するあらたな発見的なイメージをどう作り出すのか。この問いにわたしたちは直面しています。「人の資本主義」という枠組みの中で、モノの概念の再考が重要であることがよくわかりました。

スタンチアーニ　マルクス主義であれ新古典派の自由主義であれ、従来のアプローチでは、生産性の問題の克服や環境について確信を持って考察することは難しいと思います。たとえば、自然保護と失業問題の間のトレードオフというモデルを示す経済政策を採用する場合に、その問題をどう克服するのか。

それに対する第1の応答は、これまでとはまったく異なる認識論的なやり方で、経済学を考えるべきだというものです。山下さんが話されたのはこのことです。第2のものは、経済学はそのままにしておき、経済学の哲学を変えるという別のストーリーです。そして第3のものは、トレードオフを受け入れはしますが、ただし目標を変えるというものです。それはわたしたちが受け入れられる別の可能性です。成長しなくてもよい、環境を守りたいというものです。つまり、考え方を変えるのか、それともモデルは維持しながら別の目標を立てるのか。これはとても難しいことです。

それが難しい理由はこうです。第1に、政治的なことを超えて、地質学者たちは人類学の概念に対して非常に批判的です。地質年代が短すぎるというのです。第2に、世界の変化が最初にフランス革命から始まったことを根拠にするのは、非常にヨーロッパ中心主義的なものです。ヨーロッパが原因で世界が変わったというのは、真実かもしれないし、真実ではないかもしれない。どちらであったにせよ、再びヨーロッパ中心主義的な議論を持ち出そうとするのでしょうか。第3は自然の思想です。それはきわめて西洋的な自然の思想ですね。そもそもトレードオフということ自体がきわめて西洋的なのですが、人新世において、この問題を議論するために、別の自然の思想を持つことはできるのでしょうか。

西洋の経済学で当然とされるのがトレードオフです。トレードオフがないような、別の自然の思想を持つことができるかはわかりません。わたしは非常に悲観的なので、それを克服する考えを知りたいのです。最近は、ナショナリズムが非常に拡大しています。しかし、環境問題を解決するためには、全世界的なアプローチが必要です。それなのに、環境が攻撃を受けているまさにそのときに、ナショナリズムが拡大しているのです。

ご存じのように、異なる国同士での協力は非常に困難です。また、環境が原因で、不平等も増大しています。南での災害からヨーロッパに逃げようとする人に対して、ヨーロッパはそれを阻止しようとします。一方で、新たな思想に対する非常に否定的な背景がありますし、他方で、政治的な状況も非常に良くありません。そのなかでどう対処すればよいのか。これは大きな問題です。

山下　2番目の質問を最初に取り上げると、それにはわたしも深く同意します。チャクラバルティの考えはすでにヨーロッパ中心主義的であるという批判を受けています。歴史学者にとっては、人新世の概念の過大評価は、環境危機そのものについてでさえ、多元的な断層線があることを覆いかくすものです。その点に関してはまったく同感です。そして、1番目の質問についてですが、わたしの論考はメタレベルの調査という次元だけで展開されています。つまり、現実の問題には触れていません。資本主義の危機に関する解決策について語っているわけではありません。メタレベルの分析から現実へ、資本主義の危機という現実の対象へと掘り下げていくために、資本主義に関する言説空間に対する新たな枠組みを考えようというのです。そう申し上げた上でわたし自身の立場は、一元論的な対称性の把握と無限性に傾いています。それはご指摘のあった第3のポイントへとつながります。対称性を指向するアプローチは、モノに対するわたしたちの姿勢だけでなく、他の人たちに対する姿勢もオープンにします。この対称という用語は人類学の文献からの引用で、そこでは人間と非人間との対称性が強調されています。一元論的なアプローチを徹底し、それと同じ姿勢を、異なる人間集団の間の関係にも適用できるとすれば、全世界で広がるナショナリズムや排他主義の波に対する救済になりえるでしょう。対称性という考えによってオープンな姿勢を強化することに努めることによって、資本蓄積に関する既存の概念化の限界からの脱出方法を見つけることができるのではないでしょうか。わたし自身の中では有限性よりも無限性という概念に傾いているというのは、そのためです。

國分　資本主義の概念が市場経済と同義語になったというお話でした。ここがポイントで、市場経済を資本主義と区別されたものとして定義できるだろうかということです。それがわたしの最初の質問です。資本主義は基準としての価値を失ったように見えるということでした。そして、「なぜ」、「いかに」ということを説明されました。このような診断だとしても、市場経済と資本主義をどのように区別できるのか。

そして、これは質問というよりも自分自身への問いかけなのですが、国が果たす役割については触れていなかったように思います。資本主義の形成にあたって国が果たす役割に、わたしは大変興味を持っています（このことは第6章で議論します）。たとえば、わたしはフランスの哲学者、ジル・ドゥルーズの哲学を専門としていますが、彼には資本主義に関する著作があります。とても難解な本なのですが、その論旨はシンプルで興味深いものです。それによれば、貨幣は徴税のために国が発明したもので、徴税のためには何らかの共通の目安が必要だったから、ということです。つまり、貨幣の起源は交換ではなく、税金が貨幣の起源であるというのです。ということは、貨幣の起源がなにかしら暴力と関係していたということです。税金を払いたくはないですからね。それでも、無理やり税金を支払わされる。この意味で、強制的に税金を支払わせることができる暴力的で強力なエージェントが存在した。ジル・ドゥルーズとフェリックス・ガタリは貨幣の起源あるいは市場経済の起源をこのように説明しました。市場経済または資本主義の起源または始まりには、国か何かはわかりませんが、なんらかの政治的なエージェントが存在した。

山下　最初の質問についてですが、資本主義を市場経済の概念に還元するというのは、どちらかといえば理論的考察です。概念としての資本主義は、人類史におけるある段階を意味するのであって、世界史においては人間社会または人間社会にさまざまなレジームがあると仮定しています。市場経済というのは、人間社会または人類史において別のレジームがあるという可能性を排除し、一種の疑似普遍主義を押し付けるものです。そして人類史のどの部分にも市場経済は浸透しているとか、少なくとも人類史は市場経済による全面的支配の実現へ傾向的に向かっているなどと主張します。それは一種の目的論的な説明であり、それが資本主義から市場経済への言説のシフトに潜在的に含まれています。ジル・ドゥルーズとフェリックス・ガタリについては門外漢ですが、最近、彼らの影響を受けたデヴィッド・グレーバーの著作を読みました。そこでは貨幣の起源が負債であり、それは循環可能な負債であるとされています。ここでも資本主義の完全な概念化が行われ、彼は資本主義を国と金融のための場として特徴づけ、国家権力と貨幣の力、国と金融の力が、資本主義の主なエージェンシーであるとしています。その意味で、メタヒストリカルな観点や哲学的な観点から、なんらかの隠れた市場経済の起源を見つけることができます。それが市場経済の疑似普遍主義的な言説を批判するひとつのやり方です。疑似普遍主義を批判するもうひとつのやり方は、資本主義の実際のプレーヤーは、経済的な力ではなく、国または政治的権力により力を与えられた金融のような政治的権力であるということを主張することです。

安田　環境問題をめぐる議論には、少なくとも二通りの方法があります。ひとつは、投票を通じた政治的意志決定であり、もうひとつは、主に市場を通じた経済的意志決定です。

すでに論じられたように、特にどの国というわけではなく、世界的にナショナリズムの拡大が加速している状況が観察されます。環境問題解決のためには、経済学用語で言うところの「負の外部性」を解決しなければなりません。しかし、政治的意志決定ではこれは困難です。というのも、その解決のためには、諸国間である程度の協力が行われる必要があります。ところがナショナリズムは国内的なものであって、米国でアメリカ・ファーストが叫ばれていますが、アメリカ・ファーストは、日本のナショナリストやヨーロッパのナショナリストの支援を得ることはできません。これが重要な点だと思います。今やどの国にも大勢のナショナリストが存在しますが、彼らはすべて国内にいる人々です。

それに対して、各国のリベラル派にはより協力的な姿勢がありますが、グローバルな問題と取り組むということになると、人口の中での合計数（圧力、パワーの合計）が大きいので、それらのリベラルな人を結びつけるには、おそらく市場システムの方がよいのではないかと思います。なぜなら定義からして、政治的システムにおいては、各国の政治的指導者を選ぶのに各国で投票が行われるからです。慎重に言葉を選ぶ必要がありますが、そのことによって、多くの国がナショナリストの動きに苦しんでいます。

しかし、なんらかの方法で、市場システムによる問題解決または「負の外部性」解決のメカニズムを導入した場合、合計として、リベラル派の協力的な力を実現することが期待できます。実際、最近の市場システム（特に資本市場または金融市場）にはいくつかのトレンドがあります。ひとつはＥＳＧ投資です。それは、環境、ソーシャルな事柄、ガバナンスに配慮する企業が金融市場で評価を受けるというものです。また、国連がＳＤＧｓを可視化したことも、ある程度、経済活動に影響を与えました。また、民間企業や業界自体もＲＥ１００、つまり再生可能エネルギー１００などの標準を定めています。最近は、こうした非常に興味深いトレンドが見られます。いずれも外部性の問題を克服するために市場システムを利用するということです。それらの新しいトレンドが成功するかどうかはわかりませんが、従来の政治的交渉がある程度限界を迎えている時期に、それにはなんらかの希望があると思います。

ところで、トレードオフに触れておられましたが、実はヨーロッパの国々や企業は再生可能エネルギーの利用を通じて、トレードオフを変えようとしています。再生可能エネルギーのコストが激減し、それによってトレードオフ自体が変わるからです。スタンチアーニさんが言われたように、かつては経済的な豊かさと環境の保全との間で、どちらかを選択しなければなりませんでした。ところが、再生可能エネルギーの価格が下がることで、どちらも選ぶことができるようになったのです。現時点では、コストがまだかなり高いのか、さらに引き下げることができるのか、それはわかりませんが、希望はあります。

スタンチアーニ　わたしが恐れているのは、市場が限界を克服できないのではないかということです。自由市場がこの問題を解決できるという考えなのだとすれば、私はそれについてやや懐疑的です。さらに多くの市場を開放すれば地球全体が救われる、とは思いません。確かに一部の市場は国内的だけではなく国際的でもありますが、それは問題ではありません。国内的か国際的かということが問題ではないのです。そうではなく、問題は、このすべてと地球との間をどのように取り持つかということです。国際金融のおかげで地球を救うことができるという確信を持つことができません。金融の倫理を考える人もいますが、わたしはそれをそれほど信じていません。

また、政治は人でもあるという事実についても懐疑的です。ほとんどの人がナショナリストに投票します。他方で、それを克服したいという人もいて、わたしはそのひとりです。ヨーロッパ、日本、特にアメリカ、そして他の多くの新興国を見ても、わたしたちは少数派です。現在広がっているナショナリズムが国内的なものであるとしても、今日では、ひとつの国の中に世界があるという状況がますます拡大しています。わたしが若干懐疑的なのはそのためです。たとえばアフリカで干ばつが増え、人が移動すればするほど、その人たちに反対するナショナリズムが高まります。そのようなわけで、わたしはグローバル市場をさらに推進することに対してはやや懐疑的です。

山下　考えてみたいのは、ツールとしての市場とレジームとしての市場を区別すべきだということです。悲観的なストーリーや國分さんの批判はレジームとしての市場に向けられたものです。しかし、安田さんが指摘されたように、ツールとしての市場は、もっとよい方法で利用できるかもしれません。偏見のない方法で、モノとしての市場との関係を再構築し、新たな使用法を見つけることができるのではないでしょうか。その意味で、ツールとしての市場とレジームとしての市場を区別する必要があると思います。

資本主義と市場経済の区別

堀内　山下さんのお話では、今、資本主義は市場経済とみなされているということでした。では、その次の質問として、資本主義の中にあるのは何であり、資本主義の外にあるべきものは何であるのか、その間をどこで線引きすべきなのかということが出てきます。「資本なき資本主義」は、資本主義の新たな定義で、以前は資本主義の外にあったものを資本主義に含めるべきだという意味です。

しかし、わたしは市場経済の外に存在すべきものがあると考えます。市場で取り引きすべきではないものがあるべきだということです。それは人間性と密接に関連すると思っています。人間性のなんらかの部分は、市場で取り引きできず、取り引きすべきではありません。しかし、資本主義を単なるツールとして扱い、そのようにみなすとすれば、何もかもが取引可能になります。ツールそれ自体は何の意味も持ちませんから、この概念にはあらゆるものを含めることができるでしょう。そうであれば、資本主義を、何かを取り引きするためのツールとしてのみ考えるべきではないと思います。人間性の何らかの部分は資本主義の概念の外側に置くべきです。わたしはそのような印象を持ちました。

山下　ひとつ、資本主義のダイナミズムに関する非常に重要な論点を飛ばしていました。わたしは世界システム理論の研究をしています。世界システム理論では、資本家または経済を、外部の世界を資本主義や世界経済に継続的に取り込んでいく歴史であると想定します。実際にも、資本主義は、外部性の存在を仮定しています。その外部性を内部化することにより余剰が生まれます。それが資本主義の基本的なダイナミズムです。有限性に従う学説を支持する人々は、資本主義がその中へとりこむべき外部がすでに失われつつあると考えています。彼らが資本主義の終焉または危機を語るのはそのためです。しかし、人間は創造性の無限の源泉になりうるという堀内さんのご意見に、わたしは本質的には同意します。それは何度も何度も、資本主義の終焉を先に延ばす可能性があります。

安田　わたしのコメントは、市場経済と資本主義の区別に関する、堀内さん、國分さんの質問と密接に関係したものです。最初に気づいた点として、いわゆる主流派の経済学者、特にアメリカの経済学者ですが、彼らは市場経済と資本主義を区別しません。コロンビア大学のノーベル賞受賞学者ジョセフ・スティグリッツ教授やスタンフォード大学のアルヴィン・ロス教授などと話す機会がありましたが、彼らは市場経済と資本主義を区別していないのです。このため、主流派の、少なくともアメリカの経済学者が資本主義と言った場合、ほぼ市場経済を意味しています。違いはないのです。しかし、わたしの個人的な見解としては、これらの概念は違います。

まず、山下さんも語られたように、資本主義（capitalism）は元来、産業主義（industrialism）から派生しました。どちらの言葉にもバイアスがあり、-ism（主義）ですから、なんらかのイデオロギー的な概念と関連しているはずです。それに対して、市場経済は単なるシステムです。『ホモ・デウス』と『サピエンス全史』の著者であるハラリは、資本主義を次のように定義しています。資本家が利益を獲得すると、その人は生産プロセスのために利益を再投資すべきである。資本家は再生産のために利益を使わなければならないという点で、それは一種のイデオロギーである。これは単なるシステムに関する概念ではなく、何かをやらねばならないという当為です。やらねばならないことは再投資である。彼はそのような大まかな定義をしているわけですが、その定義を採用するとすれば、２１世紀の私たちの経済システムは本当に資本主義なのか、それともシステムなのか、という問いが可能です。日本や欧米の社会では市場経済を用いていますが、はたして大企業や金持ちは、その利益を生産や再生産のプロセスに再投資しているのか。

ハラリは経済的な富裕をウェルス（富）とキャピタル（資本）という2つに区別します。ウェルスは利益ですが、生産には使われず、単に貯めておくことができるものです。キャピタルは生産や再生産に役立てられる利益です。面白いことに、ピケティの『21世紀の資本』では、この2つを区別していません。彼の言うキャピタルには不動産が含まれていて、彼のキャピタルの統計によると、不動産の土地価格のシェアが非常に高くなっています。このように、主流派の経済学者も、ピケティのような半分主流派で半分アウトサイダーのような人も、ウェルスとキャピタルを区別していないのです。しかし、両者を区別することは非常に重要だとわたしは思います。

要するに、市場経済と資本主義を区別する可能性は、ひとつは再投資というイデオロギーです。そして、もうひとつは時間的視野だと思います。これは主流派の経済学者の議論に関係しますが、市場経済というとミクロ経済のように聞こえ、資本主義というとマクロ経済のように聞こえるのです。また、それとは別に、わたしの個人的解釈ですが、市場経済は静的な経済システムに関係するのに対し、資本主義は動的な側面を内包しています。ですので、主流派の経済学者が市場経済と資本主義というふたつの概念を区別しない理由は、マクロ経済学がミクロ経済学を基礎とし、動的な概念に対して静的な枠組みが適用されているからです。

主流派のマクロ経済学モデルはＤＳＧＥ（動学的確率的一般均衡モデル）を採用しています。一般均衡はヨーロッパの経済学者レオン・ワルラスによって提唱されました。彼の理想とする市場システムが、後に多くの経済学者により修正され拡張されて、現在では、ミクロとマクロの両方を論じるための主要なツールになっています。これはわたしの仮説にすぎませんが、主流派の経済学者が一般に両者を区別しないひとつの原因は、そこにあるのかもしれません。つまり、基礎となる経済モデルが同じで、明示的に時間的視野を含まないミクロ経済学的モデルであり、すべてがあたかも自動的に静的なモデリングの枠組みに入っているかのようになっているということです。

山下　わたしの研究仲間や世界システム論派の間では、スミス的発展とマルクス的発展という形で、同種の議論が繰り返されています。安田さんはウェルス（富）とキャピタル（資本）の区別に言及されました。マルクス主義の有名な資本主義に関する公式に、M–C–M′（貨幣—商品—より多くの貨幣）〔ドイツ語ではG–W–G′〕があります。スミス的発展ではC（商品＝財＝goods）の生産が強調されます。M–Cの段階では、商品を生産するために使う貨幣があります。商品は当然消費され、実質的な富を提供します。スミス的発展における報酬としては、それに相当して増えた貨幣を獲得します。しかし、マルクス的発展では、貨幣は投資にふさわしい対象物を見つけられません。したがって、貨幣は直接的増殖をめざして金融商品へと投資されます。M-C-M'のプロセスでCのプロセスが飛ばされるわけです。そのように短絡されたM-M'の循環プロセスは、実質的な価値、実質的なウェルス（富）を生まず、持続性もありません。したがって、社会経済的スキーム全体についてのなんらかの再構築または再構成が必要となります。長い歴史の中で、そのようにしてヘゲモニーのシフトが起き、産業基盤の再構成が起きました。安田さんが論じられた主流派経済学の没時間性は、新たなスミス的発展がもはや実現不可能となるようなヘゲモニー的循環の危機に関する世界システム派の歴史的アプローチと表裏を成しているかもしれません。

［2018年9月11日収録］

第5章　なぜ利己的個人か

野原慎司

1. はじめに

資本主義社会とは何か。これに対しては、一致した見解はそれほどありません。機械による大規模生産によって大量に生産し、大量に消費するというシステムが確立した産業革命の時代を資本主義社会だという見解の場合、資本主義社会では個人・企業の利益追求活動が自由に行われることが前提とされ、人間の利己主義がクローズアップされます。それまでは身分制や封建的な仕組みの下で、個人の利己的な活動は抑制されていました。ところが、資本主義社会では個人の利己的な活動が非常に自由に行われるようになっていきます。したがって、homo economicus と言われるように、自分の欲望を合理的に最大化しようとする存在が資本主義を象徴する人間類型として扱われました。

ところが、実際のところ、資本主義にもいろいろなフェーズがあります。そのフェーズに応じて利己的な個人の扱われ方も変わっていきます。時代によって利己的な個人や homo economicus がどのように論じられてきたのかは、それぞれの資本主義のフェーズを象徴的にあらわしているのです。

まずは資本主義が多面的にどう捉えうるのかを考えてみましょう。わたしたちはともすれば、前の時代から次の時代に変わったら、前の時代がすべてなくなるような感じをもちやすいのですが、前の時代に起きたことが地層の古いところで持続している場合もあるわけです。そうすると、いろいろな変化が積み重なってできているのが現代であろうと思います。その上で、今の研究者が注目している、非常に重大な変化が起きた18世紀について考察したいと思います。

2. homo economicus

ミルの経済学

homo economicus（正確にはその英語表現である economic man）、すなわち経済人という言葉を最初に使ったのは、ジョン・スチュアート・ミル（1806-1873年）だと言われています。ところが、実はミルはこの言葉を使っていません。ミルを批判する側が、[1] ミルの経済学は人間を金もうけにいそしむ動物としての経済人として描いているとして、ミルを中傷するために用いたのです。ですからそれはミルの立場ではないのです。

それでも、ミルにもそう批判される余地がありました。ミルによると、経済学は人間の情念の一部のみを扱うものです。それは、富への欲望や労働への忌避と現在的な満足への欲望といったもの

1 Joseph Persky, "Restrospectives : the ethology of *Homo Economicus*," *Journal of Economic Perspective*, 9 (2) : 221-231.

ですが、それを追究するのが経済学だというのです。しかし、科学としての経済学はそういうことに焦点を置いているとしても、実際の人間はそういう利己心的な部分だけではないとミルは考えます。ですから、ミルが人間を利己的な存在だと考えたということではありません。ミルは、学問の目的として、経済学は利己心に焦点を当てたと言っているのです。[2]

それでも、ミルのいう経済学にしたところで、利己的個人が自由に振る舞うことを前提としていたのではないかとも問われます。しかし、ミルは、いろいろな制度から解放すること、もしくは制度設計が重要だと考えていました。たとえば、協同組合のようなもので、労働者も資本参加して、資本家と労働者の対立をなくそうというような仕組みです。そういう制度設計の重要性を指摘していたので、利己的個人が何をしてもいいということではなかったのです。

ドイツ歴史学派

主に19世紀のドイツに歴史学派と呼ばれる、歴史を重視する立場の人たちがいました。この人たちはアダム・スミス（1723-1790年）の経済学を批判します。スミスの人間観は、しょせんは利己的な個人ではないかと批判したのです。人間には倫理や道徳も重要だと批判していたわけです。もちろんこれはスミスの正しい捉え方ではありません。そうではありますが、ドイツ歴史学派の人たちはそういう捉え方をしていました。

ではなぜそういうスミス批判をしたのか。そこには19世紀ドイツという時代背景があったのです。１９世紀ドイツでは国家がありませんでした。１８７１年にドイツ帝国という形でドイツでは国が統一されますが、それまでは何十という領邦にわかれていて、統一した国はなかったわけです。資本主義と国家という形で考えた場合に、国家がないから資本主義が発展しないと、当時の人たちは思っていました。

例えば、ドイツ歴史学派の先駆者のフリードリッヒ・リスト（１７８９-１８４６年）の考え方はこうです。産業が発達するには、まず統一的な大きな国家が必要になる。小さな国にわかれていると産業の均衡的な発展ができない。そのために、ドイツ国内の関税をなくし、ドイツ国外との間では関税を作って産業を育成しよう。こういう幼稚産業保護論だったのです。外国との間では保護貿易をすることで、自国の産業を育成する。ですから、福祉や国内産業の育成という点で、国家は役割をもっているというわけです。そのためにスミスのように個人の自主的・利己的活動主体の経済ではなく、道徳や国家の倫理が重要だと考えられたのです。

スミスの経済学はコスモポリタンの経済学だともみなされていました。つまり、国家が資本主義の基盤になっていることを見ていないとして、非難されたのです[3]。このように、国家が資本主義に

[2] John Stuart Mill, "On the definition of political economy : and the method of investigation proper to it," in J. M. Robson (ed.), *Collected Works of John Stuart Mill*, vol. 4, (University of Toronto Press, [1931] 1967), pp. 321-323（杉原・柏・山下・早坂・井上・熊谷訳『J・S・ミル初期著作集』、第４巻、（御茶の水書房、１９９７年）、３５９-３６２頁）

とっての前提であると考えることは、過去のドイツだけではなく、おそらく現代にも通じています。資本主義の発達のなかで、どの国家も産業を保護する政策をやろうとします。国家は、資本主義を補完しているどころか、資本主義の基盤であるという考えは、実は現代にも多かれ少なかれ持続していると思います。そこでは、個人の利己的活動が何らかの形で国家の制約を受けます。

日本の戦前から戦中のシステム

日本でもまた利己心と資本主義が関連付けられて論じられました。日本では戦前、大河内一男（1905-1984）という経済学者が利己的個人に着目しました。当時の日本はまだ封建的な仕組みが残っていました。特に問題となっていたのは、働き方です。明治時代以降、日本は近代化したのですが、働き方はそれほど変わっておらず、明治時代の職人は独立精神が非常に強かった。もちろん親方と弟子という非常に封建的な関係ではあったのですが、実は、手に職をつけた職人はどんどん職場から職場へ渡り歩くのです。少しでも賃金が低いとか、気に入らないとなれば、別の職場を渡り歩いた。明治の職人は、非常に独立心が強かったのです。

ところが、1920年代には、経済的な仕組みが変化してきます。西洋的な大規模な機械を入れて生産する仕組みができあがってきます。そうなると、労働者に辞められたら困ります。そこでまず、学生を新卒採用で一括採用しようとします。手に職のある職人を採用すると他へ行ってしまうわけですが、手に職もない学生を雇うと、他に渡られることがない。ここで初めて、新卒一括採用の仕組みができたのです。それに加えて、手に職をつけられると他に移る恐れがあるので、社内で部署ごとに何年かおきに配置転換するわけです。それによって他へ移ることをやめさせました。内部で昇進させることにして、年功序列の賃金システムができます。終身雇用型で新卒採用をするという会社の仕組みが、1920年代を中心にできたのです。[4]

大河内一男が問題にしたのは、年功序列システムは、年が上ならば敬えというもので、封建的ではないかということでした。それに対して、homo economicus と言われる利己的な個人は、人間は利己的という形で封建社会の身分道徳を打ち破るので、封建的な関係を突き崩す役割があると積極的に評価したのです。[5]

ところが、この議論は難局につきあたります。戦前、戦中の体制がそれです。戦前の社会は旧財閥が支配し、農民や労働者が貧困に喘いでいる状態でした。それを突き崩そうとして、戦前にもすでに体制革新運動がありました。そうした仕組みをすべて壊してしまおう、財閥はやめようということでできたのが、戦中のシステムなのです。それは、大河内が言うような、特権商人がいて労働者が困っているというような、封建的な仕組みが残存している戦前の仕組みを壊すものだとも理解

3 Leonidas Montes, *Adam Smith in context : a critical reassessment of some central components of his thought,* (Palgrave Macmillan, 2004), pp. 24-26.
4 大河内一男『大河内一男集　第3巻　労使関係論』、(労働旬報社、1980年)、168-173頁
5 大河内一男『大河内一男著作集』、第3巻、(青林書院新社、1969年)

できます。そして、大河内は戦時体制を支持したのです。こうして、封建制を破壊し近代化するという課題の解決が、スミス流の個人の利己心を肯定する自由主義経済体制ではなく、戦時体制に求められるに至ったのです。

戦時中にできたシステムは戦後も持続しました。日本の労働組合というのは企業別です。大河内ら労働組合研究者は、労働組合運動を自由化すると、必ず欧米型の職業別組合になり、労働者を保護するようなものになるはずだと期待していました。ところが、戦時中に産業報国会と呼ばれていた企業別の組合組織がありましたが、戦後も、その看板を付け替えただけで、全部継続してしまいました[6]。

結局のところ、戦時中のそういうシステムが実は今でも持続しているのです。一部の経済人や学者などが、企業活動を自由にさせろと言います。それは戦時中のシステムの反復が課題だからです。現代にも続いている日本システムでは、個人が完全に利己心を発揮することが必ずしも自由になされず、その手前の部分にいろいろな社会的な、システム上の規制があります。こうした自由なようで実は完全に自由でもない仕組みを突き崩そうという人が出てくるのです。つまり、日本システムには、戦前のシステムと、それを批判する戦時中の体制が残っているということです。そこでは、国家が大きな役割を果たしています。別の言い方をすれば、企業システムを含めて、国家の役割を加味して、現代の社会は成り立っているわけです。

3. 新アダム・スミス問題

では資本主義における利己心の役割は何でしょうか。それと関連するのがスミス研究の動向です。1970年代以後のスミス研究において、スミスにおいて利己心と道徳は矛盾しないという見解が出てきました。現在ではさらに、スミスは「市場メカニズムの元祖」ではないという研究が多く出されています。なぜなら、現代では市場メカニズムや資本主義のシステムが世界中に広がっていて、むしろその元祖とされたスミスが実はそうではないと示すことが学者の役割だとされているからです。逆に言うと、スミスに対するそうした読み直しから、現代にいかに資本主義あるいは市場経済が広まっているのかを読み解くことができるわけです。

わたしは、もう少し別の読み解き方をしてみたいと思っています。アダム・スミスは『道徳感情論』において道徳の話をしています。その中で、人間の利己心は必ずしも悪徳ではない、人間の利己心はいいことだと言っています。ただ、同時に、慈善や他人への思いやりも重要だと強調するのです。ところが『国富論』という経済学の本になると、思いやりや慈善の話はほとんど出てきません。『道徳感情論』の道徳の話は経済の話と論理的には矛盾しないのですが、そうであればなぜ『国富論』において思いやりの話が出てこないのでしょうか。

6 大河内一男『大河内一男集　第3巻　労使関係論』、(労働旬報社、1980年)、173頁

これは細かい問題のようですが、実は大変重要です。人は道徳やＳＤＧｓを問題にするときには、国際協調が重要だと言うわけです。しかし他方、自分の利害が関わるような場面では、そういうことは出てこない傾向にあり、自分の利益を最大化することがむしろ強く出てきます。一見すると道徳と利己心発揮の場合で矛盾があるように見えますが、利己心が最大限発揮される経済の場合では、利己心が道徳的に肯定されています。人は利己心が認められる場面では、利己的に振舞うのです。それがなぜなのかを解くことが、重要ではないかと思います。

それを考えるためには、スミスが生きた１８世紀という時代を通じて、スミスが何を課題にしていたのかを考えることがヒントになります。スミスの時代に起きた変化は現代でも持続しているのです。

スミスの時代はまだ資本主義社会とは言えません。つまり産業革命後のように、工場制機械工業という、大きな機械を使って大規模生産するシステムは普及していません。そもそも資本主義という言葉も、初めて学術的に用いたのはヴェルナー・ゾンバルト（１８６３-１９４１年）だと言われていて、カール・マルクスは資本主義という言葉は用いていません。マルクスの影響を受けて、ゾンバルトが資本主義という言葉を使ったのですが、その時に何を意味していたかというと、営利衝動です。つまり、自分の利益を最大化しようとする衝動と、それを合理的に計算してなるべく効率的に自分の利益を最大化することを達成しようというものとの結合です。これが資本主義ではないかとゾンバルトは見ていました。ですからゾンバルトの資本主義は、時代的に非常に広い概念として出されたのです。[7]

スミスもまた資本主義の成立プロセスを広い視野から考察しました。スミスはスコットランドの人なのですが、スコットランドには南と北があります。南（ローランド）のほうは非常に経済が発展する。ところが北（ハイランド）のほうは高地で、経済発展が遅れていて、牧畜をして、遊牧民の暮らしをしていました。スミスはその違いを前にして、貧しい社会あるいは遅れたとされる社会と、進んだとされる社会の差はいったい何かを考えたわけです。経済活動は一体何をもたらすのかをスミスは考えました。

スミスにとって重要だったのは、利己的活動は悪徳ではないということです。これは当たり前のように見えます。たとえばわたしたちは普段、勤勉を口にします。まじめに働くことは、道徳的に良いことだとしています。けれども中世や古代では、勤労は自分の金儲けのことで、悪徳とみなす場合も多かったのです。勤労を含めて、自分の利益を最大化することは悪徳とみなされがちだったのです（むろん、中世にも経済活動を悪徳とみなさない考え方もありました）。スミスは、勤労は良いことだと述べます。それは慎慮（prudence）であると言うのです。慎慮とは、合理的に考えて自分の利益を最大化しようとすることです。スミスは、利己心は勤労になる時は有徳であり、浪費や無駄遣いに結びつく場合は悪徳であるという区別をしました。そういう考え方は現代も持続しています。

[7] W・ゾンバルト著、岡崎次郎訳『近世資本主義』、1、2、（生活社、1942-43年）

現代のわれわれもやはり、勤労はいいことだ、しかし無駄遣いをしたり浪費をすることはあまりよくないことだと考えています。

この考え方自体が近代的なのです。中世の人たちにとっては、事情が違っていて、領主が領民に分配すること、つまり無駄遣いすることこそが、良いことだったのです。江戸時代でもある程度そうだったわけです。大名が領民や家臣に振る舞うことが良いことなのです。前近代のものの考え方は、近代のそれとは違います。そういうイデオロギーの形成にスミスは関わっていましたし、そうしたイデオロギーの原点となったところがあるわけです。

18世紀の文脈

利己心を有徳なもの（勤労）とそうではないもの（浪費など）とに区別するのは、資本主義の基礎にある人間観です。これは18世紀中葉に広まっていきました。デイヴィッド・ヒューム（1711-1776年）も、欲望には自然な欲望と不自然な欲望があると言っています。まじめに働くことはいいことで、サボったり、休んだりすることはよくない。ただ、ヒューム自身は、仕事をしたり、快楽を追求したり、休んだりすることのバランスが重要だとも言っています。

ただ、勤労にはげもうとも、社会全体に対しては富国への道には限界があると考えていました。賃金の高い富国から、低賃金の国に製造業は移転するとしたのです。

もう一人、ジョサイア・タッカー（1712-1799年）という18世紀半ばの人がいます。彼は新しい発見をしました。イギリスのブリストルと、その背後のミッドランドでは、金属加工業が発展していました。イギリスは非常に賃金が高い。その資材となる鉄はスウェーデンからやってきていました。スウェーデンは当時貧しくて、非常に賃金が安かった。石炭はスコットランドから運ぶのですが、スコットランドも賃金は低かった。普通に考えれば鉄の産地であるスウェーデンや石炭の産地のスコットランドに製造業が移転すればいいのではないかと思います。それなのに、賃金が高いミッドランド地方で金属加工業が発展した。これはなぜか。タッカーは、技術力や資本力、熟練など、豊かな国には、貧しい国が追いつけないいろいろなメリットがあることを発見したのです。[8]

こういう先進的な経済の考え方が、スミスに受け継がれます。スミスは低賃金よりも高賃金のほうがいい、経済の成長は低賃金ではなくむしろ高賃金のほうに関わりがあると言っていますが、そのことにいち早く着目したのがタッカーでした。そのタッカーも自然な欲望と不自然な欲望をわけていました。つまり18世紀半ばには、まじめに働くことはいいことだ、まじめに働かないのは悪いことだという、現代にも受け継がれているイデオロギーが誕生していたのです。そして、その背景に18世紀半ばのイギリスの経済発展があったわけです。

初期にこのような仕方で欲望を問題にしたのは、『蜂の寓話――私悪すなわち公益』の著者であるバーナード・マンデヴィル（1670-1733年）という人です。マンデヴィルは私悪は公益という

8　小林昇『小林昇経済学史著作集』、（1）、未来社、1976年

ことを言いました。経済活性化には利己心が必要だとか、人間の欲望を満たす行為が実は経済成長にとっても重要だということに、気づいたのがマンデヴィルでした。しかし、マンデヴィルも、人間の欲望を満たす行為は悪徳であり、悪徳だけれども社会的には望ましいと考えていたのです。そう考えたのは、マンデヴィルが道徳的に非常に厳格で、彼の宗教的な立場からして、欲望は悪だということを崩さなかったからです。悪ではあるのだけれども、結果として社会的にいい効果もあるので、仕方がないという立場でした。

欲望を満たす行為が社会にとっていい効果がある。マンデヴィル以降、このことが理解されていきます。スミスの時代になると、さらにそれにプラスして、欲望そのものは悪いことではない、欲望を満たすことは決して悪いことではない、と考えられるようになります。それはおそらく18世紀半ばのことであっただろうと思います。

Commercial Society

スミスの時代は、経済が発展しました。スミスが欲望を満たすことを道徳的に肯定したことは、重要な貢献の一部なのですが、それよりも幅広く、スミスは時代の変化をよく捉えていました。スミスは自分の社会をCommercial Societyと呼んだのです。コマーシャルは商業という意味ですが、英語のコマース（commerce）という言葉には人間同士が交流することも含まれています。ヒト・モノ・カネが世界中でやり取りされる状態ですね。

わたしたちは普通、グローバル化というとモノとカネのことだけをとかく問題にします。しかし、商人もまた、商品だけ移動させるのではなく、自分も移動するわけですから、人も移動しているわけです。グローバル化は、人の移動を伴う社会と言うことができるわけです。19世紀に本格化する産業革命以降に、資本主義が始まったとすれば、18世紀にそれはまだ十分にありませんでした。けれども、スミスがなぜ欲望を肯定するような現代的なイデオロギーを築いたかというと、スミスの時代にすでに、現代に受け継がれるような非常に重要な時代の変革がおそらく起きていたからなのです。スミスはそれを先駆的に捉えていたと思います。それが、18世紀におけるヒト・モノ・カネのグローバルな移動ということです。

18世紀にはすでにモノが移動していました。たとえば、ヨーロッパの商人はアメリカやインド、中国や日本といった世界各地を旅しました。旅をするだけではなく、そこで情報を仕入れて旅行記を書き、いろいろな世界中の情報をやり取りします。スミスは多くの旅行記を持っていました。世界中の情報をやり取りして、その知識を手に入れることで、世界を把握しようとしたのです。

人の移動は商人だけではなく、奴隷も移動しました。アフリカからアメリカへと奴隷が連れて行かれます。当時の貴族には、若い頃にヨーロッパ中を旅行するグランドツアーという習慣がありました。そのようなものも含めて、グローバルな人の移動が行われ始めた時代です。さらに情報の流通もあります。先ほどの旅行記だけではなく、手紙もあります。新聞も普及しました。新聞を通じてヨーロッパや世界の情報を定期的に把握するという習慣ができます。コーヒーハウス（喫茶店）

において、当時は情報のやり取りをしていたのです。今のロイズ保険などは、コーヒーハウスでの議論が元になってできたと言われています。

カネの移動もあります。アメリカの金がヨーロッパへ流入し、それがインドや中国に渡るということもありました。貿易決済という形で、為替や国際金融も非常に発達します。カネをやり取りしなくても貿易の決済ができる体制が作られたのも18世紀でした。

アダム・スミスはそのようなグローバルな移動に非常に興味をもっていました。スミスはスコットランドのグラスゴーという町で大学の先生をしていたわけですが、グラスゴーの当時の主産業はタバコでした。タバコは当時アメリカで栽培されていました。そのタバコをいったんイギリスに持ってきて、ヨーロッパ各地で売りさばくわけです。グラスゴーにはタバコ商人が非常に多くいたのです。スミスはそのタバコ商人と交流をもっていて、定期的にサロンといいますか、勉強会のようなことを一時していたのです。タバコ商人を通じていろいろなアメリカの情報や商品の情報を入手していたと思われます。

さらに1760年代にスコットランドでバブルが生じました。スコットランドには当時、国営の紙幣や銀行券を発行している銀行が複数ありました。お互いに紙幣を発行する競争をしたためにバブルになってしまったのです。そのバブルがはじけて、スミスがお世話になっていた貴族がオーナーであったエア銀行が破綻します。スミスはその後処理に関わったのです。スミスはグローバルなヒト・モノ・カネの移動に関心をもっていただけでなく、実際の経済にも関係をもっていたのです。

スミスが『国富論』で言いたかったこと

では、そのような中でスミスは何を考えたのでしょうか。それは、異邦人といいますか、自分と同じ社会的背景、文化的背景に属さない外国人ともやり取りすることによって、ルールの形成が可能だということです。なぜそういうことが可能なのか。スミスの『国富論』の一部を紹介してみましょう。

われわれが食事を期待するのは、肉屋や酒屋やパン屋の慈愛心からではなくて、彼ら自身の利害にたいする関心からである。われわれが呼びかけるのは、彼らの人類愛にたいしてではなく、彼らの自愛心にたいしてであり、われわれが彼らに語るのは、われわれ自身の必要についてではなく、彼らの利益についてである。[9]

9　Adam Smith, An inquiry into the nature and causes of the wealth of nations, ed. By R. H. Campbell, A. S. Skinner, and W. B. Todd,（Liberty Fund, 1981）, I. ii. 2, 26–27（水田監訳・杉田訳『国富論』、（1）、（岩波文庫、2000年）、39頁）

これは、人間とはいかに利己的であるかを示す言葉として有名な箇所です。よく読んでみると、他人を無視して自分の利益を最大化するのではなく、他人の利益に訴えることが重要だと言っています。つまり他人に対して、これはあなたの利益になりますよ、だから交換しましょうと呼びかけているわけです。交換に必要なのは、自分の利益を満たすのはもちろんなのですが、他人がそれを受け入れてくれないと成立しません。ですから、他人に対して、これはあなたの利益になるから交換しましょうということで、はじめて交換が成立します。つまり交換は、お互いの利己心を肯定し、満たすものなのです。したがって、文化的背景がまったく違う人との間でもスムースに交換ができるのは、お互いの利益を満たすからです。その背景にはグローバルな人間関係があり、そこで人の間のやり取りに独自のやり方が生まれたのです。それは今日でも重要なものです。

経済的な人間関係は、一緒の文化的背景や一緒の見解をもっていることを前提としません。お互いに違う立場であっても、あるいは、共通の政府や裁定者、揉めごとを決着してくれる人がいなくても、グローバルに交換は成り立ってしまいます。なぜなら、お互いの利益を満たすからです。しかも、どれほど意見が違っていたとしても、それはできてしまいますから、これには独自の強みがあります。だからこそ、市場メカニズムは世界中にとめどなく広がっていきました。そうなったのは、現代でも他に代替するものが見つかっていないからです。

4. 感情の応酬としてのコミュニケーションへの着目

ところが、資本主義と名づけられたものでは、人と人との間の、つまり異邦人との間の交流やコミュニケーションが何をもたらすのかについて、ごく一部しか把握できません。資本主義では経済的な部分が重要になってしまって、経済的な部分を支えている人と人との交流が何を意味しているのかを必ずしも把握していないのです。グローバル化という呼び名さえ、他者との交流様式自体を指し示すことはできていないのです。

小野塚さんは、『第一次世界大戦開戦原因の再検討 国際分業と民衆心理』（岩波書店、2014年）の中で、第一次大戦の起源を論じて、実は大戦前は政治的にも経済的にも安定していたにもかかわらず第一次大戦が起きてしまったと述べています。また、トランプ大統領の登場やイギリスのブレグジットというニュースがありましたが、グローバル化が一定程度進むと、それを押しとどめようとする何らかのリアクションが、たびたび出てくるわけです。

いったいこうしたことがなぜ生じるのか。今のところは、思わぬ反応としてしか理解できていません。しかし、何らかの必然性があるはずです。それを捉えるためには、やはり人間関係を考えなければなりません。コミュニケーションのあり方において、何が生じているのか。グローバルな、異邦人とのコミュニケーションから何が生じるのかを見なければならないということです。

人間はお互いに感情をもっています。スミスも言っていますが、お互いに俺たちは仲間だ、俺たちは同じ社会の一員だという仲間意識とか、一定の価値観の共有があると、経済的関係は調和的になります。ところが、資本主義におけるグローバルな交換は、そういったものなしに成立します。あるとすれば、交換の前提となる相当の利己心の肯定です。この利己心の肯定は、封建制的な身分関係に基づく道徳（王侯・貴族は利己ではなく全体のために活動するから道徳的に卓越しており、庶民は金もうけという利己的活動に終始しているから道徳的に劣るという考え）を破壊し、すべての人は利己的であるという形で、個人を平等にします。そういう意味で資本主義は肯定的な側面があるのですが、いったんまずい出来事が起きてしまうと逆に振れます。外国人との間は経済的な交換を通じただけの関係ですから、わたしたちは同じ社会・国の一員ですという感情を共有する仕組みがないために、憎悪に変わりやすいのです。

18世紀の哲学者が注目したのは、人間は感情に動かされるということです。たとえば、トランプ大統領が保護貿易をしようとか、移民を止めようとしました。移民が入ってくると、低賃金で働くために、もとからの人が困るといった、経済的に説明できる部分もあるのでしょうが、おそらくそれだけでは説明できません。移民への感情的反発もあるでしょう。なぜならば、アメリカ国内にいようがいまいが、彼らは自分たちの仲間ではないという感情があるからです。そういう感情に突き動かされて、国の政策すら大きく動かしてしまうことがあるのです。

コミュニケーションはそういう感情の応酬です。それをどう捉えるかを考えない限り、実は今日の社会は見えてこないのではないでしょうか。

［討議］

想像力という問題

感情をめぐる議論

中島　スミスとヒュームというスコットランド啓蒙の中心的な思想家が今日のお話に出てきました。そのヒュームについて、ジル・ドゥルーズは若いときに熱心に研究をしています。

ヒュームの議論から、道徳の感情における基礎づけについて考えようとしたのです。スコットランド啓蒙にとっては、理性よりも感情が重要な問題でした。ヒュームは、理性は感情の一形式だとまで述べています。とはいえ、感情は不安定ですし、偏りが生じてしまいます。ですので、ドゥルーズがヒュームを読解する際には、感情に何らかのねじれを生み出すことによって、何とか共感の方に持っていき、道徳を基礎づけようとしたのです。そして、それは、野原さんが指摘されるように、資本主義の秘密にまで迫る問題です。

実はスコットランド啓蒙と同時期の、18世紀中国でも、感情と道徳の関係は大きな議論を引き起こしていました。それは、野原さんのいう利己心の問題に関わるものです。中国に仏教が入ってからは、それ以前にもまして、利己的な欲望を強く否定していくようになりました。その仏教を乗り越えようとして、朱子学が登場します。朱子学は、仏教とは異なる仕方で社会を組み立てなおそうとします。その際、欲望の問題を考え直すのですが、結果として奇妙な逆転を準備しました。

わかりやすいのは、君子と小人という二つの人間類型です。小人は利己的な欲望にまみれた人間で、君子はその逆に利己的な欲望を乗り越えている道徳的な人間です。朱子学は、なんとしてもこの君子を哲学的に擁護したいわけです。ところが君子を擁護すればするほど、小人が際立ってしまいました。ここには奇妙なロジックの逆転があります。それを引き起こしたのが、欲望そのものでした。なぜ欲望が生じるのか。それは自分のなかからというよりも、他者から惹起されるからではないか。だからこそ、小人はそもそも自律的ではなく他律的であるために欲望にまみれるのに対して、君子は自律的であるから欲望を乗り越えるのだ、ということになります。しかし、真に道徳的であるためには、他者に開かれている必要があるのではないのか。逆に小人の方が、他者に開かれているので、君子より道徳的になるのではないか。君子の自己閉塞的なあり方のほうがよっぽど悪いのではないのか。

朱子学がこのような議論をした後に、明代になると欲望が正面から肯定されていきます。明の前の元は世界帝国でした。まさにグローバル化が起き、ヒト・モノ・カネが大いに流通していたのです。陽明学は、人間の欲望を肯定した上で、道徳を基礎づけようとしました。それは、異質な他者とともにあることが現実になっていたからだと思います。

このプロセスの中でイエズス会の宣教師たちが果たした役割は大きいと思います。彼らは、明代の中国の議論をヨーロッパに伝えていたからです。わたしの中では、18世紀の感情をめぐる議論は、世界的な概念の循環の中で生まれた、きわめて同時代的なものではないかと思っています。

小野塚　今の中島さんの問題設定は非常に示唆的です。朱子学の君子と小人という問題設定は、実を言うとホッブズと同じで、彼もまた17世紀に同じ問題設定をしました。ホッブズは君主の絶対的な権力を正当化するために、いったん動物までおりていきます。動物と人間はどこが同じかという議論をして、人間には感情があることを強調します。感情があるので、快楽や苦痛がある。したがって、幸福のために、自分のもっている自然権の一部を譲渡して国家権力を作った。このようにして、社会契約説が出てきました。彼は君主擁護論を展開するなかで、実を言うと、感情に基づいた普通の人間を描いてしまったわけです。

けれどもそこでホッブズが想定している人間は、朱子もそうだと思いますが、同じ種類の人間なのです。同じような顔をして、同じような姿・形をしている。ホッブズは明瞭に、人間の能力にはたいした差はないと言っています。ほとんど同じだと。みんなケンカをしたら、せいぜい1対2ぐらいの差しかないと言うわけです。

ところが、野原さんがここで問題にされているのは、異邦人、エトランジェとの遭遇や交流です。ここでは同種性なるものを、最初から認識できません。相手が同じ人間だとすら思わないかもしれないのです。単に自分の欲望を満たすために自分の欲しいものを提供してくれる相手としか見ていないかもしれません。そういう同種性が認識できないような異邦人との関係を、もしアダム・スミスが観察していたのだとすると、他者を理解する力が及ばない領域を認めていたのでしょうか。それとも、そこまで他者を理解する力は及ぶと考えていたのでしょうか。

マルクスも同じ議論をしました。彼は Verkehr という言葉を使います。交通と訳したりする言葉です。マルクスがそこで扱ったのは、抽象的な人間であって、同志的な人間、それが理解の範囲内に入っているのか、はたして、黒人やアジア人といった異邦人が出てきた場合に、Genosse zum wesen でした。これはさらに、人間を超えたもの、たとえば自然や野良猫はどうなのかという問題にまで広がっていくと思います。

野原　お二方のおっしゃられた点は非常に重要な点です。スミスは前提としてこう考えました。人間は同じ仲間であろうが、兄弟であろうが、他人の頭の中はわからない。そもそも他人が本当は何を考えているのかはわからないのです。ヒュームやスミスの出発点はそこにあります。他人が本当に何を考えているのかはわからない。これが前提なのです。

では、どうやってコミュニケーションをしているのか。頭の中で他人の反応を想像するとすると、それが主観的想像である以上、自分の想像と実際が違っている場合があります。しかし、お互いに他人の反応はわかるわけですから、他人の反応を見て修正するというプロセスが重要だというわけです。異邦人の場合も、頭の中でこの人は他人だと思っているだけなのです。むろん、通常は同胞と異邦人という区別をしますが、他人と身内境界は、実は曖昧で、どうとでもなるのです。それが広がれば人類愛も可能なのです。

國分　その場合、人類という言葉を、それに相当するような言葉ではっきり言っているということとですか。

野原　はっきり言っています。けれども、実際上はそういうことができる人は少ない、と考えています。いや、少ないどころか、なんだかんだ言っても、違う国の人よりも自分の国を大切にするのが普通の人間のあり方なので、他の国と戦争になると自分の国は贔屓して、他の国の人が死んでも何も思わない、むしろ喜ぶということが人間社会では、実際にはおきます。

中島　ジョン・ポーコックに『野蛮と宗教』という大著があって、今おっしゃったようなことを考えようとしていました。野蛮と文明は転換可能なものなのですが、野蛮にいる人は文明を理解できるのか、逆に、文明にいる人は野蛮を理解できるのか、ということです。この問い方は、中国でも明代以後にはしばしば論じられました。野蛮にいる時は文明を想像すらできないし、文明にいると野蛮を想像すらできない。ところが、文明も野蛮も、人間社会の一形式にすぎないので、実は転換可能である。ここには人間の他者理解の形がよく現れています。

　ポーコックの議論で面白いと思ったのは、ここに古（いにしえ）の問題を重ねたことですね。つまり、はたして昔のことはわかるのかということです。遥か昔の過去という問題が、１６世紀には登場しました。具体的にいえば、１６世紀以後のヨーロッパにとって難題だったのは、聖書よりも中国の歴史が古いということです。中国だけではなく、インドも古いですし、エジプトも古い。神の創造よりも古いものがあるという、度しがたい問いが生じてしまったわけです。17世紀や18世紀は、こうした古という他者理解にも苦しんだのだと思います。

野原　おっしゃったような事情で、啓蒙の時代を100年さかのぼった17世紀後半に、聖書解釈の研究が非常に進んだことがわかっています。それまでは聖書に書いてあることは文字どおり正しかったわけです。世界は7日間で作られたとかは、正しいとされていたのです。ところが、聖書で使われている言葉を検討してみると、昔の言葉ではなく、後代の人が考えた言葉を使っているのではないか、聖書は何人かの作者のものではないかという疑問が出てきました。聖書の描く人類の歴史は本当に正しいのかと問われたのです。

國分　その出発点はスピノザですね。まさしくスピノザがやったことです。

野原　啓蒙の人たちはそういう議論を当然知っていました。ですので、聖書に頼らず、古代の本に加えて、旅行記を読むことで、中国やアメリカや、世界中の情報を総合して、世界を考えようとしたのです。その中に「野蛮と文明」という図式もありました。シビリゼーションという名詞は、1750年代ぐらいにはじめて用いられています。

他者との関わり方

中島　もうひとつ、野原さんがおっしゃった勤勉やまじめさについて考えてみたいと思います。

スミスの時代やその後のカントの時代において、まじめさの主張（シンシアリティ・クレーム）が広く流通しました。中国を見てみると、まじめさの主張を行ったのは朱熹です。「誠意を見せろ」とよく言いますね。その誠意という概念は、朱子学において洗練されていきました。自分の内面に嘘偽りのない状態を作り出すことによって、まじめさ（誠であること）を実現しようというのです。明代の王陽明の陽明学は、この誠意をより高めていきます。自分が誠であれば絶対に他人に思いが通じるはずだ。これは、きわめて強い宗教的な確信でした。無論、そんなことは、実際にはなかなかありえないわけです。

小野塚　カントも典型的なまじめさの主張を行っていますね。野原さんは勤労が資本主義にとって重要だとおっしゃいましたが、まじめさというイデオロギー、もしくは宗教的信仰が、勤労は美徳だという議論に直結しているのではないかと思っています。

勤労に直結しているだけではなくて、シンシアリティ・クレームはもう一方で、帝国主義に直結するわけです。自分の考えているまじめさや真心は本当に正しいのだから、相手にも当然伝わるはずだと宣教しに行くわけでしょう。それは同時に文化的な帝国主義に直結するわけです。

堂目　先ほどの異邦人の話に少し戻りたいと思います。たとえば10万円のスーツを着ている人がいるとして、目の前の池で子どもが溺れているとすると、入って助けることがあるわけです。スーツは台無しになるかもしれないけれども、子どもの命が助かると思えば、入っていく。実際にそういうアンケートもあります。しかし、どこか遠い国で、何時間かに1人、子どもが死んでいる状況があり、10万円寄付すれば1人助かるといった場合、何かするかというと、しない人が多い。この違いはいったいどこからくるのか。異邦人だからなのでしょうか。けれども、目の前の池で溺れている子どもの場合、その子どもが異邦人かどうかなど考えないで飛び込んでいくことがあるわけです。スミスは、根底的には人間にとって人間は特別で、基本的には共感しようとするから手を差し伸べてしまうと考えていました。

では、どうして遠い国の、たとえば紛争をしている国の人のことは、考えられなくなるのか。何か人工的なものが頭をよぎり、色分けをしてしまうからなのか。われわれは基本的には相手を人間と認識しているのに、何がそれをさえぎっていくのか。距離なのか、別の情報なのか。こうしたことを、最近はジョシュア・グリーン『モラル・トライブズ――共存の道徳哲学へ』(竹田円訳、岩波書店、2015年)などが論じています。トライブというのは部族ですね。道徳は、部族のところで閉じていくのか。ベルクソンで言えば、閉じた道徳です。本当は部族を超えて広まるはずのものではないのか。アダム・スミスも閉じた道徳の仕組みは本来的には開くはずであって、目の前の子どもの命は、その子どもがどの国の人だからとか、肌の色がどうだからということとは関係なく、助けると考えています。人間には普遍的で開放的な道徳性があることを、スミスは根底に置いていたと思います。

中島　今の話は、孟子にある井戸に落ちそうになった子どもを助けると同じタイプの議論ですね。朱子学というのは、孟子ルネサンスの流れの中にあります。仏教に対抗して、孟子の性善の議論を立てることで、人間のあり方に規範の根拠を見出そうとしたものです。そして、朱熹は孟子を誠意つまりシンシアリティ・クレームから読み直していきました。ところが、孟子のテキスト自体はシンシアリティ・クレームには行かないのです。井戸に落ちそうになった子どもを助けるという例は、人間の中に道徳的になりうる端緒がありうるということで、そこから道徳的になるように、拡充していく努力こそが大事だと言っているのです。それは、自己の中でまじめさを実現すればよしというのではなく、他者とりわけ子どもや動物に触発されて見出される道徳的であることの端緒から始めるべきだということです。ですので、その他者が、異邦人であったり、異邦人の子どもであったりしても、孟子だったら、そこに向かって当然拡充するべきだという議論をすることでしょう。それは、想像力の問題なのだと言っているのです。

國分　わたしもまさにそれを言おうと思ったのです。

中島　想像力を養う以外ない。

安田　それで言うと、想像力がなくても表面上、お金を通じ、市場を通じてコミュニケーションができてしまうことに、ある種問題があるのだと思います。本来問うべき、共感とは何かとか、道徳とは何かといったことに、ある意味目を背けても暮らせるようになってしまったことに、根源的な問題があるのではないでしょうか。

野原さんのお話の中でも強調されていましたが、お金や市場経済のパワフルな面は、人種や宗教や言語が違っていても、お金だということがわかれば交換ができてしまうということです。それは、最強のコミュニケーション・ツールなわけです。ただ、気をつけなければならないのは、お金を通じてコミュニケーションや取引ができるのですが、それはあくまでもお金に対する信頼であって、相手を直接信頼しているのかどうかは関係ないわけです。いったん道徳の問題や共感の問題を切り離して、表面上やり取りができるようになってしまったのです。

お金や市場には、もうひとつパワフルな面があって、偏見に対して強いのです。たとえば、アメリカのどういう州で民主党が支持されていて、どういう州で共和党が支持されているかをイメージするとわかりやすいと思います。ニューヨークやカリフォルニアといった都市部では圧倒的に民主党が強い。非常にリベラルで、世界中から優秀な人材を集めて、どこの企業も多国籍で稼いで働いている。なぜあれほどリベラルになるかと言うと、それがグローバリズムや自由主義経済にフィットしているからです。世界中からベスト・アンド・ブライテストの人を集めてきているのです。変に偏見でアメリカ人しか雇わないと言っていたら、競争に負けてしまいます。そのように、偏見を排除する形でリベラルな企業運営をすることが資本主義とマッチする地域や企業があり、それが典型的には大都市圏なのです。

世界中に、お金という一次元で測った経済システムが広がっていったことをグローバリズムと考えると、グローバリズムに相性のいい稼げる企業は、金融やイノベーション系でどんどん伸びてきます。そこは非常にリベラルで、いろいろな人種の人が集まってくる。その一方で、没落してまったく伸びない中間層が出てくるわけです。彼らはお金を価値尺度とした今の経済システムの中では完全に没落して、自分が必要とされていないと思ってしまいます。他者との関係性の中で負の感情が芽生え、だからこそ薬物に走ったり、平均寿命が短くなったりということが、そのような人たちに起こってしまう。

アメリカの中でも、両極端のふたつのことが起きているのです。グローバリズム、市場経済と非常に親和性の高い世界もありつつ、そのモノサシでは没落してしまう失われた中間層があるわけです。彼らは別のモノサシに頼ろうとするのですが、お金の経済圏があまりにも強力なので、それに対抗するべきモノサシがなかなか見出せません。そういう中で唯一、簡単に見出せるモノサシは、「自分は白人だ」、日本で言うと、「自分は日本人だ」というアイデンティティです。今は失業しているかもしれないし、この社会の中で自分は必要とされていないかもしれないけれども、自分は民族的なアイデンティティでは本流だということにすがっているのです。だからこそ、各国でグローバリズムとナショナリズムの

國分　進展が同時並行に起きているというのが、わたしの見立てです。まったくそのとおりで、自分に決定権があるかどうかということですね。政治的には、主権の問題です。フランスのル・ペンもトランプも、結局のところ主権を問題にしています。それは、自分たちで自分たちのことを決められないことに対するものすごい反発なのです。

先ほどの想像力ですが、まさしく堂目さんがおっしゃったような問題を、わたしもここのところずっと考えています。わたしは自閉症のことも研究しているのですが、それは想像力の問題と結びついています。しばしば自閉症の子どもは想像力が劣っていると言われます。想像力とはどういう能力かというと、存在していないものを頭の中に存在させる能力です。そのためには、自分は見ていないが誰かがそれを見ているという形で、他者像のようなものを自分の中にインストールしないといけないのです。マジョリティの人は、自分と似たような人が世界中にたくさんいるので、すぐにインストールできるのですが、自閉症の人は知覚様式が少し異なっているので、なかなか自分と似たような人間に会えなくて、他者をどうも自分の中にインストールできないのではないかということが、最近出てきている説です。

するとなぜ目の前にいる子どもを助けて、北朝鮮にいる子どもたちは助けないかというと、北朝鮮の困っている誰かを想像できないわけです。何らかの手段でそれが想像できれば助けるかもしれない。ただ、安田さんが言った、グローバリゼーション化で金を通じると、まったく意志疎通できないのに、コミュニケーションができると思ってしまうことは、今の問題と直結しています。グローバリゼーションの問題は、自分の行為の守備範囲まで届かないということです。

どういうことかと言うと、たとえばそのへんでチョコレートを買った時に、それはアフリカの児童労働などで作られているかもしれず、自分は１００円で買うだけでそれに手を貸していることになることに、わたしの想像力はまったく及ばないわけです。今からわたしがツイッターに差別発言を書いたとすれば、それは世界中にすぐに拡散するわけですが、そんなことにまで自分の想像力はまったく追いつかないわけです。

ですから、想像力が追いつかないことが極限レベルに達しているのだと思います。ほんの一瞬で、自分の想像力がまったく及ばないところにまで行ってしまう。他者をインストール云々と言いましたけれども、今そういうことができるのかというと、非常に難しいだろうなと思います。

國分

共感の偏り

もうひとつ付け加えると、ヒュームは、人間は利己的ではないと言っていると、ドゥルーズはとりあえずそのように読んでいます。共感する存在だと言っているのです。ただ、問題は共感が偏っているということです。たとえば、親が、自分の子どもよりも他人の子どもを大事にしていたら、なんだ、親のくせにと言われる。自分の子どもをひいき目に見るほうが親らしいと、普通、人は言う。そういう形で人間は共感するけれども、しかし偏っているのです。これはある意味で、利己心よりも厄介です。利己心は押さえつければいいからです。共感はまとめあげていかなければなりません。インテグレーションという言葉を使っていますね。ですから、人間が共感する存在だということは、必ずしも人間が道徳的に優れているということではなく、社会にとって実は障壁になるのです。共感することが実は障壁になる場合がある。ヒュームはそういう問題を考えた上で、社会の作り方を考えたということがドゥルーズの読み方です。

野原　近代は基本的に利己心から人間を見てしまうので、ヒュームの中に違う論点があったということは、とても参考になるところだと思います。

非常に重要な問題で、スミスの場合にも、おっしゃるようなことがあったと思います。つまり、シンパシーに偏りがあるということです。ただ、もうひとつ区別しているのは、社会の中で大多数の人は、自分の国のほうを他の国よりも優先するとか、親や兄弟のことを優先するとか、そのようなあり方をほとんどするかもしれませんが、ただ、個人としては必ずしも偏らないようなあり方がありえるということです。社会の中で大多数の人がそうであっても、個人としては非常に優れた人がいて、偏りなく、他人を分け隔てなく判断する人がいる。世間の雑踏にもまれた中でいろいろ経験を積み重ねた公平な観察者は、そのようにもなりえる。社会全体の中では大勢ではないにしても、そういう個人に期待しているのです。重要なのは個人であり、最終的には個人としての生き方を問題にしていたのだと思います。

國分　それほど分け隔てなく共感できる人というのは、イエスしか思いつかない。

小野塚　イエスもそうだったかどうかは少し怪しい。

堀内　安田さんの言われたことへの補足です。わたしは大学でファイナンスを教えていますが、金儲けしようと思って教えているのではなくて、ファイナンスをしている人のイマジネーションを広げたいのです。一つ例をあげると、リーマン・ショックを取り上げた『マネー・ショート』という映画があります。原題はThe Big Shortで、要は空売りのことです。アメリカの住宅ローン市場では、価格とそれに対する信用供与との乖離が大きくなり、必ずバブルがはじけると確信した人たちが、空売りを仕掛けます。そして、最後はマーケットに対して勝ち、何千億円というお金を個人で手に入れる話です。若者たちがマーケットを分析して、これは絶対にいけると思うのですが、空売りするためにもお金が必要です。お金を求めて、大手投資銀行で成功し、個人で投資をやっている人（ブラッド・ピットがその役です）に協力を求めに行き、3人は空売りを仕掛けて大儲けするのです。若者2人がばんざいと小躍りして、「俺たちはビリオネアだ」と騒ぐのですが、ブラッド・ピットは2人を一喝します。「はしゃぐな、住宅ローン市場がはじけたことで、何万人の人間が失業して、何万人の人間が自殺すると思っているのか」と言うのです。

わたしも金融機関にいて、同じようなことを体験しました。わたしのように営業をしていた人間はお客さんとフェイス・トゥ・フェイスで接するのですが、トレーディングをしている人たちは、デスクに画面が7、8個ぐらいあって、それを一日中ずっと見ています。テレビゲームとまったく変わらないのです。そのトレーディングをした地球の裏側で何が起きているのかを想像するのは非常に難しくて、ただただ、画面上で数字が動いているのをひたすら見て、どこが割安になって、どこが割高になっているのかを計算しているだけなのです。

安田さんの言ったことに戻っていくのですが、お金が介在してしまうと、人間の感情や心の動きといったものは全部捨象されます。ユニバーサルな取引という、いい面もあるのですが、お金の悪い面は、数字以外のところは全部捨象してしまうという点です。

丸山　今の堀内さんのお話にも関わるかもしれませんが、『モラル・トライブズ』という話が出て、イマジネーションを刺激されました。AIでディープラーニングが進んでいった時にも、最後には、「部族ごっこ」とも言うべき部分が人間には残るという話をよく東大の松尾豊教授がされることがあります。AIの分野でも、全脳アーキテクチャーと呼ばれるアプローチで、ニューロンの仕組みや大脳の情報処理の部分を解析していくと、脳の根幹にある、進化論的に脳ができた時に獲得したとしか思えない部分が残るわけですが、それが、ヒュームやアダム・スミスの思想と重なるかまではわかりませんが、血が繋がっていたり、情が移る人を敵にしないことが大事だという本能なのかもしれませんね。それが脈々と維持されていることを、AIが示しているとしたら興味深い話です。

野原　その考え方は非常に重要な考え方だと思っています。

18世紀の段階では、国と国とが対立して、戦争になることがしょっちゅうありました。民族もややこしくて、イギリスでもスコットランドとイングランドは別の国だったのに、1707年に合併したわけです。スコットランドの中でも、厳密に見ていくと、ケルト系の北部住民と、そうではないイングランド系住民で違うのです。スコットランドの中でも、南のほうの住民は北のほうの住民を、あいつらは俺たちと関係ないと憎悪すれば、その文脈では対立になってしまうのです。

そういう人たちも全部含めて、フランスと戦争する場合には、「フランスは敵だ、俺たちは仲間だ」として、敵が作られると非常に身内意識をもちます。それ以外の、敵がいない局面では、本当はバラバラなのですが、敵が出てくると、自分たちは仲間だというところがある。戦争や貿易の対立には、自国民や自分たちの仲間という意識を強める作用が非常にあるのです。

小野塚　野原さんのおっしゃったことはとても大切なことで、敵を作るからこそ自分たちが、特に顔見知りでない人まで仲間になれる。国民という意識はそういうフィクションの上に成り立っていて、20世紀の福祉国家は総力戦を戦う中で、共通の敵と戦う自分たち国民を意識してきました。そうであれば、それを逆用できないかとも思うわけです。つまり人類にとって共通の敵、たとえばバルタン星人だと唱えることです。

中島　地球防衛軍でしょう。

小野塚　そうです。人類は全員助け合って、仲間になって団結しなければいけないという戦略がありうるかという話です。敵を作ることによって他者性を乗り越えていく、異邦人を乗り越えていくという戦略が、今われわれにありうるのだろうか。

國分　わたしはありえないと思います。

小野塚　20世紀にはありえたわけです。

國分　それはなぜかというと、その敵のイメージは、容易に自分の近くにいる人に反転すると思うからです。バルタン星人を敵にした場合に、お前ちょっとバルタン星人に似ているようなというものが絶対に作られます。

小野塚　お前はバルタン星人に通じているだろうというわけですね。

國分　絶対作られると思います。それはよくあるパターンの他者の問題です。

堂目　スミスは逆の因果関係を述べています。先ほど述べた閉じた道徳では、家族からはじまり、だんだん広がって、言葉が通じたり、文化が同じところまで広がっていきます。それで国民意識というものがいったんできると、それの裏返しとして、異邦人、特に隣の異邦人、隣の集団に気をつけろとなります。遠ければいいけれども、近いと警戒してしまうのです。愛着が強ければ強いほど、愛国心があればあるほど、その裏返しとして隣国を敵視する。隣国が敵だから愛国心が出てくるということも、もちろんありうるとは思いますが、『道徳感情論』の中での説明によると、愛国心という高貴な精神の上に、国民的偏見という下劣な感情が生まれるのです。

野原　堂目先生がおっしゃったことは大切な問題で、スミスはふたつを区別しています。ひとつは、敵を憎悪する感情、排外主義につながるようなものと、もうひとつは公共精神で、愛着をもって対象を拡大する果てに、公共や公というものを、社会全体というものを大切にしようというものです。そのふたつを区別していることが重要ではないかと思います。

［2018年12月13日収録］

第6章　国家と資本主義

國分功一郎

1．イントロダクション

まず、わたしの世代の多くの人が経験した、ある思潮から話を始めたいと思います。資本主義を考える時には貨幣論が重要になるわけですけれども、１９７４年生まれのわたしと同世代、もしくは少し上の世代では、マルクスの『資本論』の価値形態論の影響がとても大きくて、それによってすべてを説明することが流行しました。これは日本では、柄谷行人さんが作り出したフォーマットと言えると思います。

価値形態論は『資本論』の最初に出てきます。マルクスが一番難しいと言っているところです。細かくは説明しませんが、（1）単純な価値形態→（2）拡大せる価値形態→（3）一般的価値形態→（4）貨幣形態と弁証法的に進む議論です。この価値形態論が非常に面白いのです。なぜＡとＢの商品を交換することから貨幣形態が出てくるのか。問い自体が非常に謎めいていて、そうであるがゆえに面白い。当時、同じく価値形態論に注目して、岩井克人さんが『貨幣論』という非常に面白い本を書いて注目されました。日本だけではなく、フランスやアメリカなどでも、言語と貨幣を並行して論じる主張があり、そういうことが１９７０年代ぐらいからはやりました。

しかし、マルクス自身は価値形態論で資本主義が解明できると考えていたのでしょうか。皮肉いっぱいのマルクスの言葉を一つ引用してみましょう。

現実の歴史においては、周知のように、征服、圧制、強盗殺人、要するに暴力が、大きな役割を演ずる。ものやさしい経済学では、初めから牧歌が支配していた。正義と「労働」とは、初めから唯一の致富手段だった。もちろんそのつど、「今年」だけは例外だったが。実際には本源的蓄積の方法は、他のありとあらゆるものではあっても、ただ牧歌的なだけではなかった。(マルクス『資本論』第24章「いわゆる本源的蓄積」、岩波文庫、第三分冊、304頁)

経済学に対して強烈な嫌味を言っています。「ものやさしい経済学では、初めから牧歌が支配していた」。つまり、経済学は暴力が原初にあることを無視して、歴史に臨んでいる。経済学は牧歌的であるがゆえに、まったく現実を捉えていないということが、マルクスがここで言っていることです。価値形態論で何もかもを説明しようとすることは、どこか「牧歌的」ではないでしょうか。それに影響されたわたし自身も「牧歌的」でした。そうであったことに対する反省を込めて勉強していかないといけないと思っています。この反省をもって私が勉強していく際に、大きな手がかりとなっているのが、ジル・ドゥルーズとフェリックス・ガタリが書いた『千のプラトー』です。この本は、精神分析や文学などいろいろな話を展開しているのですが、その後半、とりわけ末尾の部分が、国家論、資本主義論になっていて圧倒されます。本章ではその議論に取り組んでみたいと思います。

2．貨幣の起源としての税——ドゥルーズ＝ガタリの資本主義論（1）

ドゥルーズ＝ガタリの根幹にあるテーゼは非常に単純です。それは、貨幣は交換によって起こったのではなく、税金が起源だということです。税金を起源として貨幣は出てきたとドゥルーズ＝ガタリは言っています。この観点に立つとまったく違う光景が見えてきます。

税金が貨幣の起源にあるということは、当然、徴税できる主体があるということです。徴税できる主体があるということは、ただお金をくださいと言ってもくれないわけですから、当然力の格差があります。つまり、暴力を独占している主体があるのです。ドゥルーズ＝ガタリはそれを、歴史上の古代専制国家をモデルにして話をしていますが、ポイントは等価交換が最初にあって貨幣が出てくるのではなく、不均等な力の差が最初にあって徴税が行われることで貨幣が出てくるということです。

なぜ徴税から貨幣が出てくるかというと、経済活動や富というものは基本的に非常に雑多なものですから、それらを税として取り立てるためには、それらをすべて貫く抽象的で、同質的な基準が必要になるわけです。そこから貨幣が出てきたというのが大枠です。『千のプラトー』から引用してみましょう。

以上のことからわれわれは、まず労働地代があり、次に物品地代、次に貨幣地代という時間的順序があるとは考えない。税こそが、これら三つの等価関係と同時性を作り上げる直接的な場なのである。一般的な法則として、税が経済の貨幣化をもたらすのであり、税が貨幣を作り出す。税が、必然的に運動、流通、循環の中にある貨幣を作るのであり、循環する流れの中で、必然的に役務と財に対応するものとして貨幣を作るのであり、国家は税に、対外貿易の手段を見出す、つまり対外貿易を所有する手段を見出すだろう。しかし貨幣形態が生まれるのは、交易からではなく、税からなのである。(『千のプラトー』、宇野邦一ほか訳、河出書房新社、1994年、499頁)

ドゥルーズ＝ガタリが言っているのは、国家が税の徴収主体として存在していて、それが貨幣の起源、最終的には資本主義の起源になっていくということです。わたしもそう思っています。現代の経済学は国家や政治抜きで経済が回ると思っているかもしれません。しかし、そうではなく、国家がなければ資本主義はありえないし、国家に頼る形で資本主義も存在しているということなのです。この考えには、非常に説得力があると思います。

「財または役務と貨幣の等価関係を初めて導入し、金銭を一般的な等価尺度にしたのは税なのだ」(同、499頁)とも指摘されています。税の徴収には、様々な富を抽象的かつ一般的に比較可能にする貨幣が必要だというわけです。そこでは、ギリシアのポリスについてのエドゥアール・ヴィルの研究などが参考にされていますが、何らかの仕方で徴税を可能にする力(暴力)の格差が貨幣の存在に先立つということがポイントです。

では、古代専制国家は具体的にはどういう形で現れたのでしょうか。ドゥルーズ＝ガタリは土木事業の事業主のような形で現れたのだろうと言っています。その際、非常に面白いのですが、考古学の知見、たとえばチャタル・ヒュユクというトルコのほうの遺跡についての研究などを参考にして、こう述べています。都市に出資という形で富が集まってストックができ、そこから小規模の牧畜や農業が始まった。つまり、都市のほうが農村に先行しているという考えですね。それが国家に繋がっていったわけです。もうひとつ引用してみましょう。

もはやストックが潜在的な余剰を前提とするのではなく、ストックによって余剰が生まれるのである。もはや国家が、発展した農業共同体や、発達した生産力を前提とするのではない。反対に、前提とされる農業も冶金業ももたない狩猟採集民の真っ只中に、国家は何の介在もなく直接的に樹立される。農業、牧畜、冶金業を創始するのは国家であり、最初は自分の領土の上に、次にはまわりの世界に、農業、牧畜、冶金業を強制していくのが国家である。（同、485頁）

貨幣が物の交換から生まれたという発想は、わたしたちが貨幣を普段、交換に使っているためにどうしても当然視されてしまいます。そしてこの発想が、資本主義は国家とは別の起源をもつという考えの根拠になってしまう。けれども、貨幣は物の交換から生まれたのではなく、徴税を起源にしているとするなら、この発想そのものを変更しなければなりません。むしろ、資本主義は国家に起源をもつのではないか。そして、現代においても、国家と資本主義は非常に綿密に手を組んで動いているのではないか。ただ、国家の役割は大きく変化してきているだろう。資本主義の構造の変化とともに変化しているだろう。このように考えられます。

3．私的所有の起源としての公的所有——ドゥルーズ＝ガタリの資本主義論（2）

さて、ドゥルーズ＝ガタリは、私的所有に関しても興味深い議論を展開しています。つまり、私的所有が最初にあったのではなく、それは公的所有から生まれたというものです。私的所有が最初にあったというのは、哲学だとジョン・ロックの考え方ですね。自分で労働して手に入れたのだから、自分のものだというわけです。しかし、そんなはずがない。所有は占有とは違い、自分で手に持っていなくても、自分の手を離れていても、その物が私に帰属することを意味します。その意味で、所有は謎めいており、形而上学的だと言ってもよいでしょう。確かなのは、所有は何らかのわたし以外のエージェントによって支えられなければならないということです。所有を支えているのは、突き詰めていけば法律ですし、さらに突き詰めていけば暴力です。つまり、勝手に奪ったら最終的には捕まってしまうという暴力によって支えられている。

だとすると、労働が所有を作り出すという考えは、あまりに単純すぎる考えだということがわかります。ロックの場合は、当時の新興ブルジョワジーの地位を確かなものにするという、17世紀の時代的課題があった。しかし所有について哲学的に考えるならば、ロックのような考えに留まることは許されません。

ドゥルーズ＝ガタリが所有をどう捉えているか、見てみましょう。

> 私有制とは国家による公的所有制を前提にしその網の目を通り抜けて出現するものであり、貨幣は税を前提にしている。（同、484頁）。

> 国家が貨幣形態における税を作り出すときには、貨幣の流れが逃れ出て、その他の力能を（特に交易と銀行において）養い発生させずにはおかない。そして何よりも、公有システムを作り出すときには、その傍らに私有のシステムの流れが生まれ、公有システムのコントロールの外に流出せずにはいない。［…］私有制をあらゆる部分で排除しているように見えるシステムにおいて、私有制の起源という問題を、最も真剣に考えたのはおそらくトケイだろう。私有制は、皇帝-君主の側からも、自立的部分が共同的所有にしばられている農民の側からも、存在と収入の基盤が共同的公的形態をもっている官僚の側からも（「こうした条件のもとで貴族は、小さな君主となりえても、私的所有者にはなれない」）、発生しえない。［…］トケイはその答えを解放奴隷

に見出す。〔…〕この解放奴隷が、私的所有の最初の萌芽を形成し、交易を発達させ、冶金業において、私有奴隷制を作り出し、みずからその主人となったのである。(同、五〇五頁)

〔トケイは東欧出身の中国の専門家。〕

「網の目を通り抜けて出現する」というのは、ドゥルーズ＝ガタリがわりとよく使う論点です。古代の国家にも官僚機構があり、土木工事をするなどの労働を組織化していました。しかし、労働を組織化してもどうしても管理を逃れる労働が出てきます。たとえば、国家が鉱山を作って、そこでこのようにしなさいと言っても、鉱山で働いている人たちが勝手に誰かを雇い始めることがあります。国家による支配・規制をドゥルーズ＝ガタリはコード化と言うのですが、いくらコード化してもどうしてもコードを逃れてしまうものが出てきます。最初に労働の組織化があっても、その労働の組織化やコード化から逃れるものがあるのです。

これは貨幣も同様です。国家が貨幣形態を作り出すのですが、これも国家によるコード化で完全に統制することはできなくて、どうしても逃れ出るものがあって、交易と銀行という形で別の力をもっていくようになります。これも網の目を通り抜けたものです。

労働に対する公的な組織化が行われても、そこから私的なものが余りとして出てくる。貨幣も公的に税を通じて作られるけれども、その貨幣も国家のコード化を逃れて別の力をもつようになる。私的所有が公的所有から出てくるというのもこれらと同じメカニズムです。

まず力の格差から国家が出てきて、徴税が行われます。その徴税を行う主体、徴税を行うエージェントは、自分の支配地域の労働成果を独占しようとします。逆に言うと、他のエージェントが自分の支配地域、自分のシマで同じようなことをするのを禁止する。その結果、このエージェントはその地域の人々を、他のエージェントの暴力から守ったり、保護し始めたりするわけです。

少くともドゥルーズ＝ガタリによれば、これが国家の起源であり、また、国家についてわたしたちが陥りがちなある錯覚を検討するための大切なヒントがここにあります。わたしたちは、人々を保護するために国家があると考えがちです。しかし、実際には、国家は労働成果の独占のために、自分たちが支配している地域の人々を他のエージェントから保護しているにすぎません。保護は国家の目的ではなく、結果です。

こうして支配から独占、そして保護へと進む中で、国家はある集団や職能団体に特権を与える形で、土地やモノの所有を認めていきます。つまり、貴族として、領主として、職能団体として、あるいは村落共同体の一員として、土地やモノを所有するのを認めていくのです。国家によって個別に与えられる政治的権利が私的所有の基礎になっている。つまり、公的所有が私的所有に先行している。これがドゥルーズ＝ガタリの議論です。

4．資本主義の発生——ドゥルーズ＝ガタリの資本主義論（3）

では、資本主義はどのように出てきたのでしょうか。資本主義の以前では、私的所有は政治的な権利関係に依存していました。たとえば貴族、領主、職能団体の一員として土地やモノを所有していたわけです。では資本主義以降はどうなるか。私的な労働や貨幣の勢いがどんどん力を増していって、逆に国家を凌駕するようになり、人々が独立した所有の主体になっていく。これが資本主義以前の経済と資本主義の違いです。ドゥルーズ＝ガタリの言うところを見てみましょう。

> 現実に資本主義が実現されるには、脱コード化された流れの積分、先行する装置を凌駕し覆す全体化された接合活用が必要〔…〕。さて新たな社会的主体性はまさに、脱コード化した流れがそれらを接合する作用から溢れ出て、国家装置がもはや追いつくことのできない脱コード化のレベルに達するとき初めて構成される。一方で、労働の流れは、もはや奴隷制や役務として定義されるのではなく、自由な裸の労働とならなければならない。もう一方で、富とはもはや土地、商品、金銭といったものではなく、等質で独立した純粋資本とならなければならない。〔…〕資本主義は質的な限定を受けない富の流れが、質的な限定を受けない労働の流れと出会い、それに接合されるとき形成される。（同、508頁）

ここで述べられているのは、人びとがもはや政治的権利関係によって守られなくなり、貨幣を手にしていなければ生きていけない状態が何らかの形で作られると共に、その状態が独立資本とうまく結びついた時、資本主義が生まれるということです。

これをもう少し抽象的に見てみましょう。要するに資本主義はそれ以前とどこが違うのか。かつては、力の格差、つまり暴力を背景にして税を徴収したり、労働を組織化したりするエージェントはひとつで、国家が基本的にそれを担っていました。ここで言っている国家は本当に広い意味での国家です。ところが資本の力が高まっていくと、国家の作用について分業が進んでいきます。あくまでも暴力を原理として富を徴収する国家と、富を背景に人を働かせて成果を吸い上げていく資本が、役割分担を始めていく。国家がやっていたことを資本がやるようになっていく。それは基本的に今も変わりません。国家がかつて行っていた富の吸収を、アウトソーシングする形で資本が行う。その資本の生み出した成果を、国家は税として吸い上げる。だから、国家は資本に対して基本的に優しいのです。国家は資本がうまく機能するようにいろいろ御膳立てをします。

一番わかりやすい例は国民国家です。住民を等質な国民に整序して、教育を施し、18歳頃には労働者や兵士として働ける主体にする。因みに徴兵制は教育として大きな意味をもっていて、時間を守るとか、列に並ぶとか、トラックの運転ができるとか、別に人殺しの訓練をするわけではなくて、等質な労働力を整備する機能をもっていました。また、国民国家は公有地や領有地をすべて廃棄して、障壁のない空間を作り出し、一定の領土の中は軍事的に守ります。こうして資本がより効率よく活動できるような流れを整備する。これが近代初期の国家と資本の関係です。その後はもちろんものすごく変わってはいきますが。

国民国家の段階では、国家と資本の関係の間には、一応国民が入っていました。国民を国家が育てて、資本がそれを利用する。ですから、国民はおこぼれに与って教育も受けられた。最近の資本主義の特徴は国民を経由しなくなっていることです。今や国家にとって一番のお荷物は国民で、最も世話をしたくないのが国民という実に逆説的なことが起こっているのではないか。別に国民を経由せずとも資本が金融等でガンガン儲けられるのであればそれでいい。国民なき国家というわけです。近代は、国家と資本主義の間のおこぼれに与って、国民もなんとか生きてこられた。ところが「国民はもういらない」と言い始めているのが、最近の国家ではないか。

９０年代は、グローバリゼーションという言葉が出始めた頃で、国家はそのうちなくなるという議論が盛んでした。あのような議論が盛んになった理由は国家と資本主義の関係についての無理解があったと思います。資本主義によって国家が消滅するのではなく、資本主義のある限り、国家は絶対になくならない。資本主義は国家による御膳立てがあってはじめて機能するからです。労働に関して法律を作るとか、資本を守るとか、資本の流れを制御するとかですね。資本は常に国家が独占している暴力や法による規制・正統化を必要とします。

5．最後に

資本主義は国家と無関係に出てきたわけではないことが一つのポイントであり、ドゥルーズ＝ガタリはそれを明確に指摘したと言えると思います。それは、昔そうだったということではなく、基本的に資本主義は国家と手を結んで動いている。国家は資本主義がなくても存在しえます。資本主義という仕方でなくとも、お金を徴収することはできるわけです。ところが、資本主義は国家がなければ存在できません。これはドゥルーズ＝ガタリが強く言っていることです。実際、資本主義は常に国家の助けを借りて、自分が運動しやすいように準備してもらっています。さらに、最悪の場合には、損失補塡までしてもらえるのです。金融市場などは、偉そうなことを言っていますが、困ると必ず国家に頼る。

ポイントは、国家の役割が資本主義の勃興とともに変化したことです。つまり、吸い上げ機能をアウトソーシングしたことです。さらにその後、資本主義の様式が変化しています。製造業、重工業中心から、小売業中心になり、今ではモノを作って売ることでは儲からないという段階にまできています。

それに応じて、国家の役割も変化してきています。これは分析の必要があると思います。労働者を守る、人々の生活を守るという時に、いったい国家と資本主義のどういう関係が今メジャーになっているのか、どういうものを国家に認めさせなければならないのか、ということです。つまり、こういう視点に立つと、どういう権利要求を国家にしていく必要があるのか、国家に認めさせていく必要があるのかといった運動論にも繋がっていくと思います。

今でも貨幣は国家によって発行されています。もちろんＥＵのような例もあるわけですが、国家は貨幣を発行して、その一部を税として回収するという運動に依拠しているのです。市場の自立というのは、こういうメカニズムに目をつぶった上で言われているにすぎないと思います。

［討議］

国家という存在と資本主義

国家と貨幣

中島　本当に面白い問題提起をいただいたと思います。わたしも前からぼんやりとですが、資本主義を支えるエージェンシーのことを考えておりました。また、安田さんからも、「市場と資本主義は違うもので、市場は世界共通で、どこでも同じルールで動くのに対して、資本主義は複数ありうる」とうかがい、さらに考え込んでしまっていました。もしそうだとすると、資本主義は市場の議論に還元できないわけですから、何が資本主義を支えているのか。そこには、市場の外側にある、たとえば国家や政治といった何か別のエージェンシーが、必ず入ってくるはずだが、それはいかなる形によってなのだろうか。こう悩んでいたわけです。

それを、國分さんがドゥルーズ＝ガタリによりながら見事に明らかにしていただきました。つまり、国家とその徴税の力から貨幣、そして国家の管理を逃れ出るものとしての資本主義が登場するという道筋ですね。

もうひとつ刺激されたのは、９０年代にあった、「国家がなくなる」とか、「もう間もなく国民国家はなくなる」という議論の行く末です。わたしはその当時、国家は絶対になくならないと思っていました。なぜかと言うと、中国研究をしていたこともあって、国家の強力さやしたたかさを思い知らされていたからです。国家はどんな手を使ってでも、たとえ反対していた資本主義であったとしても、それと手を組んででも、生き延びようとする。

ところが、その当時のけっこう良心的な方々が、国民国家は今にもなくなる、それは資本のグローバル化のほうが強力だからだとおっしゃっていたわけです。ただ、ベルリンの壁が崩壊した時に、同時に天安門事件もあったわけです。ですから、そう簡単ではないと思っていました。

結局、2000年代に入ってくると、国家は新しい形で定義され、以前よりも強力にその役割を求められるようになりました。その問題にまで触れていただいたのは、大変よかったと思います。

小野塚　資本主義に先立って国家があるというアイデア自体は、けっこう古くからあります。フリードリッヒ・リストのドイツ歴史学派の経済学などは、経済政策主体としての国家ということを、200年ほど前に言っているわけです。日本で言うと、わたしの師匠の一人に当たる中西洋さんは、「資本主義国家がないと資本主義は成立しえない。なぜなら、本来的に商品ではない労働力を商品にするのが資本主義であり、労働力の商品化を担保するのは国家権力以外にありえない」と、議論するわけです。非常に簡単に言うと、救貧法ですね。救貧法がなければ、労働力の商品化は担保できない。それが、中西さんが1970年代にやった議論です。それは、現実の議論とも関わっていました。労働力が出てくるところまで含めて、国家の存在がなければ資本主義は成り立ちえない。

ドゥルーズ＝ガタリの新しさは、おそらく貨幣の出現も国家がないと成り立ちえないという議論をしたところだと思います。それについて2点、質問したいと思います。

ひとつは、ドゥルーズ＝ガタリが言っている私的所有には、実を言うと2種類あるのではないでしょうか。資本主義以前の私的所有は、政治的な権利関係に依存していました。貴族として、領主として、職能団体や村落共同体の一員として、土地やモノを所有していたわけです。これは、資本主義以前の国家を構成した身分制や共同体という要素によって、コード化された所有ですね。

國分　そうです。

小野塚　それに対して、資本主義以降では、自由な裸の労働ですとか、等質で独立した純粋資本といった、国家権力によってコード化されていない、脱コード化された所有が出てきます。ドゥルーズ＝ガタリは、実際には2種類の違う私的所有を使っているのです。共同体や身分制によって媒介された私的所有のことを、わたしは『経済史――いまを知り、未来を生きるために』（有斐閣、2018年）の中では、個人的所有と言いました。これは初期マルクスの言葉遣いの一つです。個人的所有というのは、個人が所有主体だけれども、共同体や身分制が媒介しなければありえませんでした。

ところが、近代になると、共同体や身分制の媒介なしに、私的所有が成立するようになります。ただ、近代の私的所有も、結局のところは、登記とか、いろいろなシステム、裁判などの機能によって、国家に担保されないと成り立たないのですが、少なくとも共同体に媒介されなくてもよいのです。共同体のメンバーでなくても、モノを所有できるのが、近代社会の所有の原理ですね。

そうすると、ドゥルーズ＝ガタリは、私的所有という言葉を二重の意味で使うことに、どういう意味を込めているのでしょうか。重要な概念を二重の意味で使うことは、マルクスもよくやるし、マックス・ウェーバーもよくやるし、偉い学者さんは必ずこういうことをやるのですが、凡人はなかなか理解できません。そこのところを教えていただきたいということが1番目の質問です。

2番目は、人類学が貨幣の発生をどのように説いているかというと、そこでの貨幣とは支払い手段なのです。支払い手段とは、人が何か悪いことをしてしまった時に、お詫びをするものです。神様や仏様や精霊、あるいは自然に対して、人間が何かしてしまった時に、お詫びをする。そのために、お札(ふだ)や幣(ぬさ)という特殊目的貨幣が登場します。それは、ある悪い行為をした賠償や代価として支払うもので、それにしか使えない貨幣です。それが貨幣の原点なのだということが、人類学者の貨幣論だと思います。ところが、あらゆる目的に使える貨幣、誰もが受け取る貨幣という等価性は人類学から出てこないのです。

その点で、ドゥルーズ＝ガタリの「徴税こそが貨幣に等価性を発生させている」という議論は魅力的です。しかし、ではなぜ徴税ということを考えついたのだろうか。具体的なモノを奪い取るのではなく、貨幣形態で奪い取るということを、なぜ国家は考えついたのか。力をもっているわけですから、人から奪い取ってくればいいわけでしょう。米を作っている人からは米を取ってくればいいし、絹を織っている人からは絹を取ってくればいい。市場があれば市場で交換できるかもしれないけれども、別に収奪は成り立つわけです。なぜ徴税という仕方で、貨幣形態で国家は取ろうと考えるのか。

貨幣こそは、誰もが欲しがるものですね。現在でも、国家は貨幣をたくさん市場にまき散らかして、それを吸い上げることで、資本主義社会は回っている。人々は貨幣さえ手に入れれば何でも手に入るとか、あらゆるものと交換可能だからといって、貨幣を欲しがります。こうした仕組みでたしかに資本主義は動いています。それでも、さて、国家はなぜ収奪するときに貨幣という形で収奪を考えたのか。

國分　なぜなのでしょう。そこまで考えたことがなかったので、ふたつめのご質問は非常になるほどと思いました。

小野塚　ドゥルーズ＝ガタリが批判しているように、経済史では、最初に労働地代があって、次に物品地代、次に貨幣地代だと議論してきたわけです。それはなんらかの証拠に基づいたものので、ヨーロッパの封建制に関して言えば、労働地代が最初で、賦役、現物地代になって、最後に貨幣地代が出てくると論じました。ところが、そうではなくて、ドゥルーズ＝ガタリは税金こそが出発点だと考えたのは、なぜなのでしょうか。

國分　小野塚さんはなぜだと思われますか。なぜ、貨幣という形で徴税することを考える必要が

小野塚　あったのでしょうか。

國分　やはり特殊目的貨幣が、つまり精霊や神様に対する支払い観念が先にあったのだと思うのです。精霊や神に対する支払いを、国家がすべて代行して引き受けるということを、どこかで誰かが考えついたのだろうと思います。精霊や神を祭る施設、神社やお寺には、みんな幣やお札を納めに行きますよね。それを国家が引き受け取るときに、特殊目的で納められるとかえって面倒なので、はじめから一般目的貨幣にしてくれ、それなら皆さんも使えるでしょうと考えたのではないでしょうか。

小野塚　すると再び価値形態に戻っていく。

國分　そう、また戻ってしまうのです。あらゆる欲望を満たすことができるという、貨幣のもっている性格は、やはり無視できません。それでも、そういう形で税金を取ろうとしたのはなぜかという問いは残されると思います。

小野塚　質問に質問でしか答えられなくて申し訳ありません。ひとつめの私的所有と個人的所有の話はなるほどと思って、小野塚さんのお考えでは、個人的所有の場合も身分制を媒介にしないと成立しないと考えているのでしょうか。

國分　個人的所有は身分制を媒介しないと成立しません。しかし、みんな個人的所有を私的所有と言ってしまうのです。わたしの同僚の岡崎哲二さんは、株仲間の成員保護機能のことを私的所有という言葉で表現します。けれども株仲間は、株仲間に入っている仲間の所有権しか保護しません。それ以外の仲間の外側の所有権は保護しないのです。これは現在の私的所有とは違う概念です。

國分　ごく単純なお答えしかできないのですが、ふたつが連続しているとドゥルーズ＝ガタリは考えていて、個人的所有が基礎になって私的所有が現れてきていると言いたいのだと思います。

小野塚　それはどうなのでしょうね。わたしたちの分野でも、高橋幸八郎というフランス経済史を専門になさっている方が、封建制というのはほとんど資本主義と同じだと言うわけです。資本主義の一歩手前であって、唯一の違いは、個人的所有と私的所有の相違だけで、所有形態がほんの少し違うだけだ。農家一軒、一軒が、あらゆるものを、土地も土地の利用権も、すべてのものを分割して所有しているのであって、封建制においては、共同体所有などは一つも残っていないというのです。

安田　貨幣の起源の話で言うと、先にＮＨＫの特番でお金の話をしたのでいろいろ読んだのですが、もともとが税かどうかはわかりませんが、何らかの形での帳簿や記録が元になっているという証拠は挙がってきています。それこそ、文化人類学も含めて、いろいろな分野から出てきています。そのあたりのことを一番細かく書いているのが、デヴィッド・グレーバーの『負債論』です。それは、お金の起源は交換ではなくて負債から始まったと述べます。これはわたしなりの解釈も入っていますが、非常にざっくり言うと、原始的なコミュニティの場合、お互いのメンバーの顔が見えます。その時点でも、手伝ってあげたら今度は借りを返してもらうという感じのことがありました。ただ、コミュニティの中でフェイス・トゥ・フェイスのコミュニケーションができましたから、特に帳簿などは必要なく、助け合いでなんとかやっていけたのです。

それが、どんどん集落のサイズ、町のサイズが大きくなってくると事情が変わってきます。たとえば中島さんという人間に何年前に何かしてあげたことが、やった・やっていないという話にならないために、何かしら記録しておく必要が出てきます。実際にメソポタミアの粘土板などで、小麦だかなんだかの貸し借りの記録とおぼしきものが出てきているわけです。最初は、その貸し借りを記録したもので、小麦を何束貸した場合に、5束借りたら小麦が5つぽんぽんとあるわけですが、そうこうしていくうちに、小麦を5という数字の概念に分解できるのではないかと考えるようになります。数字の起源も負債だというのがグレーバー氏の発想なのですが、いろいろな記録をもう少し効率化し整理できるのではないかと考えたのです。要は記号を共通化、単純化していく話なのです。

価値を整理し、価値尺度をそろえていくと、価値の共通尺度として何かしらの単位の統一を考える動きが出てきます。いわゆる金属貨幣のようなものが出てきたのかもしれません。それはさておき、単位の統一が出てくると、徴税というようなことが可能になります。人によっては労働で徴税するかもしれないし、人によっては魚で払ってもらうかもしれない、小麦で払ってもらうかもしれない。けれども相場観が必要になってきます。そこでの価値尺度がないと徴税は難しいのです。国家が先なのかどうかはわかりませんが、いずれにしても何かしらの記録をきっかけに数字も生まれたし、価値の共通化も図られてきた。

そういった形で相場観が出てからでなければ、そもそも物々交換という貨幣を介さない交換はかなり難しい。それはデヴィッド・グレーバーだけではなくていろいろな研究者が言っていることです。たしかに今でも物々交換の風習が残っている、途上国の一部地域はあるらしいのですが、そこでは気軽に、誰かと誰かが水とお茶を換えるようなものではないようです。それは、集落単位のかなり大掛かりな取引で、海の民が山の民の集会所にやって来て、その年に採れた魚として自信のあるもの、いいものを置いて去っていく。そこへ山の民がやって来て魚をもらって、自分たちがその魚と等価とおぼしき山の幸を置いていくのです。山の民が去っていくと、海の民が再び戻ってきて、それに納得すると、お互いが宴会を始める。こういう超大掛かりな物々交換であったわけです。そこで自分たちの考える等価交換になっていないと思うと、戦争が始まったりしたようです。

命がけの交換は物々交換で行い、普段の庶民の交換はおおむね時間を通じた貸し借りに基づいたカジュアルなやり取りのはずだったと思います。それがコミュニティのサイズが大きくなってくるとともに、それだけでは貸し借りを覚えていられなくなったので、貨幣が登場した。帳簿型貨幣の原始的な姿は、おそらくそういう記録から生まれてくる。このような筋書きなのです。

それを読んでかなり説得力がありました。アダム・スミスの『国富論』に、物々交換から貨幣は始まったという記述があるようです。交換が先で貨幣が後、という流れをスミスが書いたことによって一挙に広がったようで、マルクスもそれに乗って価値形態論を発展させたわけです。あまりにも影響力が強すぎたので広まったのですが、ひょっとしたらフィクションかもしれないという一面はあると思います。

國分　今のお話は非常に面白くて、文字や数字も同時に発明されたということには、非常に説得力があると思います。

安田　貸し借りというのは重要な話で、そこに当時の英知を結集させて、何とかしてわかりやすくしようとか、効率化しよう、自分が損をしないようにしたのではないでしょうか。

國分　すると先ほどの小野塚さんの、なぜそういう仕方での徴税を考えたのですかという問いが重要になってくると思います。貨幣という仕方で徴税しなければならなかったのかどうかは、『千のプラトー』を読んだ限りではわかりません。もしかするとそれに先行して貸し借りがあったかもしれません。

安田　お金の発生で、残っている記録はたしか紀元前600年頃、フェニキア人の貨幣か何かです。先ほどの帳簿の話は、紀元前数千年前なので、歴史ははるかに古いですね。

小野塚　シュメールにそういう記録があります。

安田　その時代に国家というか、暴力をもっていた権力者が税金の形で取り立てたかどうかはわかりませんが、当時でも、ある程度の価値尺度の基準化が行われていて、権力者が税というか、民衆からモノを集める際に、ある程度の相場観ができていた可能性はあると思います。

小野塚　それが意味しているのは、現物に対する欲望ではなく、記号に対する欲望に取って代わっているということですね。

國分　やはり徴収は、何らかの正当性を必要とするという気もします。つまり、君からは大根1本取る、君からは金塊1個取るということはできないので、みかじめ料をみんなから取る。すると何らかの統一感が必要になる。これが今思いついた答えです。暴力的支配というのはずっと暴力をちらつかせているだけでは駄目で、法律を作るとか、必ず自分がやっていることの正当性を作っていかないといけないわけです。暴力を行使しつつ正当性を同時に作っていくという支配の形態を考えるならば、こういう形で行ったことは、当然かもしれませんね。もしかするとその際に、安田さんが言った知恵を利用したのかもしれません。

安田　特定の商品貨幣のようなものを徴収したのかもしれないし、方法はケース・バイ・ケースでしょうね。

国家と資本主義の関係

堂目　大変面白い話で、経済の貨幣化が租税公課を作ったと常識的に思ってきたのですが、言われてみれば、逆の関係もあるなと思います。わたしの研究に関連するところですと、イングランド銀行が１６９４年に作られて、イングランド銀行券が発行されたのは、名誉革命のあとの不安定な新政府の国債を引き受ける機関としてでした。企業をベースにはしていますがイングランド銀行はそのために作られたわけです。

サー・ジェイムズ・ステュアートという人がアダム・スミスの前にいます。彼が *Principles of Political Economy* の中で、プライベートクレジットが先にあるのではなく、パブリッククレジットが先にあって、それが安定すると、それを見て安心して信用が広まるのだと言っていたのを思い出します。そういう因果関係がすべてかと言われると、常識的な理解が少し邪魔をするのですが、そういう局面もあったなと思い出しました。

ただ、国がつねに資本の味方なのかということに関しては、疑問があります。それを聞いた時に、シュンペーターの『資本主義・社会主義・民主主義』を思い浮かべました。民主主義化されると国は民衆の味方になっていき、民衆は大きな資本が嫌いなので、大きな資本にいろいろ社会的責任を課そうとする。政治が民衆に味方してくるようになると、大きな資本や独占的な資本が命がけでイノベーションを起こしていくことが次第にやりにくくなって、今で言えばＣＳＶやＣＳＲをやらざるをえなくなるということです。こういうことになるとイノベーションの力は落ちていくだろうと予言していたことを思い出しました。

国が大きな資本の味方なのかというと、現状はどうかわかりませんが、重商主義以来のある種の国家独占資本主義では、癒着がある一方で、他方では企業の力を弱めようという動きをしました。たとえば、賃金を上げなさいということです。実際は上げられない事情があるにもかかわらず、上げなさいということがあります。「働き方改革」なども、企業の人に言わせると、味方をしているのかよくわからないという現実があります。シュンペーターの言っていることも、資本主義の味方であった国が次第に離れていくことによって、組織は力を失うということなのかなという気もします。そのあたりについてはどのようにお考えでしょうか。

國分　大きな枠組みとして、資本主義を国家から独立して考えようとする考え方に対しての批判なのだと思います。この考え方がおかしいということが一番言いたいことだと思います。マルクス主義だと、資本主義がベースにあって、相対的に自立性をもって国家があるのですが、その逆に、国家があって資本主義が相対的に自立性をもっているというイメージです。

歴史的局面において、シュンペーターが言ったように、イノベーションをストップしてしまうようなことを国家がすることは必ずあると思います。昔、宮澤喜一が「国家というのは要するに税なんですよ」という名言を言ったらしいのですが、結局税がないと動かないものですから、方向性としては自分がアウトソーシングした活動をしてくれているエージェントに対しては好意的でしょうね。ただし、正当性の問題があるので自分の正当性を確保するためには、もちろん国民におべっかを使ったりするわけです。そのバランスはおそらく歴史の局面でいろいろ変わってきているのだと思います。最近は、おべっかすら使わなくなったというのが、今の資本主義と国家の関係かという感じがします。

安田　ドゥルーズ＝ガタリのストーリーをわたしも完全には理解していませんが、お話を聞いて思ったのは、徴税があった時に、世の中にまだお金的なものがない時に、存在しないお金というものをそこで生み出して徴税をするところまでジャンプできるのかということです。そこでの跳躍には、やはり別の理由もあるのではないか。マルクス的な起源もあるかもしれないし、アダム・スミス的な物々交換の不便さを乗り越えることもあるかもしれません。単純に税金だけでそこが全部説明できるのかということが、ちょっとよくわからないのです。

丸山　國分さんが整理してくださって、あらためて懐かしく思ったのですけれども、わたしの斜め読みの感覚だと、ドゥルーズ＝ガタリの一番のポイントは脱コード化にあると思います。時代背景で言うと、68年の5月革命で挫折したあとに、ドゥルーズとガタリが出会ってからこの本は書かれています。ある意味、最初から国家権力をどのようにすり抜けていくのかということが、彼らの課題だったわけです。脱コード化の方向にこれから世の中はどんどん行くのだというわけですね。ある種の夢です。ですから、どちらかというと起源のほうにまでは関心は行っていなかったのではないでしょうか。

國分　ある意味そういう読み方をしていた人たちが90年代に国家はなくなると言い始めたわけです。つまり、これからは脱コード化だ、これからはグローバリゼーションだ、今までは国家に縛られてきたけれども、これからは資本が国境を越えて動いて自由だという雰囲気になりました。この考え方の重大な間違いは、国家から逃れることが自由だと思いこんでしまったことです。今でもその間違いが続いています。国家がさまざまな形で規制をしなければ、自由になるどころかどんどん貧困になってしまうことが明らかになってきています。いろいろな規制があったうえに、わたしたちは生きてきたのに、そこが非常に誤解されていたのです。わたしも学生の頃に一部片足を突っ込んでいたので反省しているのです。

丸山　グローバル化がもたらす逆説についてはおっしゃるとおりだと思います。しかし、まさに今作っている番組の中で仮想通貨を推進しようとしている人々の中には、テクノロジーによって国境を越えるマーケットの夢を語るような方々もいらっしゃいます。

國分　古い夢ですよね。懐かしい、20世紀の夢です。

丸山　ある意味そうなのかもしれません。しかし、再び若い世代の中に、デジタルテクノロジーという新たな手段で「古い夢」を追う人々が出現している姿を目の当たりにすると、夢だとばかりには片付けられない21世紀の現実に直面し、国家の定義や国民との関係性をどう更新していくべきか、複雑な感慨を抱きます。〝歴史は繰り返す〟と。

國分　仮想通貨のことはよくわからないのですが、ただ、国家と資本がこういう形で手を組んで動いているとすると、先ほどは、かつては国民は国民国家という形でおこぼれに与っていたと言いましたが、そういう形ではもはや生き延びていくことはできないので、きちんとその関係を見据えたうえで、ここは法的に規制してくださいとか、日曜日にはきちんと店を閉めてくださいというように、要求しないと駄目だということになると思います。

［2018年12月13日収録］

第7章　共生社会と資本主義

堂目卓生

1. はじめに

まず、本章全体を貫く問題意識について述べておきましょう。2030年に、日本では高齢者が人口の3分の1を超え、少子化・人口減少、それから所得格差の拡大が今後も進むであろうと言われています。地球全体では人口が現在70億で、2050年には90億になり、2100年には110億になるのではないかと言われています。その多くがアジアやアフリカを中心に増えていき、貧困や格差、環境破壊、紛争などが深刻化していく可能性があります。これを受けて国連総会において、SDGsという17の目標が設定されました。

日本社会やグローバル社会が直面するこうした課題を何とか乗り越えて、持続可能な共生を実現するために、わたしたちはどのような社会を目指したらよいのか。そして、わたしたちは何をなすべきなのか。こういう問題意識をもって資本主義について考えていきたいと思います。

2. アダム・スミス、ジョン・スチュアート・ミル、アマルティア・セン

この30年間、経済学の歴史を研究してきた者として、ごく簡単にわたしが関心を寄せている3人の経済学者の紹介をしたいと思います。わたしの専門は18世紀以降のイギリスの経済学です。

産業革命をきっかけに、近代化、商業化が進む中で、知識人たち、後に経済学者と呼ばれるようになる人たちは、そのような現象をどのように受け止めていたのか。何かすばらしいことがこれから起こると考えていたのか、あるいはとんでもないことが起こるだろうと感じていたのか、そういうことを研究してきました。その中でアダム・スミス、ジョン・スチュアート・ミル、そしてアマルティア・センの三人について紹介したいと思います。

スミスが構想した社会

図1をご覧ください。18世紀の経済学者のアダム・スミスが思い描いていた社会は、おそらくこういうものだったのではないでしょうか。要するに、共感に基づいたフェアな競争を通じて、物質的豊かさを追求する社会です。これはグローバルな社会ではなく、ベルクソンが言うところの、閉じた社会です。ある種ヒエラルキー的になっていて、大きな富を目指して競争していきます。ただ、その競争はフェアでないといけない。フェアプレーという言葉を実際にスミスは使っています。その元になるのが、ヒューマン・ネイチャー（人間本性）にある共感ではないのか。共感は、他人の感情を自分の心の中に移し取り、それと同じ感情を引き起こそうとする心の働きを意味します。

スミスは、共感に道徳の根源があると考え、無制限な利己心がもたらす混乱を防ぐ可能性を、その働きに見出そうとしたわけです。スミスが構想した社会は、共感によって制御されるフェアな競争を通じて、そうでなかった場合、たとえば規制がある場合と比べて、より大きな恩恵を社会全体

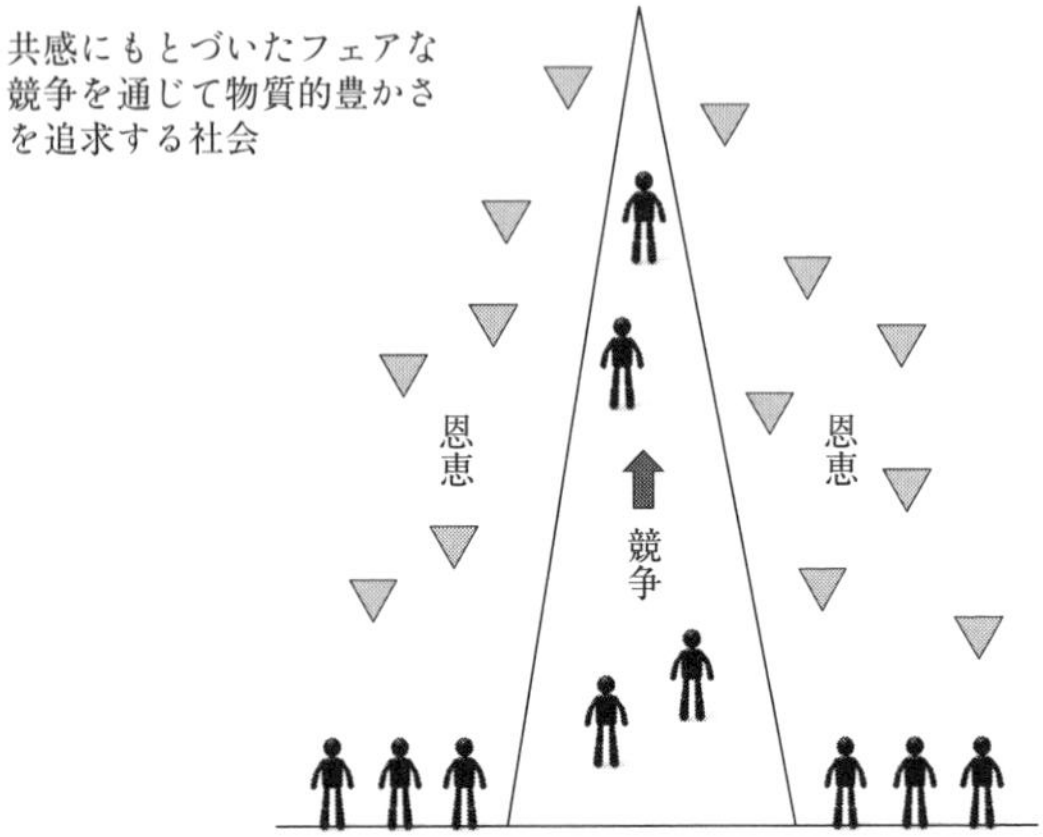

図１　スミスが構想した社会

が受けます。具体的には雇用です。競争に参加できなかった人は、図の三角形のピラミッドの外側に立っている人たち、最下層の労働者たちです。フェアな競争によって、労働者たちにより多くの雇用がもたらされ、それによって最低限の所得が得られるようになるだろう、というわけです。

　スミスは、最低限の所得さえ得られれば、それ以上の所得の増大はあまり幸福には関係しないと考えていました。最低限の所得が人口の大半を占める労働者に行き渡ることは暗に最大多数の最大幸福を意味しています。ここに見えざる手の秘訣というか、自然が手を差し伸べているところがあります。これはスミスが１８世紀の後半以降にこうなっていけばいい、最低限こうなってほしいと思い描いた社会だと思います。

ミルが構想した社会

次に１９世紀の中頃、１８３０年代から７０年代に活動した、ジョン・スチュアート・ミルに注目してみましょう。19世紀の半ば、イギリスが世界の工場になっていき、産業革命の効果が本当に現れてくるような社会の中で、ミルはどのような社会を構想したのでしょうか。

あるべき競争社会に関しては、スミスの考えを基本的には引き継いでいたと思います。ミルの『経済学原理』は、イギリスの新しい哲学の上に成り立ったもので、1848年に書かれています。ただ、スミスと違って、機会均等化を強調したと思います。それは、すべての人が競争に参加できる社会の構想です。ミルの場合は功利主義ですけれども、単なる最大多数の最大幸福ではなく、一人ひとりが質の高い幸福を実現し、それを折り込んだ上での最大多数の最大幸福を、政策として編み出さなければならないと言ったわけです。

とはいえ、「質の高い」とはどういうことでしょうか。当時、今のようにアンケートをとって「あなたは何をしている時が一番快適ですか、一番幸福ですか」と、労働者階級の人々に聞いたら、「ジンを飲んでいる時だ」と答えたかもしれません。強い酒を飲んでいる時が一番幸福であると。実際に飲酒が18世紀の社会問題になっていました。そうすると、最大多数の最大幸福はジンを増産すればいいということになります。しかし、それはやはりおかしい。なぜ労働者が強い酒を求めるかというと、そういう快楽しか知らないからです。教育を受けるとか、芸術をたしなむとか、社会奉仕をするとか、より多くの人と交流するとか、そういう機会をもたないで、ただ働いているか、得た賃金でお酒を飲むといった生活しか知らない。それは質の高い快楽の選択とは言えません。多くのあらゆる快楽を経験したうえで、決然と選ぶような質の高い快楽ではないのです。

ミルが『自由論』の中で示した考え方は次のようなものです。社会は、快楽の選択に介入して、あなたは労働者だから学校に行かなくてもいいとか、女性だから政治に参加しなくてもいいとしてはならない。そのような介入をしてはいけないどころか、人々の機会を広げなければならず、さらには、広げるだけでも本当は駄目で、広げることを後押しするような、積極的な自由が必要である。消極的な自由が基本ですけれども、学校がただ開いていて、来たい人は来なさいという機会を与えるだけではなくて、学校に行くようにもっと後押ししていかなくてはいけない、というわけです。

また、労働者が自分たちで資本や土地を所有して経営してみることも必要だといいます。いったいどういう時には成功して、どうなると失敗するのかを経験してみることです。ただし、それをやれと言ってもなかなかできませんから、国がある程度土地を国有化して、農地として労働者に経営させようというわけです。生産協同組合のようなアソシエーションの形成を積極的に作っていくのです。

さらに、相続税をかけることで、貧しいところの子どものスタートラインを少しでも前に出し、有利なところのそれは少し後ろに引っ込めようとします。こうした若干の再分配の調整を相続税を通じてやろうと考えたのです。

図2を見てみましょう。先ほどのスミスの図1と比べると、外に出されていた人を中に取り込んで、その中でスタートラインをなるべく揃えようとしています。字を読んだり書いたりできるようになって、その上で競争していく。当然女性もこの中に入っています。ミルは女性の解放を目指し

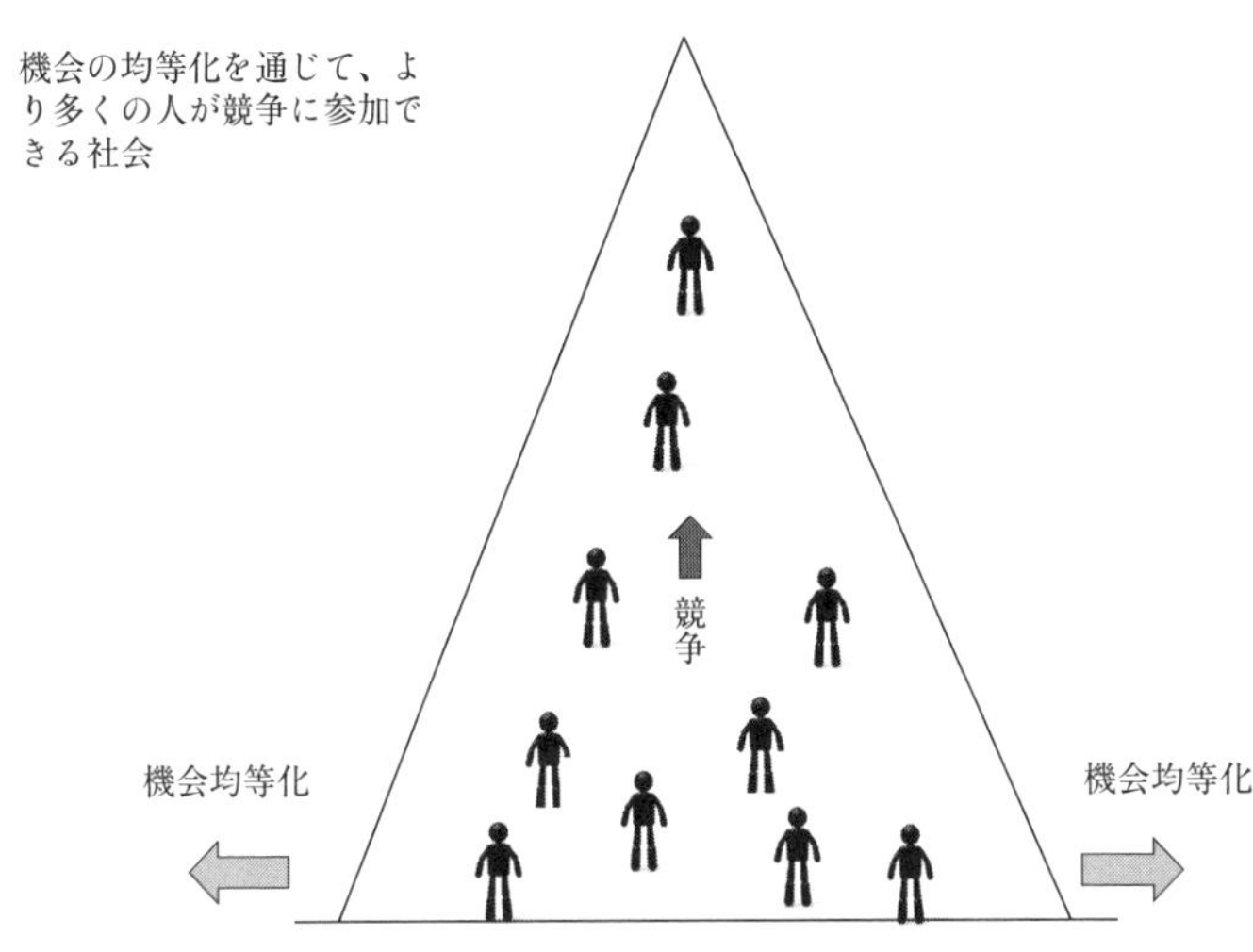

図2　ミルが構想した社会

ていました。すべての人々を取り込んで、その中で競争していくイメージです。ですから、競争は手放していません。社会主義的実験はするべきだと言いましたが、今すぐ社会主義になるべきだ、すべてを公有化するべきだとは言っていないのです。その意味では、資本主義を維持したままで、より多くの人が競争に参加することができ、機会が均等化し、分配と成長が両立するという考え方です。

センが構想する社会

アマルティア・センは、スミスやミルの思想を受け継いでいます。センは機会の均等化だけではなくて、より不利な状況にある人により多くの資源を社会として回していくべきだと考えました（図3）。ケーパビリティ・アプローチと言われているものです。センにとって、人生の

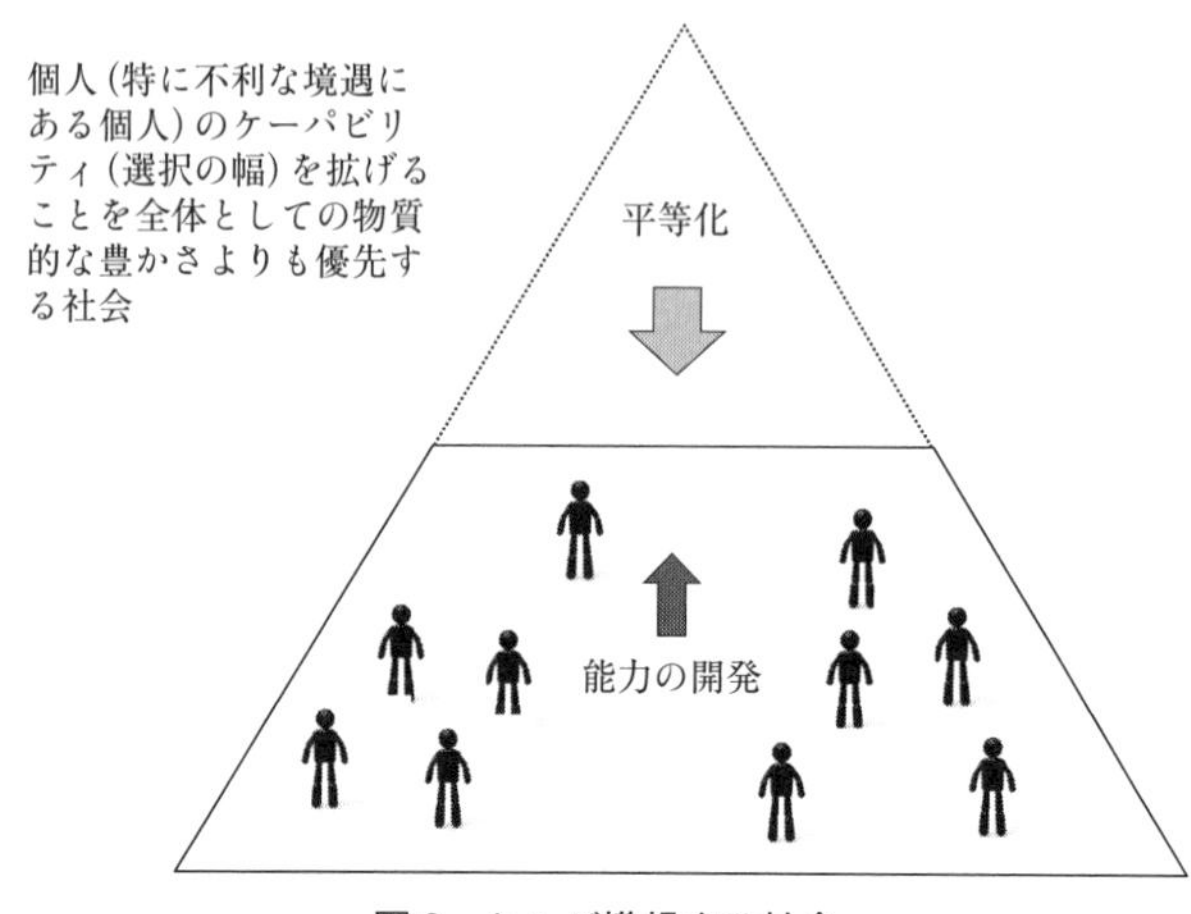

図3　センが構想する社会

目的は、潜在的にもっている能力を開花させ、広げていくことです。最近、ケーパビリティを「選択の幅」と訳す人もいますが、選択の幅が広がっていくことです。結果的に選択しなくてもいいのですけれども、やろうと思えばできるという選択の幅を、人生をかけて最大限に広げていく。それが、生きていくことの意味であり、自由ということの意味である。社会はできるだけ多くの人が、多くの選択肢を持つよう、支援していく。それは、最大選択幅というような考え方だと言えるでしょう。

社会的、自然的、肉体的、精神的な要因によって、非常に狭いところで選択を迫られている人たちに、単なる機会均等ではなく、選択を実際に広げられるよう、社会として手を差し伸べていくべきある。これがセンの考え方で、ヒューマン・ディベロップメント（人間開発）という言葉で表現されています。その国がどの程度、人間開発に努力しているかを示す指標を、ヒューマン・ディベロップメント・インデックスと言っています。それは、寿命と教育年限と1人当たりGNI（国民純所得）を加重平均したようなもので、1990年からランキングをずっと出しています。2018年、日本は19位ぐらいだったと思います。このように、国連の開発計画にも採用されるような考え方をセンは示しました。

1人当たりのGNIや経済的な豊かさは、いくつかの達成すべき目標や手段のひとつにすぎません。それ以外に、政治的自由や機会均等、危機管理や情報の公開も重要なのです。物質的な豊かさを多少犠牲にしても、そのような権利や権限を恵まれない人のところにより多く配分することを、センは重視しています。それは、ミルと比べると、結果の平等化に踏み込んでいるということです。

図3の点線は、達成できたはずの物質的な豊かさを犠牲にしたとしても、不利な状況に置かれた人びとの選択の幅が広がるところに資源を向けていくべきだという、センの考えを示したものです。

3. 発想の転換の契機——「ラルシュかなの家」

スミス、ミル、センという流れを追っていくと、経済思想の歴史が描けるように思います。経済学は人間性とかけ離れているのではなく、これまで見てきたような方向へ進む流れもあるのです。

この3人の考え方はいずれも、社会から疎外されている人々、いわゆる社会的弱者に目を向けています。社会的に優れている人や、強い人が、そういう人たちを助けるべきだと考えているのです。

そこにはヒューマニティにあふれる眼差しがあります。人間は与えられた能力を、「自らのエージェント」として活かすのだ、とセンは言います。センのエージェントとは積極的存在という意味で、受動的なペイシェントの反対語です。単に待つ人ではなくて、積極的に動いて勝ち取っていく人という意味です。センには、自らの力を伸ばして開発しなければならないという信念があります。

そうすると、個人にとって能力の開発が目指すべきグッドネスであり、そうしないのは人生を無駄に過ごしていることになります。しかし、本当にそうなのでしょうか。人間は能力を伸ばさなければ生きている意味がないのでしょうか。どれほど支援を受けても、生涯かけても、それほど能力を伸ばせない人は、生きていても仕方がないことになるのでしょうか。次第に高齢化していって、できていたことができなくなりますが、それは生きている意味がだんだんと少なくなってくるということなのでしょうか。パスカルは『パンセ』で、人間は考える葦である、人間の尊厳のすべては考えることにある、と言い切っています。しかし、考えられなくなったら尊厳がなくなるのでしょうか。この問いを発したくなるわけです。そして、このような問いかけをして新たな実践を試みているのが、「ラルシュかなの家」です。

わたしは、2016年にある賞の審査員を務めたときに、対象となる候補者について調べる必要がありました。その過程で出会ったのが社会福祉法人「ラルシュかなの家」でした（以下、「かなの家」）。

「かなの家」は、静岡にある知的障がいを持つ人たちのコミュニティです。「かなの家」を支える考え方は、知的障がいをもたない人が、もつ人を一方的に助けるというのではありません。障がいをもたない人がもつ人と共に生活し、彼ら彼女らの心の傷や友情の求めに向き合い、心を開くことによって自分自身の心の壁を取り払うべきである、というものです。人間は誰もが、過去に受けた心の傷や恐れを封じ込めるために、心に壁を作って自分を守るとともに、傷や恐れを思い起こさせる他人を嫌い、遠ざけ、排除しようとします。これが、障がいをもっている人に対する健常者の恐れです。自分の中にも何か傷があって、それを思い起こさせたり、ああなるのは嫌だというものが見えたりすると、そこに近づきたくない、そしてそれを遠ざけ、場合によっては排除しようとするのです。

ですから、本当に人類が差別や暴力のない平和な社会に向かって進むためには、世の中から排除された人々に目を向け、接し、共に生き、友情を結んでいかなくてはなりません。心の壁を取り払うべきなのは、排除された人々よりも、むしろ排除する側の人々なのです。知的障がい者をはじめとする、世の中から排除されている人たちこそ、人間を解放し、社会の未来に貢献する「命の輝き」をもっている。このあたりは、「かなの家」はカトリックにもとづいていますので、少し宗教的な表現になっているかもしれません。

「かなの家」は何をしているのでしょうか。障がいのある人たちを社会復帰させようとか、何か手に職を就けさせようといったことは、一切しないのです。知的障がいの重さもそれぞれで、一緒に生活していて、あとはクリスマスをやったり、節分をやったり、誕生会をやったり、お祝い事をずっとしているのです。

わたしもこの中に入って生活してみました。最初は心が緊張するところがあったのですが、次第に馴染んできました。男性は寮のようなところに泊まります。ある日に散歩の時間があり、スタッフの人が障がいをもっている人に「〇〇さん、堂目先生を散歩に連れて行ってあげて」と言われました。わたしが、誰か障がいをもっている人を散歩に連れて行くのではなく、わたしが散歩に連れて行かれる側なのです。その人は「面倒くさいから嫌だよ」とか言うのです。「そんなこと言わないで、お客さんなんだから連れて行ってあげてよ」「仕方がないな」という感じで、わたしが連れて行かれます。静岡市の郊外で田んぼのあるところですが、「ついてきな」というようにして、わたしが連れて行かれます。1時間ほど散歩をするなかで、彼がいろいろ身の上話をしてくれる。来てくれると嬉しいけれども、接待しないといけないから疲れるとか言うので、すみませんと応答する。どちらがどうなのかよくわからないような感じでした。だんだんと、自分が大学の先生だったというようなことが取れてくるようでした。

4．本当の共生社会のあり方とは

最初に紹介した3人の経済学者は、とても素晴らしい考え方をもっているとは思います。それでも、やはり強い人や優れた人が真ん中にいた上で、スミスであれば、外されている人をどうやって

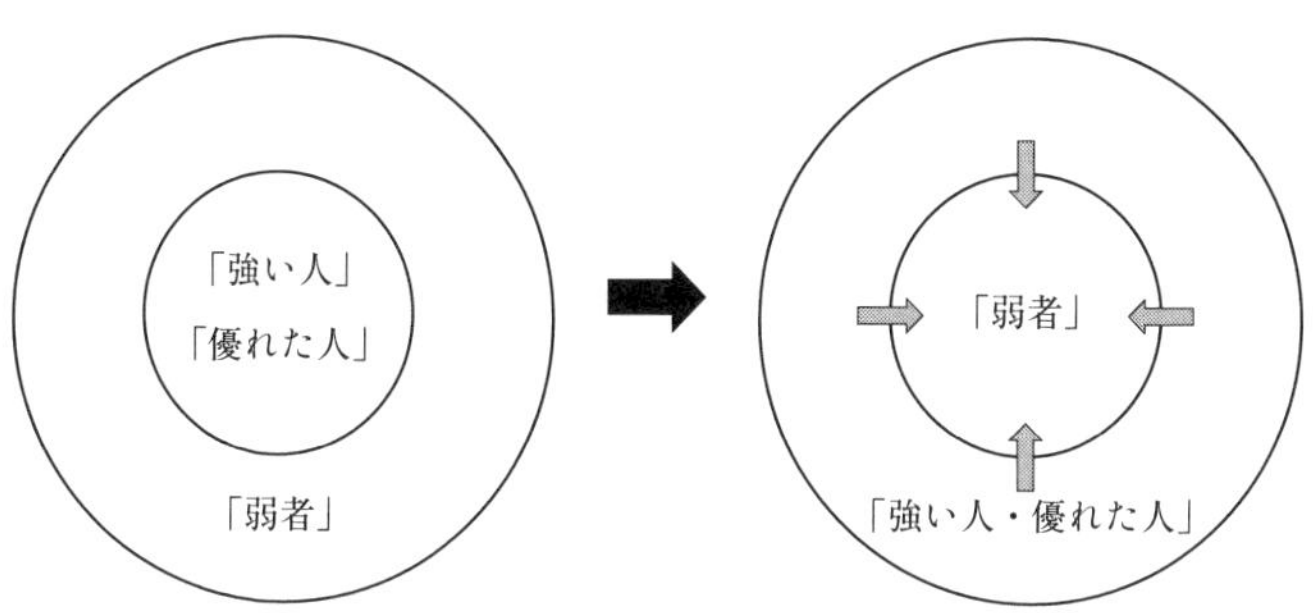

「強い人・優れた人」が中心になって、「社会的弱者」を救済する社会

「社会的弱者」が中心に置かれ、「強い人・優れた人」の心も解放される社会

図４　発想の転換

真ん中に取り込んでいくかという発想をしたわけです。真ん中は大丈夫な人たちであり、外にいる人たちはかわいそうな人たちであり、その上で、物質的な豊かさをどう分配し、機会を均等化していくかという議論をしてきたのです。

図４に示したように、「かなの家」はそうではなくて、誰もが弱者に始まり弱者に終わるわけですから、弱者を社会の真ん中に置いて、その周りを強いとか優れているとされている人たちが取り囲んで、向き合っていく。それが本当の共生社会であり、共生とはこういうことではないかということを示しているように思います。わたしは以前からそう思っていたのではなくて、「かなの家」との関わりによって、これはまったく違う発想だなと気づいたわけです。

真の共生は弱者が真ん中にいて、強い人・優れた人がその周りを取り囲みながら、いずれは自分もそこに行く。生産手段の私的所有と自由な企業活動を認める社会において、こうした共生をどうやって実現し、物質的にも持続可能なものにしていくのか。「競争がある以上、絶対に無理だ」といわれると、そうなのかもしれませんが、それでも少しこのことを考えてみませんかということが、今のわたしにとっての根本的な問いなのです。

わたしたちがなすべきことは、思想史を捉え返しながら、目指すべき社会を構想し、日本社会およびグローバル社会において、何が課題か、その課題の解決のためには何が必要か、あるいは何ができるかを考えることです。そして、その目で、具体的な課題、たとえば高齢社会の問題や障がい者の問題、働き方について考えるのです。「こうなればいいな」という社会をまず描いてみて、その目で具体的な課題を見て、何ならできるのか、何をしなければならないかを考える。それをある場所で、ひとりではできないので仲間を作って、実験して、行動する。こうしたことを続けていったらどうかと思います。

［討議］

「命」への共感

中島

人間のあり方の方向転換

お話をうかがって、いろいろなことを考えさせられました。ちょうど1年半前に、立命館大学の副学長であった渡辺公三先生がお亡くなりになりました。わたしは個人的にも親しくしていたので、しばらく立ち直れませんでした。渡辺さんは多くの仕事をなさいましたが、その中に、ピエール・クラストルの『国家に抗する社会――政治人類学研究』(水声社、1989年)の翻訳があります。まさにタイトルどおりに、国家に抗する何らかのアソシエーションはないだろうかと、クラストルという人類学者が一生懸命考えるわけです。ところが、渡辺さんの真意はわからなかったのですが、「この翻訳をやってみたものの、国家に抗する社会は無理だと思う」とおっしゃったのです。それがずっと頭に残っていました。その後、最近になって、小野塚さんの「近代資本主義とアソシエーション――永遠の希望と永遠の絶望」(梅津一夫・小野塚知二編著『大塚久夫から資本主義と共同体を考える――コモンウィール・結社・ネーション』所収)を読むと、アソシエーションの夢がどういう形で悪夢になったのかを詳細に書かれていました。そのことと渡辺さんの議論とがわたしの中で重なって、国家に抵抗するアソシエーションを考えるのは、ますます難しいなと考えるようになったのです。

それでも、国家のほうもまた、おそらくそれほどに単純な一枚岩ではなく、いろいろな綻びやねじれがあるだろうとも思うのです。そうであれば、その綻びやねじれから、国家に抗する社会やアソシエーションをもう一度、異なる発想で考えられないのか。それは、もうひとつの別の国家にならないような仕方でです。堂目さんのお話を聞いていますと、人間のあり方自体を、相当に方向転換して考えないといけないと思いましたし、その上で新しいアソシエーションのあり方を示唆されているのだと思いました。

ここでアリストテレスのことを考えてみましょう。アリストテレスのエネルゲイア論にはいろいろな解釈がありますが、それをエンテレケイア、つまり完成態や完全現実態であって、人間の能力をフルに完成に向かって実現していくという理解が有力です。これが幸福であり、理想だという発想ですが、この解釈はなかなかしんどいなという気がします。堂目さんが触れた障がいにうまく届くのかどうか。

とはいえ、エネルゲイアはもともと en + ergon ですから、何か活動しているということです。それは、話していたり、何かものを見ていたりすればよいわけです。エンテレケイアではないエネルゲイアがあってもかまわないのではないか。完成に向かわずともよいのではないか。さらに言えば、舞うことのように、それ自体が目的である行為もあるわけです。生きるというのは、外の目的に向かうのではなく、それ自体が目的であると理解できるはずです。このようにアリストテレスを読み直すことができるとすれば、人間のあり方に対するアプローチも変わるように思います。

最近よく議論されているのは、人間は最初から人間である存在ではなくて、人間になっていくことだ、というものです。特に中国研究の文脈で強調されていて、Human Being 人間存在ではなくて、Human Becoming 人間的になっていく、さらに言えば Human Co-be-coming 一緒に人間的になっていく、と論じられています。その発想の源になっているのが、古代中国の仁にまつわる議論です。

仁は、古代国家が有していた垂直的なヒエラルキーへの批判です。それは、水平的な人間関係であり、その上にあるアソシエーションが築かれます。孔子が若者とアソシエーションを作り、諸国を経巡っていたことを思い出しておきましょう。国家に抗する社会ですね。

そうすると、わたしたちはとても新しいことに直面しているようですが、実は、かなり古くからの宿題をそのまま抱えていて、それをあらためて問われているのかもしれません。渡辺さんのことを思い出しながら、アソシエーションの考えをどう使い直し、洗練し直すのか。あらためて考えさせられました。

堀内　とてもシンパシーを感じてお話をうかがっていました。ラルシュかなの家は、ダイアログ・イン・ザ・ダークという活動に通じるものがあると思います。ダイアログ・イン・ザ・ダークとは、暗闇の対話ですね。真っ暗な中に目の見える人が6~8人入ります。すると、目張りをして真っ暗で、光がありませんから目が慣れません。いくらいても見えるようにならないのです。そこに視覚障がい者の人がアテンドとして入ってきてくれる。視覚障がい者に導かれて、中でワークショップのようなことを1時間程度するのです。視覚障がい者の方は、別に光があろうがなかろうが関係なく、普段通り振る舞うのですが、われわれは声で導かれ、手を引いてもらわないと一歩も前に進めないのです。それは立場の完全な逆転ですので、そこに入ると衝撃を受けるわけです。考えてみると、自分は生まれてこの方、寝ている時以外、意識が覚醒している時に、1時間も目が見えなかった記憶はないわけです。ですので、最初はまったく何もできませんでした。しかし、10分ほどで聴覚や嗅覚が急速に覚醒してきて、そういうものを頼りに動くようになっていきました。

先ほど心の壁を取り払うとおっしゃいましたが、まさにそうで、目の見えない人がかわいそうだから、目の見える人たちが助けてあげないといけないと思い込んでいる自分が、非常に片側からしかものを見ていなかったと、あっという間に気がつくのです。

他にも、ダイアログ・イン・サイレンスという、耳が聞こえない人たちとの対話がありますます。それは、ヘッドフォンを付けてずっと音楽が流れていて、外の音がまったく聞こえないような状態にして、コミュニケーションを取るという試みです。さらに、ダイアログ・ウィズ・タイムといって、超高齢者と向き合って対話するものもあります。その三つが並行して走っていて、それらが全部合わさったものがダイアログ・ミュージアムといって、今イスラエルにあります。

國分　中島さんのアリストテレスの話はとても面白いと思います。なぜかというと、倫理学の原理と目的には、ある種幸福論が入っていると思います。ところが、興味深い説明を聞いたところでは、アリストテレスの幸福論というのは完了形であり、かつ進行形であるというのです。何かをやっていながら、かつ完了形でもあるという、そのふたつが満たされている時に幸福が訪れるのです。何かエンテレケイアとか目的論で見るとたしかに駄目なのですが、一緒にただ住んでいるとか、ご飯を作って食べたとか、完了したけれどもまだ続いているというような観点から見ると、こうした活動は幸福なわけです。それは、もしかするとアリストテレスでヒントを得ているのではないかと思いました。それがひとつです。

もうひとつは、堂目さんに対する異論で、わたしは示してくださった図がちょっと気になっているのです。ひとつは誰を置くにせよ、中心がないといけないのかということです。もうひとつは、弱者というのは何かということです。

わたしは今、医者の熊谷晋一郎さんという人と一緒に、自閉症の人の研究をいろいろとやっています。障がい者研究を勉強していると、障がい者の中には、インペアメントとディスアビリティという概念があることがわかります。インペアメントはそもそも体の特性のことを指します。たとえばわたしがサッカーに向いていないのはインペアメントかもしれません。熊谷さんは麻痺があって歩けないのですが、それは彼のインペアメントです。それに対して、ディスアビリティは社会と個人との間に生じる齟齬のことです。いわゆる障がいというのはディスアビリティにすぎないにもかかわらず、インペアメント化されているところがあるわけです。

なぜ自閉症に関心があるかと言うと、今どんどん自閉症の診断数が増えていて、昔ならちょっと変わり者程度ですんでいた人が、どんどん障がい者化されているのです。ものすごいフレキシビリティを要求する新自由主義経済が、フレキシビリティをもてない人を、あれはちょっと薬を飲まないと駄目だというようにしている感じがあります。また、ディスアビリティにしても猛烈なスピードで変化していて、弱者を一義的には定義できないだろうと思うのです。そうであれば、おそらく、中心を置かない図のほうがいいのではないかと思うのです。

この「かなの家」は非常に興味深い試みだと思います。思いついたのは、北海道浦河町にある「べてるの家」です。そこでは精神疾患をもっている人が、同じように住んでいます。最初は町でいろいろ問題を起こしていたのですが、今は町の中に溶け込んでいて、仲良くやっている。町を歩いていて、妄想でワーッと話している人が普通に歩いているのです。イタリアで精神病院をなくしましたが、それを日本でやった、素晴らしい試みです。毎年、幻聴大会といって、「わたしはこんな幻聴を聞きました」と発表する会があったりします。

フェリックス・ガタリという人は精神分析医で、ラ・ボルドという病院にいました。その病院は今もあって、僕も行ったことがあります。そこでは女の子がよだれを垂らしながら歩いていたりするのですが、文化祭のようなものがあって、演劇をやっていると全然違ってきて、誰が障がい者なのかわからないのです。誰が強者で、誰が弱者で、誰が病気で、誰が健常者でということがわからないような空間が作られているのです。これには本当に感動しました。さっき見た、タバコを吸いながらよだれを垂らしていた女の子が、すごい演劇をしているぞという感じです。

　そうすると、障がい者のディスアビリティもどんどん変わるし、誰が普通に見えるかも設定によって変わるわけです。そのような図を描けないだろうか、と思いました。

堂目　おっしゃるとおりで、ですから図4にはカギ括弧を付けているのです。本当は、誰が強者とか弱者とかありません。「強い人・優れた人」だとカギ括弧で見られている人は、自分からもカギ括弧をつけてみようとしているかもしれませんが、実はとても弱いところがあって、そうではない人と接すると、逃げたり心を閉ざしたりすることがあります。とはいえ、では体が本当に不自由な人を「強い人・優れた人」と言えるのかというと、ひっくり返しただけでは、なかなか厳しいものがあります。将来的には「強い人・優れた人」がまったくなくなるということが最終的な到達点ですが、今の段階では、図4の左側でずっと考えていたものがあるので、それをまずはひっくり返す形であえて描いています。

小野塚　今の國分さんと堂目先生の話をさらに拡張してみたいのです。つまりアリストテレスの倫理学で、その前にラルシュ（箱舟）をやらないといけないのです。箱舟の乗客は誰なのかという話です。

アリストテレスの場合、明らかに人間を対象にしています。ただし、奴隷は対象にすらなっておらず、自由人だけですが。けれども今、サステイナビリティで問題になっているのは、自然です。かつて自然は人間よりもはるかに強く、凶暴で野蛮で、人間を虐げるイメージがありましたし、あるいは母なる自然であったわけです。それは、経済学の完全競争市場と同じようなもので、人間が何をやっても絶対に壊れないと考えられていたわけです。しかし、市場であれ自然であれ、人間が何かすると簡単に壊れてしまうかもしれないということがわかってきました。種はどんどん減っていって、今残っている動物が生き残ることができれば、というぐらいに弱い自然になっています。ラルシュ（箱舟）という時に、その乗客は誰なのだろうか。自然まで含んでいるのでしょうか。

堀内　それは面白いですね。

小野塚　少し前に、東大の広報誌の『淡青』に「野良猫のいる社会と野良猫のいない社会」という短い文章を書きました（『淡青』37号、2018年12月）。世界は野良猫のいる社会といない社会とに二分できる。いない社会とは、簡単に言うと、イギリスやドイツのような動物愛護先進国です。ここでは飼い主のいない猫はかわいそうで不幸な存在であって、すべての猫を飼い主のいる猫にしないといけないとして、野良猫を撲滅してきました。捕まえては去勢手術を施して、誰か飼い主に送る。こうして野良猫がいなくなってしまうのです。けれども、それは本当に野良猫にとって幸せなのか、生態系にとって生物の多様性ということになるのか。ここでも、ラルシュ（箱舟）の乗客は誰なのかという問題が突きつけられていると思うのです。

われわれはアリストテレスの時代の基準でものを考えているわけではありませんから、アリストテレスを突き抜けたところで、乗客は誰であって、動物を含めるのか、植物を含めるのか、自然を含めるのかを考えなければなりません。これは経済学では市場の問題であるのです。

堂目　今のところ人間までですね。自然まではいっていません。

システムの多様化、多元化

安田　堂目さんが図4（203頁）に書いたような右側の状況に、日本がなかなか行けないとすると、その理由は明確です。企業であれ、役所、公的な機関であれ、意志決定権をもっている人に自分が弱者になった体験があまりにも少なすぎるわけです。先ほど堀内さんがご自身で経験されたという、通常とは違う環境に身を置いて、自分自身が弱者になってみるとか、自分自身の価値観を考えるというようなことがないと、発想を変えることは難しいわけです。百聞は一見にしかずだと思いますが、そうなっていない。

そういう日本において手っ取り早く発想の転換を行うのであれば、弱者の人に意志決定をしてもらうことです。日本にはたくさん弱者の人がいます。まず女性がそうです。そういうことを言うとフェミニズムになってきますが。

わたし自身、アメリカに留学して一番新鮮な経験だったのは、英語が話せないとお前はバカじゃないかという目で見られたり、アジア人を差別したりする人に出会ったりしたことです。日本にいると経験しなかったような状況で、自分の能力は変わっていないはずなのに自分は弱者になっているわけです。こうした状況に直面すると、それまで自分が日本において弱者になったことがないことが、いかに特殊だったかということに気づきます。こうして冷静になると、日本においても社会のせいでディスアビリティを抱えてしまっている人がいることがわかります。女性についても、半分は女性ですから、その意味では相当割を食っている。「そうなんだ」ということをやっとそこで気づいて、自分自身、反省したのです。

当事者になることがとても重要です。当事者になっている方に何らかの形で決定に入ってもらうのが、タイムスパンで見ると、一番早い解決策だと思います。ですから企業などで、女性の社会進出がどんどん進むのは、一番の近道だと思うのです。

その話と、テーマが資本主義なので、最近わたしが考えている資本主義をどのように変えていけば、この種の問題を解決できるのかを少しなぞらえて、お話させてもらいます。

まず示してみたいのは、世界の自殺率が2000年からどう推移したかという数字です。

世界全体で平均を取ると29%下がっています。いろいろな経済問題はあるけれども、暮らしぶりは平均的に豊かになっていて、自殺する人も減っています。ところが、アメリカを見ると18%増えているらしいのです。データとしてわたしが聞いたことがあるのは、アメリカの高卒、大学を出ていない白人に関してですが、その人たちは平均寿命も短くなってきている。

なぜかと言うと、社会的に自分が必要とされていないし、虐げられていて暮らしぶりも豊かにならないと思うようになっているからです。そういう中で不健康な生活になり、薬物依存になったりする人も出てきます。それは、無視できない数がいるわけです。アメリカのような、平均で見ると世界一豊かであるはずの国で、そうした状況が生まれてしまっている。それは、健常者、障がい者という軸とは違うかもしれませんが、資本主義の世界の中でも弱者がコンスタントに生み出されているということです。

ただ、國分さんの話ともつながるのですが、弱者が出てくる一方で、その弱者を生み出している貨幣を中心とした経済の仕組みは、パイを大きくすることに貢献もしてきたわけです。ここにある二律背反的なものをどう乗り越えるかですね。

わたしが向かっていくべき方向性として、今強く推そうとしているのは、多様化、多次元化です。どういうことかというと、需要と供給をイメージした時に、縦軸が価値尺度で、お金で計るわけです。それを、円・ドルのような通常の貨幣で計ってもいいのですが、別にまったく違ったもので計ってもいいかもしれないのです。たとえば、信用貨幣のようなものもあるでしょうし、最近の暗号通貨とかもそうでしょう。そのように価値尺度をいろいろな形に広げていくと、今の主流の経済圏では自分は稼げないとか、仕事を見つけられないとして、弱者や敗者になり、生きていく意義を見出しにくいにしても、他の経済圏では、自分は高く評価されていて、活躍できることがあるわけです。

一つしかないシステムは非常に効率的ですが、そこからこぼれ落ちる人がたくさん出てきてしまう。ところが、別の経済システムがたくさん出てくると、すべてにおいて自分はこぼれ落ちるという人が、数としては減ってくるはずです。もちろん深刻な障がいを抱えている方は、どこのシステムでもこぼれ落ちてしまうかもしれませんが、それでも数が限定されれば、最終的に国家ないしコミュニティで救うことが容易になります。

今問題なのは、あまりにも一つの経済システムが効率的である反面、こぼれ落ちる人をたくさん生み出してしまい、そこの部分の問題が肥大化してしまっていることです。それを乗り越えるために、お金自体や市場経済自体を否定するのではなくて、似たような経済システムで、お金とは違った価値尺度で動くものを増やしていけばいいのではないかと思うのです。

たとえばブロックチェーンを使ったトークンなどは、先ほどの仮想通貨や暗号通貨のように、可能性があるかもしれません。企業の中でもこうした通貨めいたものをコミュニケーションツールとして使うようなところが出てきているようです。現金ほど使い勝手はよくないかもしれませんが、何かしらのやり取りを実現して、コミュニティ形成に資するような仕組みがどんどんでき始めています。それらが強くなってくると、伝統的なお金の強すぎたパワーが軽減して、こぼれ落ちる人を減らせるのではないかと思います。

堂目　安田さんにはそのモデルを是非作ってほしいなと思います。というのは、やはりモノを作らないと駄目だからです。環境がかなり壊れていく中で、なおかつ人口が増えていく中で、みんなが諦めて何十年も前の、戦前の生活に戻ると言うのならともかく、やはりある程度の生活をしたいとなれば、モノを作らないといけません。ところが、資本主義には必ず競争が入ってしまいます。そういう条件の中で、こういう世界を目指しましょうといっても、すぐに不可能に見えてしまうのです。社会主義というわけにはいかないとすれば、競争のメカニズム自体を捉え返さなければなりません。

安田　教育問題をよく例に出すのですが、教育の世界でも子どもたちを序列化するのはけしからんという意見が一時出てきて、たとえば徒競走の順位をなくしましょうということがありました。特定の競争だけに目を向けると、その弊害が目立ってしまうのですが、運動や音楽や、いわゆる勉強のテストや、コミュニケーションの仕方でも、何でもいいのですが、いろいろな次元で子どもたちを評価してあげることもできるわけです。そこを多次元化、多様化していくと、いくつかでは自分はイマイチかもしれないけれども、こちらの能力なら、この競争であれば、自分が得意なものを見出せるということが出てきます。

深刻な障がいを抱えている人は、そういうフィールドを作るのは難しいかもしれませんが、少なくとも先ほどの目の見えない方や耳の聞こえない方は、特定の文脈においてはむしろ彼らの能力が生きるものを作ることができるわけです。競争をなくすのではなくて、競争を増やしてあげるという発想も考慮してもよいのではないでしょうか。

命の根源へのシンパシー

丸山　堂目さんのご専門のアダム・スミスをもう少し掘り下げてみると、人間観ではアダム・スミスもある意味「かなの家」にかなり近かったという言い方もできると思うのですが、いかがでしょうか。

堂目　「かなの家」に出会って気づいたのは、やはりシンパシーということです。それは、単なる感情のシンパシーではなくて、命の根源のようなものに対するシンパシーですね。

丸山　現代的にはそういうことになると思います。本来的には、アダム・スミス自身の人間観は、怠惰であるとか浪費するとか、愚かで弱い人間の業など、今で言えばネガティブに見えるかもしれないものを包摂した深い慈愛ある洞察にもとづいていたのではないかと思います。

その意味ではたしかに、「共感に基づいたフェアな競争を通じて物質的豊かさを追求する社会」という文言になるかもしれませんが、現代人が読むと、それだと少し違うイメージをもってしまいます。できれば多くの方々に、アダム・スミスの原初にもっていた可能性のようなものを、豊かに、うまく伝えるような表現はないのでしょうか。

堂目　スミスは、ある部分の生活ができれば、人間はそれしかもたない人と、たくさんもっている人との間で何か違いがあるかというと、それはないといいます。では、競争は何のためにするかというと、最低限のものを得る人たちの数が増えるためです。競争をしてもウィナーズ・テイク・オールではないのです。競争をして何かを得たとしても、実は失ったもののほうが多くて、上を目指していく人たちはものすごいものを実は失っている。ある種の虚栄にかられてしまうと、巨万の富を得たとしても、ものすごく失っているのです。しかし、彼らがそうすることによって、最低限のものを得る人たちの数が増える。そこに自然のある種の恩寵というものが、見えないけれども見えざる手が、働いているというのです。弱いものに対して、自然は見捨てているのではなくて、むしろそちらに手を差し伸べるために、強いと思っている人たちに対してある種の幻想を抱かせる。これが自然の役割だといっています。そういう意味では、弱者に対するシンパシーをスミスはもっていたとわたしは思っています。

中島　みなさんの議論を拝聴していて、人間へのアプローチを考え直さなければならないことが、つくづくわかります。たとえば、國分さんが触れた「当事者」という概念があります。これを翻訳するのはとても難しいですね。英語にしなさいと言われても、わたしは考えあぐねてしまいます。しかし、そこに何かチャンスがあることは確かで、こういううまく訳せない「当事者」といった概念をもう少し洗練していく努力が必要です。それこそ「べてるの家」では、当事者研究といっていて、当事者が自分のことを研究するという新しい地平を開いたわけです。一方的に、医者の方から研究されて、都合のいい概念を押し付けられることを拒んだのです。当事者には、そのような距離を取ったアプローチではなく、共に関与していくようなアプローチを求める呼びかけがあります。

共に関与していくアプローチを取るとすると、人と共にあるあり方も変わっていくはずです。先ほどもイタリアの話がありましたが、松嶋健さんが『プシコ　ナウティカ——イタリア精神医療の人類学』（世界思想社、2014年）という本のなかで、イタリアが精神病院を廃止して地域に開かれた協同空間を作っていく試みを紹介されていました。精神病の方々と一緒に、協同組合化したアソシエーションを作って、お金をきちんと回すのです。その仕組みをイタリアはとてもうまく作っているようですが、日本ではほとんど知られていません。安田さんがおっしゃった、別の価値尺度を採用しながらも、経済的に回していく仕組みのひとつのヒントが、イタリアにあるなという気がしています。

最後にもうひとつ、堂目さんのお話の中に「命」という言葉が出てきました。わたしは命という概念は、なかなか陰影に富んでいると思っています。たとえば日本の近代では、西洋的な宗教化が進んでいく文脈で、命が流行したことがあります。それを踏まえた上で、今どのようなチャンスを見つけるかだと思います。

「命」も「当事者」以上に翻訳しづらいものです。アリストテレスに「プシュケー」という言葉があります。松嶋さんの「プシコ　ナウティカ」つまり「プシュケーの航海」という言葉のもとになっているものです。これも訳しにくいですね。心とか魂と訳していますが、ひょっとすると命と訳した方がよいかもしれません。

命やプシュケーが訳しにくいのには、対応する概念を他の言語に見出しにくいということに加えて、これらが関与的なアプローチを要求するからだろうと思っています。たとえば、プシュケーは、わたしが所有しているものではありません。私的所有や個的所有の対象ではないのです。魂や心や命もそうですが、プシュケーのあり方はそういう所有とはまったく異なっていて、それを共に生きるような場だと思います。共に生きなければ、開かれないような場ですね。

わたしはエンテレケイアに結びつかないエネルゲイアと申し上げましたが、プシュケーが輝くのは、共に生きるというエネルゲイアにおいてではないか、と思うのです。もしアリストテレスをそのように読み直すことができるのであれば、哲学的な文脈においても、面白い展開が今後できそうな感じがいたします。

［２０１８年１２月１３日収録］

第8章　欲望と社会をめぐるパラドックスへの一考察

丸山俊一

1. はじめに

「やめられない、止まらない。欲望が欲望を生む、欲望の資本主義。」

ここ数年私が企画し、制作し続けております「欲望の資本主義」（NHK）で、毎回冒頭でナレーションするフレーズです。この素朴な言葉に「ポスト産業資本主義」の時代のありようを象徴させてみたわけです。「数字の物語」が一人歩きし、マネーゲームが展開する状況のみならず、モノ消費からコト（事）、トキ（時）、イミ（意味）消費と言われますように、無形の体験、感情、などを商品化することで差別化、差異を生むことを今や駆動力としているような資本主義のある側面を切り取った表現です。もちろん、想像力／創造力を活力とするダイナミズムは肯定的にも捉えられると思いますが、同時に常に変化し新たなアイデアを求められることが強迫観念となり、その「降りられないレース」に閉塞感を感じている人々も少なからずいる社会状況を表現してみました。

実際、そこにはある種の錯綜が生まれているように思えます。人々が際限のない消費／生産へと駆り立てられ、結果、目的と手段が逆転する。それはある意味、ケインズが見出した「流動性選好」という貨幣が持つ「未来への無限の可能性」（岩井克人）にばかり人々が囚われるきっかけでもあり、また市場で高値がつくものがすなわち価値があるという、SNSの時代ゆえに増幅される「勝ち馬に乗る」感覚が広がることで、マルクスの「使用価値」と「交換価値」という分類の議論を借りれば、「交換価値」を高めること自体があたかも「使用価値」であるかのような倒錯を生んでいるという言い方もできるのかもしれません。その状況については、番組の中でも、「リンゴを高く売ることに夢中になっているうちに、リンゴの味を忘れてしまったのか」といういささかアイロニカルなナレーションで表現してみました。資本主義というシステムが本来的に抱えているパラドックスと言えばそれまでかもしれませんが、その根源的な逆説が、IT、AIなどの技術がけん引する「無形の商品化」「際限のない差異化」の時代に、大きな問題として浮上しているように思うのです。相対的価値が絶対的価値を上回ってしまう。相対的価値自体が絶対的価値になってしまうという不思議な現象です。ある意味、ケインズの「美人投票」の世界が、電子ネットワークで加速化されて現代的な意匠として実現したかのようです。それは、「止められない」ものなのか？　欲望と社会との関係はどうあるのか？　そのあたりを、今日はあえて経済学以外の枠組み、社会学、哲学、文化人類学などの知見もヒントに発想を膨らませ、問題提起してみたいと思います。

2. ジラールの「欲望の三角形」

フランスからアメリカに渡った文芸批評家、ルネ・ジラールが提示した「欲望の三角形」という概念があります（図1）。主体であるSは目的物であるOというものを欲するが、実はその時、それは他者Aの欲望の模倣である。つまりSがOを欲しいと思うのは、AがOを欲望しているからで

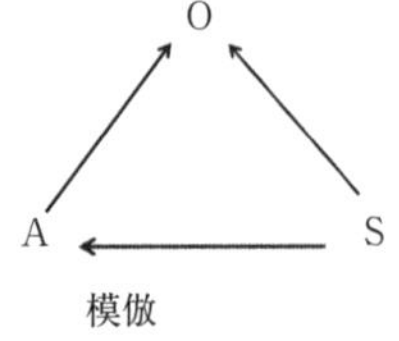

図1　ジラールの「欲望の三角形」(1)

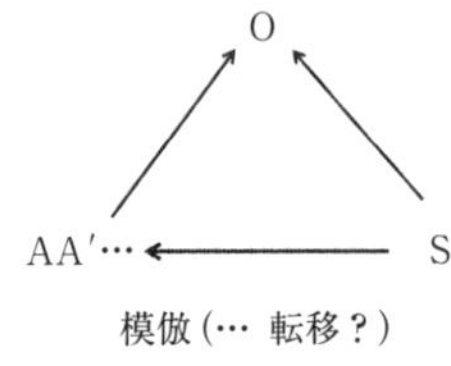

図2　ジラールの「欲望の三角形」(2)

あって、純粋なＳの欲望とは言えないのではないか、他者の欲望をコピーしてしまうのが人間ではないか、というジラールの説です。生存の為に本能から食物を欲する「欲求」とは異なり、「欲望」は他者との関係性を含んだ文化のコードの中にあるという問題提起と言えると思います。精神分析のラカンの有名な言葉で「欲望とは他者の欲望である」というテーゼがありますが、ある意味、その言葉と共振するような読み解きですね。ジラールがそもそもこの「欲望の三角形」を提示したのは、文学、神話など様々な物語構造の解読の結果であり、スケープゴートを生む社会構造、文化コードへの考究からの成果でもありました。時代も１９６０年代、もちろんＩＴなどが世に広がる以前だったわけですが、テクノロジーが人々の欲望を作り出し拡散していく現代社会にこそ、まさにあてはまる構図ではないでしょうか？

図2以降は、このモデルに着想を得て、現代の「欲望の力学」を考察してみたものです。われわれの時代はそれがどんどん肥大化して、ＡＡ′…と、それこそまさに「いいね」が象徴するように、ＳＮＳ等でどんどん拡散していくことによって、単なる模倣というか、転移というか、ある種の刷り込みのように「他者の欲望」が人々の中に蓄積されていって

いるのではないか。「刷り込み」という言葉で連想したのですが、17世紀イギリスの政治哲学者トマス・ホッブズも『リヴァイアサン』の中で、人間の主体的な判断というものがいかに一目見た時の「残像」によって生まれた感情に支配されるかということについての考察、持論を展開しています。人間の意識というものがいかに瞬間的な「残像」すなわちある種の「刷り込み」によって無意識に蓄積され、それがその後意識レベルに変形されて投影されるか。そうした心のメカニズムは、様々なジャンルの知性たちが、人間の根源の不思議として、歴史上格闘してきた問題とも言えるのかもしれません。そして、現代の社会は、常にスマートホンで様々な人々の欲望の形に触れているうちに、次第にそれが模倣というより転移というようなかたちで、ジラールがこの図式を見出した時代の比ではない感情、欲望が蓄積されていっているのではないでしょうか。ホッブズも我が意を得たりというところかもしれません。

一瞬の刷り込み。これがホッブズの時代はもちろん、ジラールが問題提起した60年代工業化の時代とも比べ物にならないほど加速化されているのが現代社会であることは言うまでもありません。それは「情報」と表現される以前の一瞬の「イメージ」の移植、刷り込みです。若者たちの「インスタ映え」と聞けばのどかな話のようですが、その表層の他愛なさとは裏腹にその本質は、欲望の喚起という視点から考えると恐ろしいものがあるように思います。なぜなら、あれも欲しい、これも欲しいと欲望が転移、

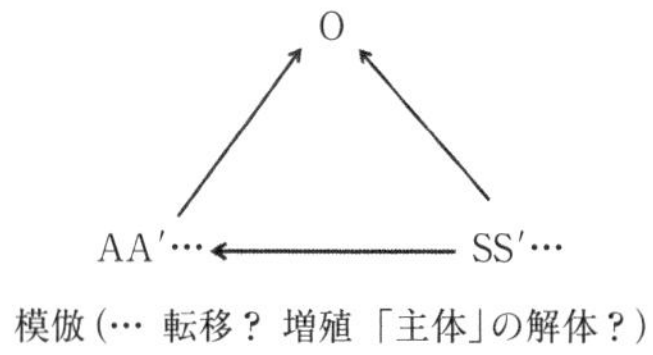

図3　ジラールの「欲望の三角形」(3)

増殖し、主体が分裂するかのような状況にあるのですから。そうした状況が、それこそ若者ばかりでなく、幅広い世代にどんどん広がっているように思えます。まさに模倣が増殖していくことによって、自分が主体的に何を本当に欲しているのかということ自体がわからなくなってしまう人が増えているのが、現代社会のある側面ではないかという言い方ができると思うのです。それを表現したのが図3です。

さらに厄介なのは、身近な他者の欲望の模倣である場合にはしばしば競合関係を招き、ある種のルサンチマン、怨恨感情を生むという皮肉な現象です。フロイトの系譜にあるメラニー・クラインという精神分析家による、「羨望」「嫉妬」「貪欲」などの一歩突っ込んだ感情の分析を、この欲望が模倣されていく現象に重ねた時に想像される状況です。彼女によれば、「羨望」こそが、「嫉妬」「貪欲」以上に恐れるべき感情なのですが、その理由は「羨望」こそ「根源的な破壊衝動」につながるものだというのです。彼女は「羨望」を「素晴らしいものほど破壊したくなる衝動」と定義しています。SNS社会の「欲望の模倣」が「羨望」を駆り立てること、それは、SによるAへの攻撃の可能性を示すものですし、そうした欲望の乱反射は、S自身、自らへの攻撃という形をとる可能性もありそうです。なぜなら自らの安寧の場、心の置き所を保証してくれる存在、もっとも一般的な比喩としては神、王、共同体の長などになりますが、こうした存在は現代では求められないからです。

図4をご覧ください。近代とは科学技術文明を前面に出すことによって、「神おろし」をした時代

図4

図5　近代＝産業社会の欲望の秩序

だという視点を導入してみましょう。まさに「神は死んだ」（ニーチェ）の言葉に象徴されるように、多くの知識人が思考をめぐらした「不在の場」と言い得るのかもしれません。神の不在をひとまず埋めるのが貨幣、とすれば、ここに近代資本主義の逆説があると言えるでしょう。

さてここでドゥルーズ＝ガタリの『アンチ・オイディプス』による、「コード化」から「脱コード化」へという社会構造についての見立てを、「欲望の三角形」に重ねてみましょう。ある意味中世までの時代は、ジラールの欲望の三角形のような形が、たとえば神という存在があることによって、自分自身の場所を確かめることができて安定していたのではないか。これが絶対者による「コード化」です。しかし、それが次第に近代の産業社会になるにつれ「神おろし」をしてしまうことによって、先行者に対して常に追いつけ、追い越せとなり、それを原動力として、われわれは工業化社会の時代をずっと生きてきたのではないでしょうか。こちらが図5ということになります。

どこかに安定した「聖なるもの」があり、それとの距離感によって自己同定し、自らの安寧の居場所を保てた「コード化」の時代から、資本主義的な論理が全面化し、まさに感情、共感すら商品という時代の潮流の中、「聖なるもの」も日々更新されていく「脱コード化」の社会へ。そこでは「みんな一緒」という「差異性の消失」が、絶えざる競争を生んでしまいかねません。そうした変化の中、常に何かを「生産」することによる「更新」が強迫観念となっているように見えます。つまり、資本主義のダイナミズムが社会の論理と同一化し、いよいよ、欲望自体の一人歩きが始まっているというわけです。

?
↑　↑　↑
A　A　A…
↑　↑　↑
S　S　S…

図6　ポスト近代＝ポスト産業社会

そしてその果てが、かなり乱暴な図式化かもしれませんが、図6のようなところまで行くと、今、述べたように欲望自体が転移して増殖して、自分の欲望自体もだんだんつかめなくなり、先行者自体のあり方もよくわからなくなる。そうしてますます混乱していくのが今の時代なのかもしれません。まさに「やめられない、止まらない」わけです。

3.「ホモ・エコノミクス」という概念の捉え直し

資本主義のあり方を捉え直す時、これまでの近代経済学が前提としてきた「ホモ・エコノミクス」という考え方自体をもう一度吟味してみる時なのでしょう。原点に立ち返り、どう「個人」「社会」というものを想定すべきか、丁寧に再考するべき時だと思います。もちろん、行動経済学のアプローチなど、「ロビンソン・クルーソー」をモデルとするような理論からの脱却が様々な形で試みられていることは十分承知していますが、もっと大きな枠組みで、あるいは経済行為というもの自体を再定義するような精神での考究の仕方も考えられてよいように思うのです。「近代経済学」の「近代」という枠組み自体が揺れているのですから、それもある意味当然ではないかと思います。まさに小野塚先生がおっしゃるところの「原子論モデル」と「協同性モデル」を越えていく必要性があるのだと考えます。

そうした発想がベースにあって、学問分野を横断させる形で、欲望、社会、資本主義の本質に迫ろうとする時、やはり哲学による視点の重要性が浮上します。私のひとつのきっかけは、マルクス・ガブリエルという哲学者との出会いでした。「欲望の民主主義」（NHK）で民主主義観を語ってもらったのが最初ですが、その後「世界は存在しない。一角獣は存在する。」というコピーのようなメッセージで注目を集めることになったドイツの哲学者です。ここで彼の「新実在論」に深入りするつもりはないのですが、私の見立てでは、彼は実存主義と構造主義の最良の部分を生かそうとしており、この社会のありようを「関係性の網の目」という比喩で表現することがよくあります。乱暴に図式化しますと、「世界」という定義によってその外延に実線を引いてしまうことは拒否しつつ「網の目」として社会の関係性を捉えようとする構造主義者であり、その場でそれぞれが生きる意味を見出すことに希望を賭ける実存主義者という言い方ができると思います。その意味で、彼のもつ個人と社会の関係性を見直そうとするセンスは興味深く思いました。

ちなみにガブリエルは、20世紀の東西冷戦の間も、「自然主義」「科学至上主義」という意味では、米ソ両国ともに同じ過ちを犯していたと言っています。その視点は、実は近代経済学の枠組み自体にも揺さぶりをかけるものとも言えるのかもしれません。「希少資源の最適配分」を科学するというテーゼを立ててしまえば、自ずからそこで導き出される現象の捉え方も限定されます。その射程を越えるような問題設定を考えなければいけない時代にあるのだという問題提起です。

こうして翻って考え、繰り返しますと、そもそも「ホモ・エコノミクス」という考え方そのものに罠がないか、そこから再考せねばならない、経済における人間の定義から考え直していかなければならない時代とも言えるでしょう。物事の認識の仕方をひとつひとつ点検し、捉え直す作業です。資本主義や民主主義が解体していってしまう前に、物事の認識の多様な可能性をもう一度原点に立ち戻って考えることができないか、と考えます。

4．「個人」と「社会」、その狭間にある欲望を見据えて

個々の欲望の総体が社会であるという見方と同時に、社会が個々の欲望を生む、時代の欲望の形を規定するという見方もできます。前者の見方の方が主流であったのが、「自然主義」全盛、科学的、物質的な成果に基礎を置く社会だったとするならば、これからの時代状況にあっては後者の見方にも光をあてなくてはならないのではないでしょうか？　すると、やはり人々の無意識レベルの問題へのアプローチを行い、さらに人間、欲望と社会の関係性をつぶさに考えていく必要性を感じます。

ここで触れたジラール、クライン、ドゥルーズ／ガタリらに加え、たとえば、フロイト、ラカンという巨人たちの視点、成果を吸収しつつ、さらに日本の思想の系譜などももちろん視野に入れ、大きな枠組みを構想することです。すると、そもそも「経済」行為、「経済」現象というものをどう捉えるか？　社会、国家、個人、世界……、様々なフレームの中でどう捉え直すのか？　本当に巨大な問いへとつながります。

今日のお話は、いささか荒唐無稽なビジョン、実証的な研究者の方々には眉を顰められる妄想のフィクションと一笑に付されるかもしれません。ただ、その「フィクション」という言葉からもイメージを広げ発想しますと、我々の経済システム、そして文化体系自体が壮大なフィクションだとも言えると思うのです。そして人間の欲望というものの実に面白いところはそのフィクションによって構築される部分があることで、現在の我々の社会環境、社会の構造もできているという逆説です。本能でただ生きのびる為だけで行動することで、この社会は作れず、同時に世代を越えて、この文化コードを伝承していくこともできなかったでしょう。時代が求めるフィクションがいつも要請されるのだと思います。

その意味で、最後にさらに大風呂敷を広げれば、ある時代に人々に社会の見方、ものの見方に大きな影響を与えた『リヴァイアサン』にも少し触れましたが、近代経済学は、言うまでもなくアダム・スミスの『国富論』に端を発しています。それが書かれたのは１７７６年、アメリカ独立の年でした。道徳学者、倫理学者であるスミスはこうした時代状況の中、グレートブリテンの人々に動揺することなく、日々の労働から果実を得ること、中庸の美徳を持つことを呼びかけるべく「見えざる手」「労働の分割」というレトリックを生み出したという側面にも注目したいと思います。つまり、多くの人々に受け入れられる時代の物語、フィクションを編み出したというわけです。その意味で、今こそ、21世紀の「リヴァイアサン」「国富論」を描くような精神が、求められているのかもしれません。

参考文献

岩井克人『貨幣論』(ちくま文庫、1998年)

ジョン・M・ケインズ著/塩野谷祐一訳『雇用・利子および貨幣の一般理論』(東洋経済新報社、1995年)

フリードリヒ・エンゲルス編/向坂逸郎訳『マルクス　資本論(一)』(岩波文庫、2017年)

ルネ・ジラール著/古田幸男訳『暴力と聖なるもの』(法政大学出版局、2012年)

ルネ・ジラール著/織田年和・富永茂樹訳『身代わりの山羊(新装版)』(法政大学出版局、2010年)

トマス・ホッブズ著/永井道雄・上田邦義訳『リヴァイアサン』(中公クラシックス、2014年)

メラニー・クライン著/小此木啓吾訳『羨望と感謝』(誠信書房、1996年)

ジル・ドゥルーズ、フェリックス・ガタリ著/宇野邦一訳『アンチ・オイディプス　資本主義と分裂症』(河出文庫、2006年)

マルクス・ガブリエル著/清水一浩訳『世界はなぜ存在しないのか』(講談社選書メチエ、2018年)

丸山俊一+番組制作班著『マルクス・ガブリエル　欲望の時代を哲学する』(NHK出版新書、2018年)

[討議]

人間の主体性をどう解き直すか

人間の再考

中島　たまたまマルクス・ガブリエルさんと話をする機会があって思ったのですが、彼の発想の根本には、ハイデガーを徹底的に乗り越えようとする態度があると思います。そのためには、ハイデガーが陥った神学化をなんとしても避けなければなりません。ハイデガーは「存在論的差異」という概念を通じて、存在者と存在することは違うと主張しながら、存在者を存在させながら自らは隠れるものとしての存在を考えます。それこそが現代版の神を支える思考だったのでしょう。エマニュエル・レヴィナスは、それを転倒して、存在に感染しない存在者を強調し、存在者の方向で他者の思考を深めますが、その先にやはり神が登場しました。

それに対して、ガブリエルさんは「世界はなぜ存在しないのか」と問い、全体を包括するような「世界」という概念を退けていきます。その代わりに、たとえば「一角獣は存在する」という形で、想像上の存在者は認めていくのです。こうした発想を支えているのは、ハイデガーが陥ったある種の神学をなんとか回避して、全体化に陥らない仕方で、わたしたちが関与しつつ生きているあり方をもう一度哲学的に認識し直そうということだと思います。

今、いたるところで宗教復興が起き、それに関する言説の密度も上がってきていますが、ガブリエルさんは、それに対しては相当厳しい態度を取っていました。ヨーロッパではキリスト教の復興があり、とりわけカトリックは哲学者の間でも大いに肯定し直されています。ガブリエルさんの言い方では、ジャン＝リュック・マリオンがその典型で、ハイデガーの現代的な継承者に見えているのかもしれません。

この問題は、単に哲学的な論争に還元されるものではありません。われわれは今日いったいいかなる神を信じようとしているのか、という問いは、資本主義の問題と深く絡み合っていると思うのです。

丸山さんが引かれたルネ・ジラールの発想の根本にはキリスト教があります。欲望の三角形は、ジラールが20世紀にキリスト教を捉え直す際の、出発点になったモデルなのです。他者の欲望を欲望するというミメーシス（模倣）の行き着く先は、神です。他者の他者の他者と遡っていくと、神に到達します。すると、神の欲望を欲望することになりますので、その欲望は当然無限になっていきます。しかし、神の欲望を欲望している主体は、決して維持できませんし、場合によっては破裂してしまいます。こういう不安定な構造の中に、人間は置かれている。

では、それをどうやって安定させればよいのか。ジラールが考えたのは供犠です。ある動物やある人間を犠牲に捧げて、欲望の三角形が産み出す無限のループを、一瞬断ち切るのです。それは共同体による集団暴力ですので、犠牲に捧げられて排除されたものは、その共同体にとっての神となります。ところが、ジラールによれば、キリスト教はこうした供犠を脱したというのです。つまり、イエスは自ら進んで犠牲になったのであって、それは供犠を超えたものであり、欲望を欲望するというミメーシスの構造を暴いたのだ、というのです。

ジラールの議論は検証しがたいものですので、その当否を述べることはできません。また、なぜキリスト教がそこまで特権化されるのかにも理解が及ばない点があります。それでも、欲望の欲望という議論が、資本主義と神との深い関係を示唆していることは重要です。

では、わたしたちはどこに向かうのでしょうか。もう一度、何らかの神を再建する方向があります。ハイデガー、レヴィナス、マリオンは、ガブリエルさんの批判は批判として受け止めるとして、その方向で考えたわけです。ただ、この場合は、いかなる神であるのかが問題です。一神教や啓示宗教が優れているという前提が疑われている以上、別の神について思考しなければなりません。ひょっとするとスピリチュアリティはここで論じられるべきかもしれませんね。

もうひとつは、人間を再定義していく方向です。「人の資本主義」という発見的な概念のもとで、ひとつどうしても問うてみたいと思っているのが、人間の再定義です。ミシェル・フーコーは、近代的で人間中心主義的な主体としての人間概念は消えていくと述べました。なるほど、それはひとつの理路ではあります。ただ、そういったところで、人間自体が消えていくわけではありません。欲望を軸にして、資本主義と神学に翻弄された結果として、近代的な主体が登場したのだとすれば、あらためて人間を再定義することで、欲望・資本主義・神学を考え直すことができるのではないでしょうか。

とはいえ、現在の宗教復興を支える言説にしても、目の前に展開している資本主義を支える言説にしても、実に洗練された部分がありますので、相当覚悟しないと、跳ね返されるか、取り込まれると思います。

丸山　マルクス・ガブリエルが来日した時に興味深かったのは、今話題にあげられたフーコーを否定して、「彼は西欧的な人間観の中に留まっている点に限界がある」と語っていたことです。その一方で、デリダのことは評価し、ポストモダン的な脱構築を続けていくという姿勢で言えば、自分はある種デリダの後継であるとも言っていました。

今のお話に関してひとつご紹介しますと、大阪大学の石黒浩先生とマルクス・ガブリエルとの対談で、示唆的な場面がありました。石黒先生はロボット工学者なので、アンドロイドが人間観を変えるなど、人間がこれまでとは違うところに行くとおっしゃった時に、ガブリエルは、明確に否定していました。「あなたのその言い方を肯定することは、わたしはドイツ人として認められません。そのままいくとナチズムを肯定することになります」、と。ドイツの歴史の記憶からして、それはありえないというのです。人間を更新するという発想に立つこと自体が、ある種の形而上学的な科学主義に陥っているというわけです。

テクノロジー系の多くの「ポスト・ヒューマン」の思潮はある種の陥穽や罠にはまっているのであり、それは認めるわけにはいかない。ここで見解が、非常にわかれたわけです。

そのほかに取材の過程で、「人間は動物だから」のように、「動物」という言葉をよく使っていたことが印象的です。20世紀はいつの間にか自然主義、科学至上主義など、物理的なものの見方に引きずられてしまったという立場で、それに対する軌道修正をもう一度しないといけないという主張でした。

中島　わたしはガブリエルさんに賛成ですね。今の若い研究者の間で、19世紀や20世紀の科学主義が、人間の視覚や聴覚や触覚にどういう根本的な変容を及ぼしたのかを論じた論文や本がたくさん出てきています。なるほどと感心する一方で、それは喜ばしいことなのだろうかと悩ましくも思うわけです。というのも、どのようにテクノロジーが高度化しようとも、人間の諸感覚には変容しきれない部分が残るように思うからです。人間が動物である以上、ある限界があって、たとえば視覚をとってみても、科学技術が示そうとする可視性には、どうしても到達できないのではないでしょうか。

18世紀に、イマニュエル・カントが、批判つまりクリティークで行おうとしたことは、人間の能力の限界を画定することでした。人間はどこまでなら認識できるのか、どこまでなら欲することができるのか。その上に、カント的な理念や規範は成立しています。その後、19世紀以降は、その限界を科学主義によってさらに広げようとしたのでしょう。広げる過程で、人間はまるで神のようになっていきます。20世紀の全体主義は、そのひとつの帰結だろうと思います。

そうであれば、なおさら人間に対する批判（クリティーク）を今やり直さなければいけないと思います。つまり、「できる」にもとづいた線引きや、その線をより広く引き直すのではない批判ですね。ジョルジョ・アガンベンは「動物人」という概念を提出していますが、ハイデガーの動物と人間の関係を転倒して、動物より不完全な人間、不十分な生の形式を何とか生きるほかない人間というように、方向を変えているわけです。そこにもひとつのチャンスがあるかもしれません。

その場合に、先ほど触れました、宗教性とか精神性と名指されるものをどうしても考えないといけないと思います。人間を神のようにする力が近代にはずっと働いていましたし、現在の宗教復興の流れにも、それに似たものがあります。どうすれば、宗教性とか精神性を、近代的な存在神学や現代の宗教復興に全部もっていかれないようにできるのでしょうか。これは、人間の再定義の中で、もっとも重要な課題の一つです。

ロビンソン・クルーソー的世界をどう解き直すか

中島　さらに付け加えさせていただければ、最近、三木清について考えています。三木は、1930年に豊多摩刑務所に拘留されましてその拘留の期間に手記を書いています。これは、三木がマルクス主義から転向したのではないかと言われている手記です。そこに変なことが書いてあります。丸山さんが使用価値と交換価値をわけて論じられましたが、三木は使用価値と交換価値はどちらかが顕れて、どちらかが埋没して消えてしまう、と言います。

そして、同じことが宗教についても言えると唐突に言うのです。宗教の自然的な要素が使用価値で、宗教の社会的な要素が交換価値なのだが、どちらかが顕れて、どちらかが消える。そして、近代においては、前者つまり使用価値と宗教の自然的な要素が埋没していて、後者つまり交換価値と宗教の社会的な要素（たとえば「貧困の解決」）が顕れている、というのです。

その手記の主張は、自分は宗教の傾向をもっている人間だから、マルクス主義のわけがないというものです。そこで見解がわかれて、それを転向と読むか、読まないかとなります。わたしはどちらでもいいと思っているのですが、重要なことは、マルクス主義の議論と宗教の議論を三木が重ねていく、その際の手つきです。いったい三木は何をやっているのでしょうか。

わたしの考えでは、三木は埋没した使用価値を考えることで、既成の宗教に還元されない宗教性をどう回復するかという問いを立てているのではないかと思うのです。彼の著書は『パスカルに於ける人間の研究』（1926年）に始まって、『親鸞』（1946年）という遺著で終わります。『パスカルに於ける人間の研究』は、「パスカルの思想に於て中心的意義を有するものは「人間」の概念である」(『三木清全集』第1巻、岩波書店、1966年、9頁)というフレーズで始まっていました。『親鸞』は、宗教の開く具体的な普遍性を目指したものです。つまり、三木は20年間、ある種の宗教性、埋没した使用価値としての宗教性の問題をずっと追いかけ続けたのです。では、その中間で何をやったのかというと、アソシエーションの問題です。具体的には、東亜協同体論ですね。

三木の東亜協同体論の記述をよく見ていくと、単純な日本イデオロギーに貢献するような精神運動ではありません。「二重の革新」のようなことを言っていて、日本自体が変わらなければ、東亜協同体論はまったく機能しないと言うのです。それでも、丸山さんが言われたような落とし穴が、この議論には常につきまとっていて、うっかりすると、へんてこりんなアソシエーションに搦め捕られてしまいます。

小野塚　三木清の東亜協同体論については、拙稿「読者に届かない歴史——実証主義史学の陥穽と歴史の哲学的基礎」(恒木健太郎・左近幸村編『歴史学の縁取り方——フレームワークの史学史』東京大学出版会、2020年)に書いたことがあります。三木清の議論にひきつけて言うのであれば、彼が設定した主体性の問題は、丸山さんのジラールの欲望の三角形でのSという主体にあたるものです。模倣する対象がだんだん増えてくると、主体のほうもそれに対応して増えてきてしまいます。最後にどうなるのかというと、図6が究極的な姿を表していると思います。早い話、Aという他者なんて存在しなくてもいいし、Oという対象の部分も存在しなくてもよくて、たった一人だけ主体がいればよいのです。その人が想像力を働かせて、他人はこれを欲しがっているかもしれない、あの人はこれを欲しがるかもしれない、誰それがこれを先に取るかもしれないと、想像だけで他者性を作ってしまえば、それによって欲望はいくらでも膨らませることができます。

ダニエル・デフォーの物語に書かれているロビンソン・クルーソーの主体性は、まさにそれなのです。彼は想像上の他者を非常にたくさん作ることによって、あの話の中で過剰蓄積と過剰防衛と過剰武装するわけです。けれども、彼の社会はそれによってすごく成長します。巨大な砦を築き、食べ切れないほどの食糧を備蓄するのです。そのようにして近代の主体性は、本当の意味での他者がいなくても、頭の中で他者を想像してしまえば、あとは勝手に回っていくのです。これがロビンソン・クルーソーの物語の怖いところです。神もいらないし、他者もいらない。自分一人で欲望はどんどん肥大化していくのです。

この主体性をどう解き直すのか。主体性は他者を想像することによっていくらでも自己拡大、自己展開できてしまう。このロビンソン・クルーソー的な世界をどう解き直すのか。中島さんが先ほど言われたような、神や絶対者を措定しない仕方で、これから先の人間的な社会と人間のあり方を考えるにはどうすればよいのか。もしマルクス・ガブリエルがそうだとしたら、彼がやらなければいけないのは、ロビンソン・クルーソー的な主体性をいかに解くか、ほぐすかということでしょう。

他者がいなくても、神がいなくても自分一人でどんどん拡大していくのは、おそらく「いいね」をポチッとするということにも通じています。「いいね」を押すのは他者かもしれないけれども、「いいね」を押してもらえる自分を想像して、人は発信しているわけです。もし自分一人が、ポチポチと「いいね」を常に押していれば、別に他者はいらないわけです。自分が満足できる世界ができてしまう。これはベンジャミン・フランクリンが毎夜寝る前に己の徳性の損得勘定をやっていたこととまったく同じことです。

そういうように、自分の欲望を自己に投影して他者を作り、どんどん膨らんでいく主体のあり方を、マルクス・ガブリエルはほどくことができているのかどうなのか。そこがおそらく問題なのだろうと思います。

中島　皆さんと議論するなかで浮かんできたのですが、独我論と倫理の問題を正面から考えなければいけないと思います。念頭に置いているのは、永井均さんの議論です。つまり、小野塚さんがおっしゃるような、他者を決定的に欠いた主体性は、デカルト主義の究極の形でもあるのですが、そうした独我論的な状況をわれわれはどう生きていくのか。永井さんはそこに、他者の立場に立たないという仕方で、倫理のチャンスを見出そうとしているのですが、それに対しては、実在論を擁護する側から反論が出てきています。こうした論争と、今おっしゃったことが重なってくるのです。

広井　わたしの強引な解釈ですと、およそ宗教というものは、拡大期から定常期にかけて起こってきます。仏教にしても、儒教にしても、ギリシア哲学にしても、紀元前5世紀前後に生まれましたが、その当時、木が伐採されて森が枯渇したり、土壌が侵食されたり、地球資源の有限性が感じられるようになっていたのです。そうした時期に、人間の欲望に対する何か重石になるようなものとして普遍宗教が起こったのです。ところが皮肉なことに、今では、普遍宗教同士がグローバリゼーションの中で対立し合っています。

わたしは、今日は次のステージに入ろうとしている時期だと思っています。ですので、地球倫理のように、地球上の様々な風土から生まれた多様な宗教を全体的に俯瞰するような視点が問われたり、逆にもっとローカルな自然信仰のような拠り所になるものが新しい形で問われたりしていると思います。そのあたりはどのように考えたらいいのでしょうか。

小野塚　広井さんがおっしゃるようなところに、われわれの希望があると思います。希望でなければ、手がかりと言い換えたほうがいいのかもしれません。問題は、われわれの住んでいる社会のシステムが、経済も法律も政治も、ロビンソン・クルーソー的な主体を前提にしてできあがってしまっていることです。そのシステム自体をほどいていかないと、物事は変わらないという気がするのです。

ロビンソン・クルーソーのように、人に取られるのなら全部俺が取るというような人間を前提にして、法律と経済のシステムができているのだとすると、結局はグリーディな（貪欲な）人間が最後には生き残るということになります。そこをほどかないといけないわけです。物的な限界があると言われているわけですから、物的な限界がある中でグリーディな人間が生き残ったら、すぐに限界にぶち当たりますよね。

ですから、問題は、丸山さんがおっしゃるように、まずは主体をどのように変えるのかです。マルクス・ガブリエルは、ひとつのあり方を考えていると思います。しかし、主体だけの問題でもなくて、その主体を念頭に置いて作られた社会システムをどのように設計し直すのかも問題なのです。わたしは、設計し直したからといって簡単に社会が変わるとは思えないので、設計し直すという言葉はあまり好きではないのですが、そういう人間を前提にして作られている社会を、どのように構想し直すのかは重要です。

「顕示的消費」と「資本主義的な精神」

安田　ジラールの話やロビンソン・クルーソーの話をきちんと理解しているかどうかわからないのですが、他者性との関連で言うと、ソースティン・ヴェブレンの「顕示的消費」ということが気になっています。要は、財・サービスを自分で消費して満足するのではなくて、消費している自分を周りに見せびらかすことですね。見せびらかしの消費は、下品と言えば下品なのですが、消費することによって経済が駆動するから、まだ救いようがある。ところが、今起きているのは、稼げる人は見せびらかしできるほどの所得を得ても、それを貯め込んで一切使わないということです。亡くなったスティーブ・ジョブズはずっと同じ

Tシャツを着て、粗食を食べて、ぜんぜん豪遊しませんでした。それは格好いい気もするのですが、経済は全然回らなくて、富が死蔵されていくだけです。

それは競争の仕方が変わってきたのだと思います。昔は、顕示欲を満たすために消費すればよかったのかもしれませんが、今では金持ちの消費はダサいと思われてしまい、消費しなくなります。けれども稼ぐことに関しては評価が伴うわけです。『フォーブス』でランキングが上がることには意味があるのです。おそらくビリオネア間では、俺はあいつより上だと絶対に意識しているでしょうし、CEOの報酬が主にアメリカで高騰しているのも、その有力な仮説としては、お互いにどちらが多くもらっているかということを意識して、取締役会でCEOの報酬を決めたりするからだと言われています。

結局、他者との競争、顕示欲を何で満たすかなのです。満たすチャンネルとして、金銭をベースに競争することが一番慣れ親しんだ基準になってしまっている。

小野塚　ひとつのモノサシなのです。

安田　いくら稼げるか、いくら資産があるかで、競争せざるをえない。けれども、実のところ、彼らの競争欲や顕示欲を満たすためには、金銭を貯め込まなくてもいいかもしれないのです。「いいね」的なものに少し期待しているのは、別の土壌で競ってもらって、大いにその顕示欲を満たしてもらって、使うものは使ってもらうとか、CEOへの報酬をもう少し減らして、他の人に分配するといったことです。物質的な満足度で言うと、おそらくビル・

ゲイツなどはもらえる金額が１０分の1になっても、消費行動は何も変わらないと思います。その部分を他の人に再分配することにもつながりますし、金銭的な富をそれ以外の動機と分離させることが重要だと思います。

小野塚　安田さんが言うのは、スティーブ・ジョブズの人間類型は、マックス・ウェーバーの描いた Geist des Kapitalismus、つまり「資本主義の精神」だということですね。ともかく無目的に、あるいは非合理的にひたすら稼ぎまくることにだけ目的がある、ということです。あるいは、丸山さんの言い方で言うと、目的と手段が入れ替わってしまって、何かのために稼ぐのではなく、稼ぐことそのものが目的になってしまっているのです。

それに対して、顕示的消費は、一応人生の楽しみというものがあって、その人生の楽しみのために自分は稼いで、その上で一生懸命に人に見せびらかしてそれで満足するということです。こちらは、ヴェルナー・ゾンバルトの描いた「資本主義的な精神」です。ゾンバルトは Geist des Kapitalismus と言わないで、Kapitalistische Geist と言ったのです。英語に直すと、Spirit of Capitalism ではなく、Capitalistic Spirit ですね。あの人たちは、このふたつを区別しているのです。

マックス・ウェーバーはそんな「資本主義的な精神」つまり金儲けの精神では、資本主義はできなかったと考えました。資本主義が成立するには、無目的で非合理な、金儲けそのものを良しとするプロテスタンティズム的な精神が必要なのです。それは、同じTシャツを着て、まずい飯を食っても、金を儲けることが大事だということです。これは、明らかに人間としてはおかしい。おかしいのですけれども、こういうものが近代資本主義の目指した精神だったのです。ウェーバー的な人間類型なのか、ゾンバルト的な人間類型なのかという問題なのですが、ゾンバルト的な人間類型が本当に世の中を動かしたことがあるのかは、わたしの疑問ではあります。

江戸時代に、洒落者とか数奇者とかがいました。お金を貯め込んで、晩年は引退して好きなことをして暮らすのだ、というわけです。ちょっとした小奇麗な家を作って、お妾さんをはべらせて、お茶をやったり、謡をやったり、踊りをやったりして楽しんだのです。では、それによって江戸時代の社会は進化したかというと、進化はしないのです。江戸時代はある仕方でもって、ある均衡点に到達していました。それが何によって打ち破られたかというと、外側から入ってきたペリーの黒船です。ヨーロッパの資本主義によって、日本の均衡点は打ち破られたのです。今われわれが知っている日本経済はそこから始まっています。決して江戸時代からの連続的な延長上にあるわけではない。ですから、ゾンバルト的な人間類型が本当に新しい時代を切り開けるのだろうかという気がするのです。

広井　実際に各国の成長率は、構造的にどんどん下がっています。資本主義が一番拡大したのは20世紀後半です。今は、ポスト情報化のような局面になっています。工業化でワッと広がっていった70年代は、成長の限界だとか言われましたが、その後に、金融化や情報化をすることで成長してきました。しかし、今は、科学史的に見ても、情報化も飽和しつつあります。欲望の無限の拡大ということ自体が、ある種限界にきているのです。ですので、ポスト情報化あるいは生命を基本コンセプトとするビジョンというような、情報化の次なる局面を考えていく必要があります。

このことに関しては、ここではあまり明示的に出てこなかったのですが、わたしはローカライゼーションつまり地域化が重要になると思います。グローバル化が極限まで行った中で、反転して、ローカルなものとか地域とか地域内経済循環が重要視されるようになっていきます。これまでの資本主義とは別のベクトルとして、ローカルなものを考える必要があるのではないでしょうか。そのあたりは次の第Ⅲ部で考えていければと思います。

［２０１８年７月２日収録］

［第Ⅲ部］

持続可能な社会の構築と資本主義

第9章　脱成長そして地球の有限性の中の資本主義

広井良典

1. 資本主義の進化と富の分配・福祉国家

最初に図1を見てください。このグラフはジニ係数の国際比較で、左にいくほど、つまりジニ係数が小さいほど、格差が小さく平等な国で、右にいくほど格差が大きいわけです。一番右にアメリカがあります。以前の日本はかなり左のほうで、大陸ヨーロッパ並みだったのですが、じりじりと右のほうにきていて、かつて「1億総中流」と言われた状況が変わってきています。

国の並びを見ると、やはり左のほうには北欧諸国のグループが位置していて、それからベルギーやオーストリア、ドイツといった大陸ヨーロッパの国がきます。南ヨーロッパは、意外に真ん中より右のほうで、けっこう格差が広がっています。真ん中より右のほうは、日本を含めて、南ヨーロッパとアングロサクソン系の国、それからアメリカとなっています。南ヨーロッパで注意したいのは、ある種の家族主義があることです。そこでは家族を超えた再分配への合意のようなものがどこまでできているのか、よく考える必要があります。

市場一辺倒の右のほうに行っても駄目ですし、家族主義でも駄目です。政府、市場、コミュニティの最適なバランスをとることが重要です。これは、従来からも、資本主義の多様性ということで議論されていることです。これだけで大きなテーマになるものです。

大上段の話になりますが、一つの軸は、資本主義と社会主義の対立です。これは基本的な確認で

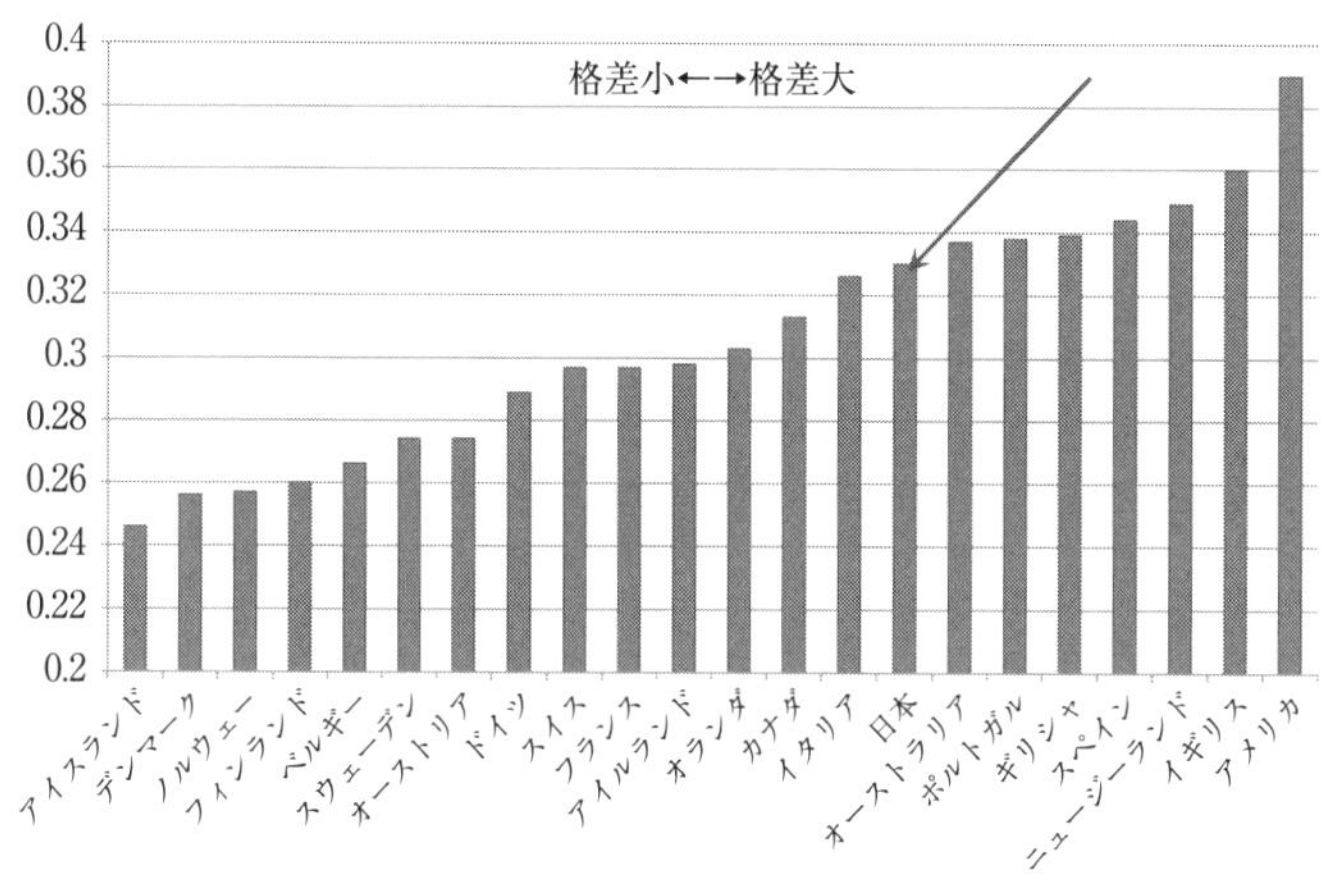

図1　所得格差（ジニ係数）の国際比較（2015年）

近年、日本は先進諸国の中で格差が大きいグループに。

（注1）　主に2015年の数値。

（注2）　ここでの所得は再分配後の家計当たりの可処分所得（家計人数に応じて調整）。

（出所）　OECD Income Distribution Database（IDD）より作成。

すが、戦後のヨーロッパには「ザ・ミドル・ウェイ」と呼ばれる社会モデルがありました。それは修正資本主義とも言われたもので、資本主義と社会主義を組み合わせたものです。生産部門は市場経済に委ね、社会保障で再分配をするという福祉国家の流れですね。それはケインズ政策的な発想とも結びついて、所得の平等化と経済成長を同時に達成できると考えたのです。

　その考え方は極めてシンプルです。言葉としては限界消費性向逓減と言われますが、所得が高い人ほど、所得が増えても消費に回す分がだんだん減っていきます。そうすると、高所得者層から貧困層へ再分配を行ったほうが、消費の総量が増えるので、経済成長に結びつくはずで

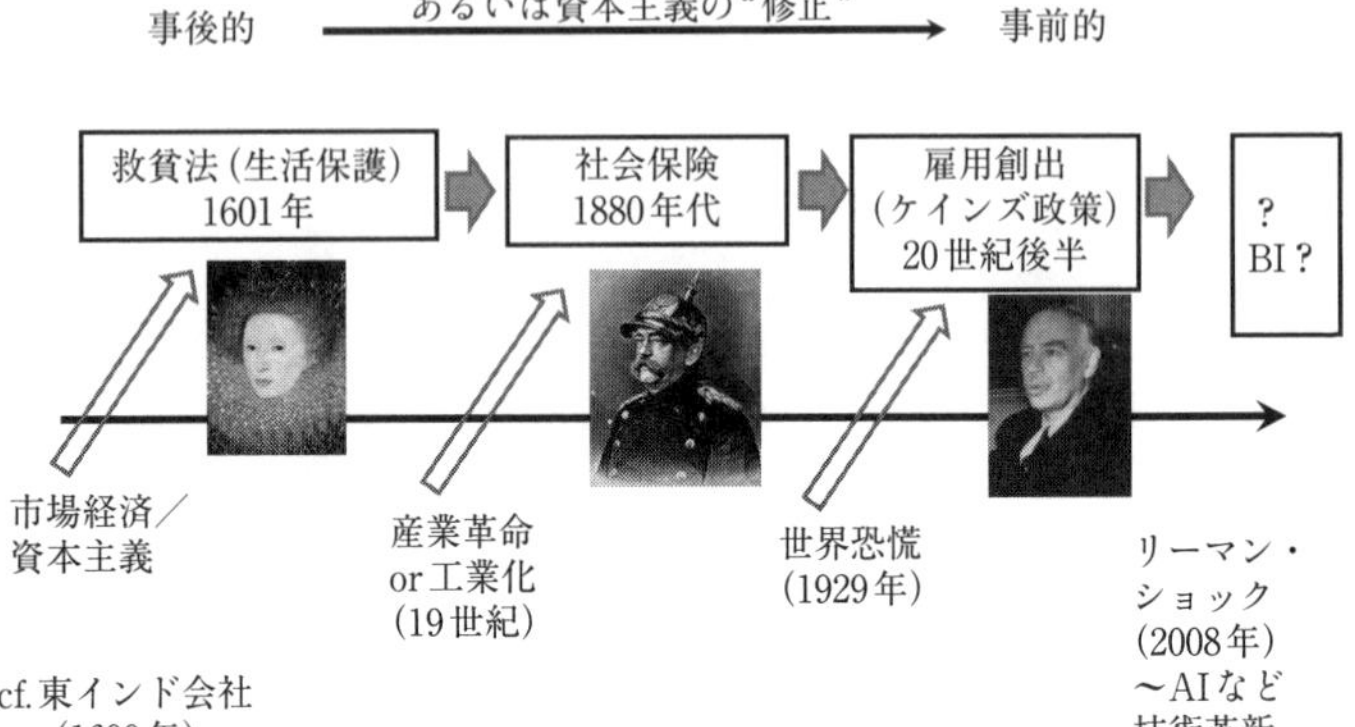

図2　資本主義の進化と展望

す。そのようにして、所得の平等化と経済成長を同時に達成できる。このように考えたのです。これはある時期まではうまくいっていました。

ところが、その後、1970年頃から福祉国家の危機が叫ばれ、並行して成長の限界が言われるようになりますと、先進国は低成長に直面するようになりました。成長を前提としない福祉国家はなかなか難しいのです。ではどうしたらよいのか。それを考えてみたいと思います。

資本主義の流れを大まかに振り返ると（図2）、東インド会社の成立が1600年で、その頃、イギリスで資本主義が勃興し、救貧法ができました。その後、産業革命があって工業化が進んでいきます。救貧法というのは、貧困に陥った人にお金を事後的に配る制度ですが、それではいけないということでドイツで社会保険が登場します。社会保険は、一種の予防で、事前にお金を積み立ててリスクに備えるというものです。社会保険は、工業化の時代、要するに救貧法では追いつかなくなった時代に、その仕組みができました。それでうまくいくかと思ったら、今度は世界恐慌が起こって大量の失業者が生じました。その際、こうなったら生産自体を管理しないといけないと、社会主義陣営は主張しました。一方、資本主義の救世主のような形で現れたのがケインズで、公共事業や所得再分配で雇用自体を作っていけると主張しました。

こうした流れの中で特徴的なのは、事後的な介入から次第に前倒しの介入に進化してきていることです。ですから、資本主義は自らの中に、ある種の社会主義的な要素を組み込みながら、進化してきたのです。事後的な救済から事前的な介入へ、そして雇用そのものにまで介入していったのです。ところが、20世紀後半を過ぎ21世紀になりますと、リーマン・ショックが起こったり、さまざまな問題が出てきて、こういう仕組み自体がまた機能しなくなってきました。格差も広がるし、低成長が続きます。それに対して、どうすればよいのか。ベーシックインカムなどの議論もありますが、わたしは最終的には、コミュニティやストックの問題にどうしても関与せざるをえないと思います。

脱成長と言う以前に、先進諸国はリーマン・ショックからいったん回復したように見えていても、基本的には低成長ですから、お金がだぶついていて、頑張っても成長しない状況が続いています。「資本主義の現在」は、構造的な生産過剰になっているのです。ローマクラブが90年代に出した報告書の中で、「楽園のパラドクス」という言い方をしていますが、これは、「生産性が最高度に上がっ

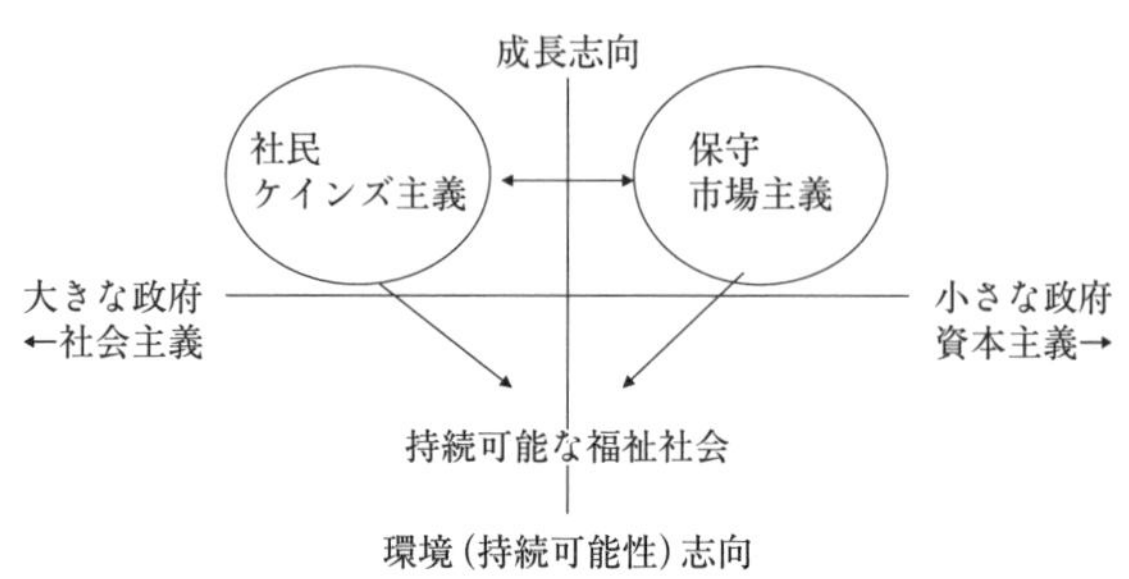

図3　2つの対立軸：富の成長と分配

た社会では、皮肉にもほとんどの人が失業する」というものです。これは変に聞こえるかもしれませんが、考えてみれば当然で、生産性が最高度に上がった社会では、少ない労働ですべての人の需要を満たすことができるわけですから、その少数の労働にすべて集中してしまうのです。つまり、過剰の問題であると同時に、分配の格差の問題でもあるということです。

ではどうすればいいか。大きく言えば、形式的には3つだと思います。1つ目は、何らかの仕方で過剰を抑制することです。たとえば、労働時間を減らすことや、環境政策です。それから2つ目は、やはり再分配です。そして第3に、一番究極にあるのは、コミュニティで循環するような経済だと思います。それが課題になってきます。以上を言い換えますと、資本主義・社会主義・エコロジーがクロスするような社会のイメージになると思います。

それを別の角度から見るとこうなります。図3をご覧ください。左と右が分配をめぐる対立軸で、左が大きな政府、右が小さな政府です。この対立が戦後ずっとありました。しかし1970年代、80年代以降は、縦の対立軸が次第に浮上するようになります。

上のほうの全体のパイの限りない成長を目指すのか、下のほうの環境、持続可能性に軸足を置いた社会を目指すのか、というものです。

以前は左と右の対立が顕著であったのですが、成長がそれほど望めないという状態になると、だんだん縦の対立軸に変わり、その舞台が上から下へじりじりと移ってきました。そうなると、単純な大きな政府でもなく、単純な小さな政府でもなく、コミュニティを意識した社会モデルがおのずと浮かび上がってきます。それが、持続可能な福祉社会です。

2. 定常経済論の系譜

定常経済論の最初は、ジョン・スチュアート・ミルの定常状態論だと思います。1848年の『経済学原理』のなかで、ミルは、やがて経済は定常状態に行き着かざるをえないだろうと言っています。ミルの議論で面白いのは、それを非常にポジティブなものとして考えていて、競争で相手を踏みにじることから、定常状態に達すれば人間は本当の幸福を得ると論じています。

どうしてミルの議論がこういう時代に出てきたのでしょうか。この時代は基本的には、農業がなおも中心にあった時代です。工業化が加速し始める入口あたりの時代ですので、土地の有限性がありました。それにぶつかると経済は限界に達するはずだ。そういう議論だったわけですが、それから工業化が本格化していくと、土地の有限性から切り離されて、経済がどんどん大きくなっていき

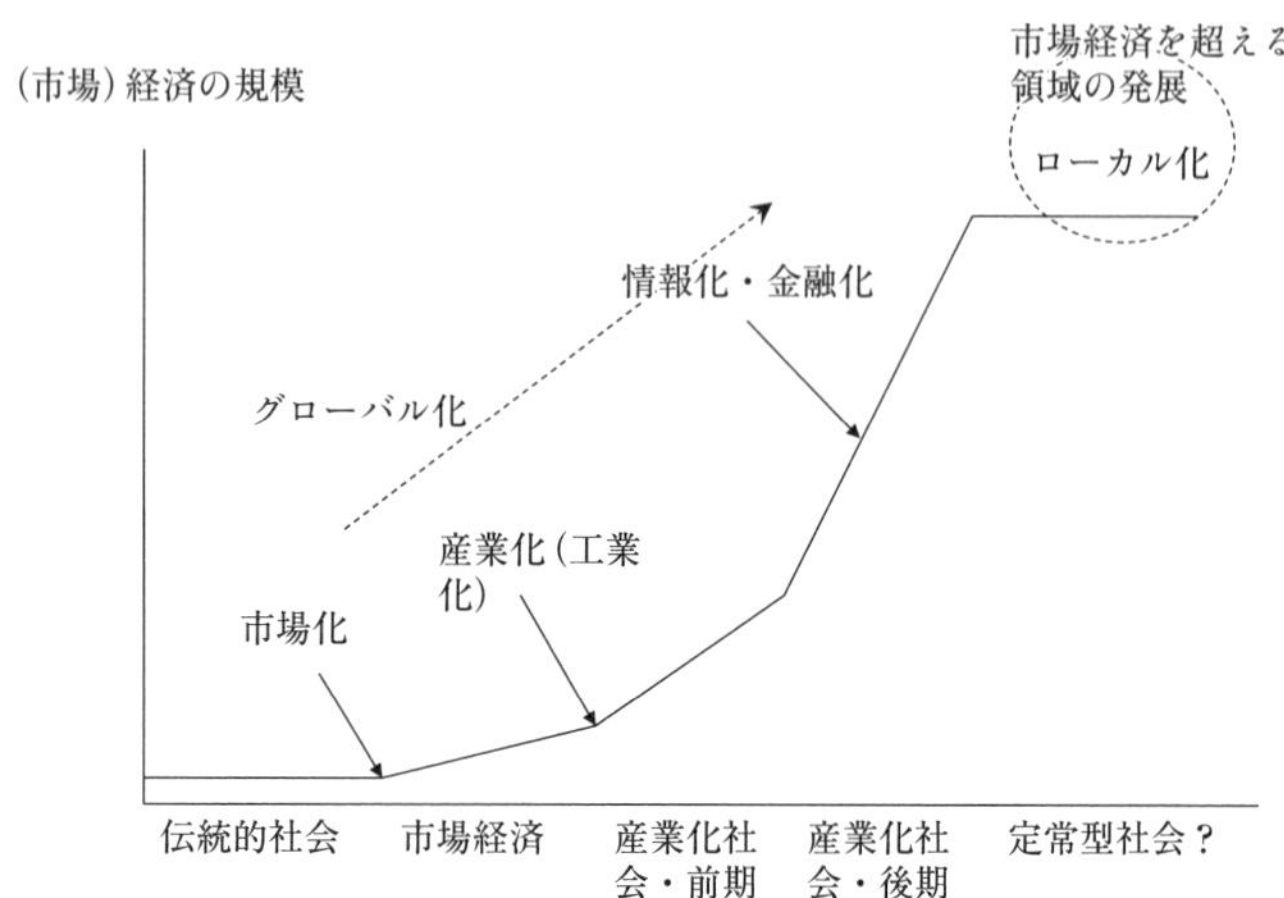

図4　経済システムの進化と定常型社会

ましたから、ミルの議論はいったん忘れ去られることになります。

それがもう一度浮上したのが、「成長の限界」が言われた1970年代です。なぜこの時代に出てきたかと言うと、工業化の地球的限界がはじめて自覚されるようになったからです。ミルの議論が120年強を経て、地球レベルで顕在化したと見ることもできます。ところが、1980年代・90年代以降に、情報化・金融グローバル化が進んでいくと、またこの議論はいったん退くような状況になりました。

わたしが見るところでは、今は、定常経済論が大きく浮上している3回目の時代ではないかと思います。要するに、資本主義が究極の意味で成熟段階に入ってきて、定常経済のようなものを、正面からどう考えるのかという局面になったのです。ここに、長期停滞論なども含まれている思います。

それを図式化して示すと、図4のようになります。市場化、工業化、情報化・金融化の先の定常経済に、今は向かおうとしているのではないか。ただ、正確に言うと、その方向に向かうベクトルと、さらなる成長を目指すベクトルがせめぎ合うという状況なのです。

せめぎ合いの究極的な例のひとつが、第4の拡大・成長です。第2章で、人類史には狩猟・採取、農耕、そして工業化という3回程度の拡大期があって、その後定常化しているという議論をしました。ここで言う第4の拡大・成長は、人類史的な意味の第4の時期でもありますし、資本主義の近代の時間軸の中での第4の時期でもあります。いわゆるシンギュラリティとかの議論ですが、要するに人間とは拡大・成長を無限に求める存在なのだという議論ですね。

あらためて言うと、さらなる拡大・成長の契機は、大きくわけると、3つ程度あると思います。1つ目は、人工光合成で、究極のエネルギー革命です。2つ目は、SFによく出てくるような、地球から脱出して宇宙進出していくことです。3つ目は、人間そのものの改造で、シンギュラリティやポスト・ヒューマンといったことです。ただ、わたし自身の基本的な考え方としては、おそらくこのような方向では根本的な解決にならないと思っています。問題を先送りしたり、部分的に修正したりすることはあるかもしれませんが、解決にはならない。実はこれらの議論は近代的なパラダイムの延長線上にあります。そうではなく、地球や人間の有限性を踏まえた上で、定常型の豊かさや、持続可能な福祉社会のようなことを考えていくことが新たな時代に求められているのです。

3. どのような社会を目指すのか——「持続可能な福祉社会」の可能性

では目指すべき具体的な社会の姿はどういうものかを、考えてみたいと思います。持続可能な福祉社会とは、サステイナブル、つまり環境の持続可能性の話と、また単に環境が持続可能になったらそれですべて問題が解決するわけではありませんから、分配の公正——ここではそれを福祉と考えます——の二者を統合したコンセプトです。持続可能性の問題と分配の公正の問題を両方とも成り立たせる社会の姿がありうるのかという話です。これは定常型社会という話にも繋がります。

それをごく現実的なレベルで比較してみたのが、図5です。縦軸は、先ほども出てきたジニ係数です。これは、上に行くほど格差が大きくて、下ほど平等だという福祉の軸です。横軸は環境の軸で、EPI（Environmental Performance Index）つまり環境パフォーマンス指数です。それは、イェール大学で開発している環境関連のいろいろな指標を総合化したもので、自然保護、大気汚染、CO_2排出など、いろいろなものを組み合わせた指標です。そこにいろいろな国を並べていきますと、面白いのは両者の指数が比較的相関しているということです。左上から右下にかけて一定の相関が見られますね。これはどういうことかというと、左上のグループは非常に格差が大きく環境パフォーマンスも低い、ある種成長一辺倒の国です。アメリカと、残念ながら日本や韓国もここです。右下のグループは格差も比較的小さく環境パフォーマンスもいい国々で、ドイツや北欧といったどちらかというとヨーロッパの北半分の国がこのあたりに位置しています。

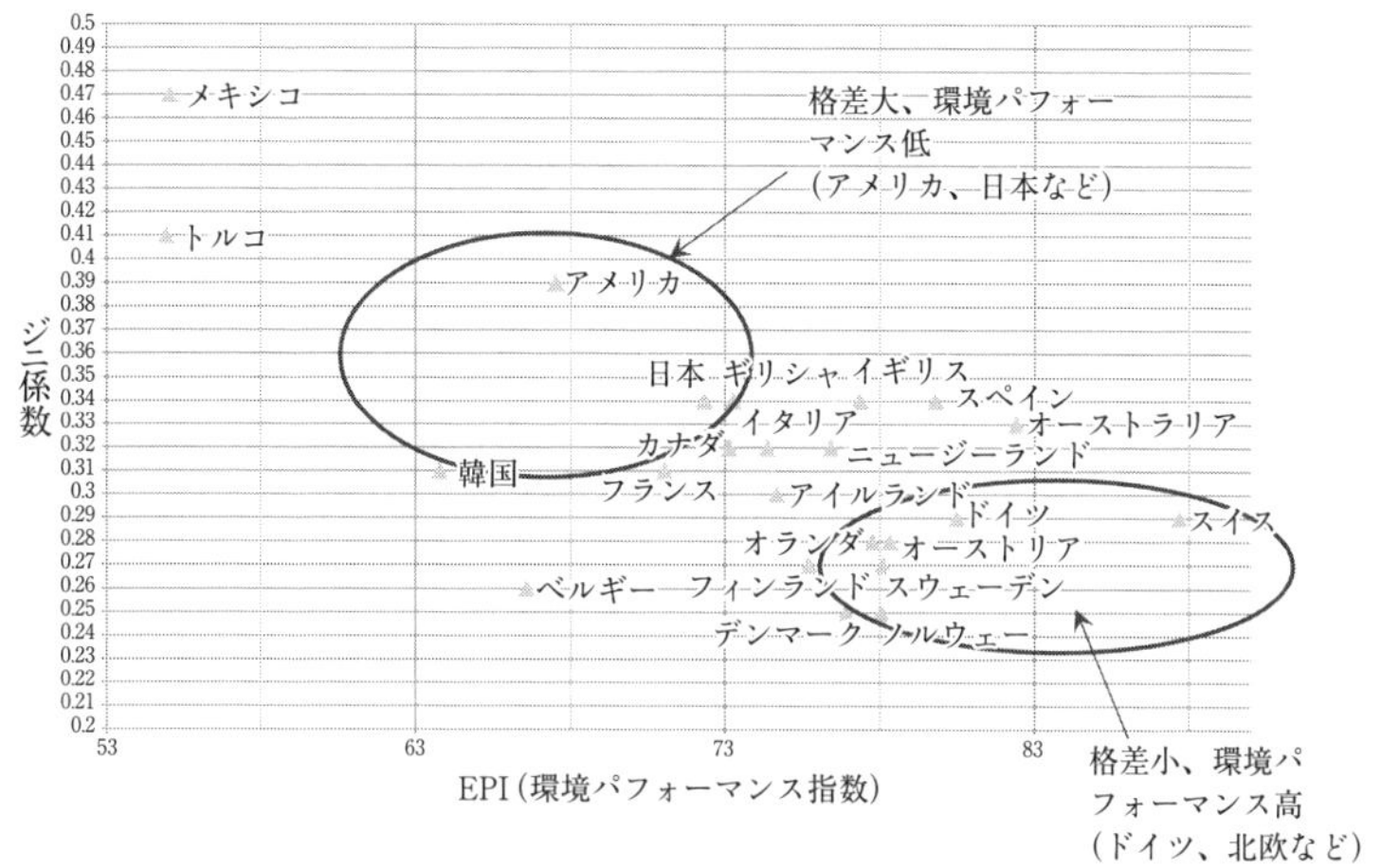

図5　「持続可能な福祉社会（緑の福祉国家）」指標

（注）　ジニ係数は主に2011年（OECDデータ）。EPIはイェール大学環境法・政策センター策定の環境総合指数。

（出所）　広井研究室作成。

わたしが見る限り、持続可能な福祉社会に近いのが右下のグループです。ですから持続可能な福祉社会とは、それほど夢物語のようなことを言っているわけではなくて、ヨーロッパの一部の国では現にそれに近い姿が実現されていると思います。

持続可能な福祉社会をもう少し言い換えると、ローカルレベルの経済循環から出発して、ナショナル、グローバルへと積み上げていく社会のあり様です。ここでのポイントは、グローバル経済がまずあって、ナショナル、ローカルと下りてくるという発想ではなくて、ローカルがあって、ナショナル、グローバルという順番で考えていくということです。それは資本主義と社会主義とエコロジーの融合と言ってもいいでしょうし、先ほどの市場・政府・コミュニ

写真１　中心部からの自動車排除と「歩いて楽しめる街」
（エアランゲン〔人口約10万人〕）

ティのある種の最適な組み合わせだと言ってもよいと思います。

ひとつ例を出してみましょう。ドイツのエアランゲンという街は人口１０万人ほどの地方都市です（写真1）。ドイツの地方都市は１０万、５万程度の小都市でありながら、中心部が非常ににぎわっていて、歩行者中心の福祉的、コミュニティ的な空間であると同時に、環境のパフォーマンスもいい。残念ながら日本では２０万、３０万の地方都市に行くとほぼシャッター通りが普通になっているのですが、ドイツでは分散型のシステムが一定以上実現されているということです。

もうひとつ、最近注目されている日本の例を紹介しましょう。岐阜県石徹

小水力発電〔上掛け水車型〕

写真2　岐阜県石徹白地区（岐阜県郡上市白鳥町）の遠景

白（いとしろ）地区です（写真2）。ここではUターン組の若者が小水力発電を中心とした地域再生に取り組んでいて、地域内の電力自給を数年前に実現しました。今では域外に輸出しているような状況です。ここで中心的に活動されている方が平野さんといって、東京の外資系企業でバリバリのグローバルな経済の仕事をしていた方です。仕事をやっているうちにいろいろ疑問を感じるようになって、グローバルな問題も結局は資源の争いやエネルギーの奪い合いであるから、ローカルのレベルから食料やエネルギーの自給を図っていかないといけないと思われたのです。つまりローカルなレベルで対応することが、結局はグローバルの問題解決にもつながるということで、このような活動をされています。

これはひとつの例にすぎませんが、こういう動きが各地で湧き起こってきていることは確かだと思います。それをいかに発展させていくのかという政策を考えていく必要があると思います。

4. グローバル定常型社会の展望

データが多少古いのですが、図6はGlobal Agingです。これから世界で増える高齢者の3割が中国ですし、日本を含めない他のアジアが3割です。高齢化は少子化とセットになって地球レベルで進んでいきます。日本はもちろんですが、アジアのいろいろな地域を見ても、そして中国も意外に早く人口がピークに達します。そして世界人口も次第に定常化していくことになります。

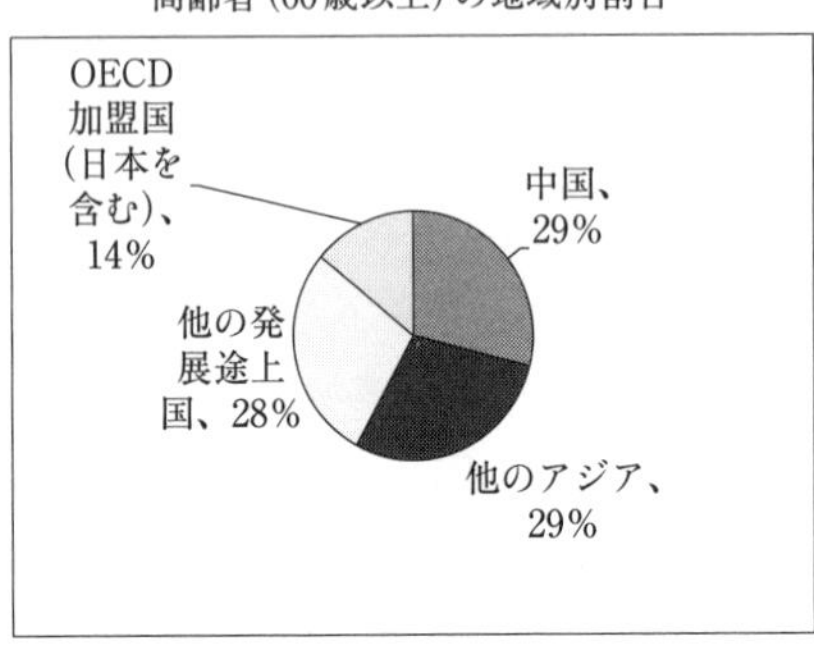

図6　高齢化の地球的進行"Global Aging"
―今後はアジアが急速に高齢化―
（出所）　World Bank, *Averting the Old Age Crisis*, 1994.

表1は国連がまとめた2100年の人口の国別ランキングで、インドが1位、中国が2位です。ところが、アフリカがベスト10に5カ国も入っています。ホモサピエンスがアフリカで20万年前に生まれて世界に広がっていき、資本主義がイギリス周辺で始まって世界に行き渡り、最後にアフリカがこのような状況になって、全体が定常状態に達する。こんな姿が浮かび上がってくるかと思います。

人口学者のヴォルフガング・ルッツがこういう言い方をしています。「20世紀が人口増加の世紀――1 6億から61億まで増加した――だったとすれば、2

表1　ReAFRICA?：2100年の世界人口推計（100万人）
上位10か国のうち5か国がアフリカ諸国（国連人口推計〔2015〕）

1	インド	1,660
2	中国	1,004
3	ナイジェリア	752
4	米国	450
5	コンゴ	389
6	パキスタン	364
7	インドネシア	314
8	タンザニア	299
9	エチオピア	243
10	ニジェール	209

（注）　日本は30位（8,300万人）

1世紀は世界人口の増加の終焉と人口高齢化の世紀となるだろう」。これは確かなことだと思います。

ひとつのイメージとして、グローバル定常型社会はこのようなものです。「21世紀後半に向けて世界は、高齢化が高度に進み、人口や資源消費も均衡化するような、ある定常点に向かいつつあるし、またそうならなければ持続可能ではない」。これは蓋然性としても高いと思います。

表2は、デヴィッド・クリスチャンの*Maps of Time*という本から引いたもので、戦争死者を1世紀単位で見たものです。拡大・成長の時代はどうしても資源や土地やエネルギーの取り合いになりますから、戦争が生じます。20世紀は人口が一番伸びた時代でもありますが、戦争死者も一番多かったわけです。現代はそういう方向の限界から、それを過ぎたポスト成長社会への移行期だと思っています。大きな話になりますが、人類史的に見てもかなり大きなせめぎ合い、曲がり角

表2　戦争による死者数の推移（1500年―1999年）

時期	戦争死者数（100万人）	人口1,000人あたり戦争死者数
1500―1599	1.6	3.2
1600―1699	6.1	11.2
1700―1799	7.0	9.7
1800―1899	19.4	16.2
1900―1999	109.7	44.4

（出所）　David Christian, *Maps of Time*, University of California Press, p.458.

の局面になってきているのではないかと思います。

第2章の図3にあるように、最初の拡大の狩猟・採集の後半期に「心のビッグバン」という人間の意識が成立したような時期があり、農耕文明の後半期には、ヤスパースが「枢軸時代」と言ったような普遍宗教が生まれました。今はそれに次ぐような時代と言ってもいいと思うのですが、それに相当するような思想が求められている状況ではないでしょうか。地球倫理と呼ぶべき思想を考えていく時代状況になっているのではないかと思います。

[討議]

定常経済の豊かな可能性

定常開放系という概念

中島　定常経済という概念は興味深いですね。わたしが学生の頃ですから、40年ほど前でしょうか、たしか定常開放系という議論がありました。もともとは熱力学的な平衡をどう考えるかから始まったと記憶しています。つまり、放っておくとエントロピーは増えてしまうのですが、地球レベルで見ると、ある平衡が実現している定常状態が実現している。そうだとすると、エントロピーをどこかで放出しているはずで、ある種の開放があるからこそ、定常状態が実現しているのだ、というものです。それが本当に当たっているかどうかはわかりませんが、こうした地球レベルでの定常開放系の議論を、玉野井芳郎先生が経済学に応用して、地域主義ですとか、生命系の経済学などを唱えていました。広井さんには、定常経済の議論を、ミルから展開していただいたのですが、玉野井芳郎先生の後に、そうした議論をする意味はどのようなものなのかを伺いたいと思います。

もう一つは、お話の中にあったエアランゲンです。わたしはここにしばらく住んでいたのですが、あそこはシーメンスの城下町ですよね。

広井　そのとおりです。

中島　その当時、この街中をずっと自転車で動いていました。非常にコンパクトな街で、周りには豊かな丘や畑が広がっています。それに加えて、シーメンスという会社と、エアランゲン＝ニュルンベルク大学があり、街の中心にはお城があります。このように、インパクトの強い三つのセクターがエアランゲンにはあります。それと比べると、日本のシャッター通りになっているような地方都市は、何か重要なセクターが欠けているように思います。日本にも大学はたくさんありますが、エアランゲン大学のような、地域に対する良い役割を果たしているのかどうかですね。エアランゲンの例と日本の例とをもう少し具体的に比較していただいて、さらなる示唆をいただけたらと思います。

広井　いずれも非常にポイントになるところです。前者は、わたしの専門は科学史なので、定常開放系やエントロピーの話を出していただいたのは、非常に嬉しく思いました。ただ、皆さんよくご存じだと思いますが、もともとはエントロピーの議論があって、それに対してシュレディンガーは、生命はむしろ負のエントロピー、つまり混沌から秩序を作り出す動きをするものだと言いました。ですので、定常開放系の議論は、玉野井さんに限らず、ある程度普遍的な議論としてあって、地球はある種、エネルギーや熱を外部と交換しながら循環している理想的な開放定常系であると考えられたのです。

とはいえ、そこにはいくつかレベルがあると思います。大きく言いますと、宇宙の歴史の中での地球というシステム、次に生命というシステム、そして人間というシステムですね。それぞれがある種の定常開放系を成していると思うのです。生命の場合は、物質エネルギーの循環に加えて、情報という要素が加わります。人間はさらに意識、もしくは自己意識が加わって、さらに複雑になった定常開放系です。とはいえ、生物や地球の定常開放系の議論を、そのまま人間に当てはめることは難しいと思っています。やはり人間には固有の領域があって、それがあるからこそ、先ほどの拡大・成長と定常化のベクトルが出てくるのではないでしょうか。もし人間が定常開放系で尽きるのであれば、拡大・成長などは本来ないと思います。

中島　そうなりますね。

広井　自然から抜け出て、人間社会の拡大・成長がなぜ起こるのか。それはエネルギーの利用形態が大きく変わることによって、拡大・成長が起こってくるわけです。ですから、地球や生物の定常系の議論をそのまま人間に当てはめることはできないと思うのです。しかし、その点を踏まえた上で、人間社会の定常系について考えてみる必要があります。

今は、地球の有限性に人間の歴史の中ではじめてぶつかっています。様々な普遍宗教の生まれた枢軸時代に宇宙という概念はありましたが、地球という概念はありませんでした。われわれが意識しているような有限な地球という概念はなかったので、そういう新しい概念を考えていく必要があります。枢軸時代でも、心のビッグバンの時代でも、新しい価値を考えて作り出していったのです。ですから、単に物質的な生産を拡大するのではない、ある種の新しい価値を考える必要があります。

ただ強調しておきたいのは、定常系というと、変化の止まった非常に退屈な社会というイメージを持つかと思いますが、実は歴史上はそうではなく、むしろ定常経済でこそ文化的な創造がどんどん起こっていました。物質的なものの生産を拡大することから、むしろ文化的・精神的な創造へとシフトしていくのが定常経済です。こうした姿を考えてみる必要があると思います。もう少し言うと、アベノミクスでGDP600兆円を目指すというのは、ただノルマを目指しているだけで、クリエイティブでもなんでもない姿です。そうではなく、個人がもっと自由に自分の創造性を伸ばしていくことが、結果的には経済にもプラスに働きますし、それが創造的経済であり、定常経済ということになります。

都市のあり方から考える

広井　それから、後者はおっしゃるとおりで、エアランゲンにはシーメンスやエアランゲン大学があるのは事実です。ローカライゼーション（地域化）は決して閉じていくものではありません。たとえばドイツの場合、隠れたチャンピオン企業という言い方があります。それはローカルベースなのですが、世界シェアをけっこうもっているものです。ローカルの中で完結するのではなくて、ローカルベースなのだけれども、世界にも開かれている企業ですね。それがけっこうあります。これはエアランゲンに限ったことではなく、ドイツ全体に言えると思います。

日本はどうかというと、これはわりと重要だと思うのですが、1970年代から80年代までは、日本の地方都市では、商店街は非常に賑わっていました。今のシャッター通りと比べると、ほど遠いように見えますが。

中島　確かに、元気でしたね。

広井　私が生まれ育ったのは岡山市の商店街ですが、実家の母親が、昭和50年代頃は黄金時代だったと言っていました。今の状況のように変化したのは、政策の影響が大きいと思っています。1989年から1990年にかけて日米構造協議があり、大店法の改正を91年に行いました。イオンの大型モールが最初にできたのは、92年に秋田、翌年に青森だったかと思います。少し強い言い方をすると、マチを捨てるような政策を、80年代、90年代からやっていったのです。それ以前は、これも強い言い方をすると、ムラを捨てる政策をやって、先進諸国の中で日本だけ食料自給率が一貫して下がっていきました。それでも、商店街や地方都市は、けっこう賑わっていたのです。それが90年代以降、シャッター通り化していきました。当時の通産省の流通政策、建設省の道路政策や交通政策は、よくも悪くもアメリカモデルで、郊外ショッピングモール型の地域が望ましいとして、政策を進めてきました。ですから、今の状況はその帰結です。

　わたしは皮肉を込めて言うのですが、今の日本の地方都市の空洞化は、政策の失敗ではなく、成功の帰結です。当時想定した政策どおりに進んでいったのです。言い換えると、政策のやり方次第で、状況は変わりうるということでもあると思います。希望を込めて言うと、人口減少社会の事実がまず進んで、次第に人間の意識がそれを追いかけるようになり、従来の高度成長期や人口増加時代のモデルで町を作ると駄目になることが徐々にわかってきたのではないでしょうか。それを踏まえていろいろな政策を行う必要があります。もっと集約的な町にするとか、自動車交通を大胆に抑えるとかです。

これも希望を込めて言いますと、徐々にそういう例が出てきています。たとえば、姫路駅の駅前は、4、5年前にいわゆるトランジットモールになりまして、歩行者と公共のバス以外は通れないようにしました。地元の関係者が大変な努力をして実現した、画期的な例だと思っています。こういう例が、徐々に各地で湧き起こりつつあると思っています。今こそ転換期ではないかと期待しています。

エアランゲンもそうですが、ヨーロッパではわりとそういう都市の成功事例が多いので、過去5年間ほど定点観測でずっと調べています。わたしがよく行くのはフライブルクです。大学があって、やはり中心部から自動車を排除しています。どうやっているかというと、真ん中に教会があって、物を売る商店がそこにずらっと並んでいて、配置で設定しているのです。その外側に人が住む空間があって、そことはアウトバーンで繋がっているというやり方です。都市計画の観点からも、非常に理性に基づいていて、エネルギーのコントロールもそうなのです。全体がコジェネレーションで、まち全体でエネルギー消費がゼロないしマイナスになっています。太陽光その他をうまく導入しているのですね。

都市計画局のやり方が非常に上手なのでしょう。聞いてみると、その地域の土地の価格や価値が上がった上積みの部分から、都市計画局の職員の給料は出ていて、失敗した場合は給料がゼロになるという仕組みになっているのです。その際、たとえば許可をおろすときに、具体的にどうやっているのか。たとえば、ディベロッパーが入ってきて、何か建物を建てたいとなると、その分人口が増えますから病院や学校が必要になります。その病院や学校も、利潤の中からディベロッパーが自ら供出しなければ、開発許可はおりないわけです。ということは、乱開発が行われにくいということです。本当に価値のあるものはやるけれども、過当競争になってしまってつぶれるようなものだと、最初から持ち出しになってしまうので、やらないというわけです。そういう仕組みがかなり厳密にできています。

それから全体でコジェネにするために、南側に窓を作ることは条例で禁止されています。壁の厚さも、ある一定以上の断熱性能がないと、憲法違反だということでそもそも認められないので、エネルギーの消費がもともと少なくてすんでいます。屋根の部分と下の建物の部分とを区別して、屋根は公共の所有になっています。そこで太陽光の発電をする。すると日中、電力が余るのでそれはトラムの電力に使われます。昔あったトラムを復活させて、中心部の交通はトラムだけにして、車は一切入れないのです。本当に理性に基づいた都市の運営が、実際に行われています。ストラスブールもそうですね。そういう都市がたくさんある。しかも古い都市です。大学が中心にあって、教会があるようなところが、そういうことをやっているのは非常に面白いと思います。

では、街中に車は走っていないとすると、ドイツの車は誰が乗っているのでしょうか。聞いてみると、都市間の連絡に使われるのと、外国人が買う場合であって、自分たちはほとんど車には乗らない、という言い方を、そこに住んでいる人たちはするわけです。トラムで十分なのです。だから子どもが事故も起こさずに、サッカーボールを街中で蹴ったりして遊ぶこともできて、安全だというわけです。

町をどう作っていき、コミュニティをどう形成していき、どうやって合意形成をするのか。わたしはそうしたことをこの何年かドイツを中心に見ているのですが、一つ間違うと非常に危険な方向に暴走していくこともあると感じています。ただ、少なくとも日本とはまったくかけ離れた状況なので、何かいいとこ取りができれば、日本でも活用できるところがあると思います。実際に住んでいる人たちは、極めてハッピーですし、資産価値は維持されているし、バブルの崩壊もありませんでした。リーマン・ショックの後も、不動産価値はまったく下がっていないのです。そういうこともやろうと思えば可能だということです。

小野塚　ドイツに限りませんが、ヨーロッパの多くの自治体、とりわけ日本で言うと市町村に当たる基礎自治体が、非常に巨大な権限をもっています。市町村合併などはしていませんから、何百年、あるいは何千年も前から、その自治体は存在しています。そして、ほとんどある意味ファシズムに近い、全体主義なのです。

中島　ですから、ナチズムの時に環境問題というのは……。

小野塚　あれはまさにそうで、隠れナチズムとわたしは言うのですけれども、本当に紙一重のところです。日本の場合だと、ディベロッパーや民間資本、あるいはイオンが出てきて、それ以外は町がお金を出して整備します。ドイツは、それとは逆です。ディベロッパーや民間資本に対して、町に入ってくるのなら金を出せと言うのです。これは、隠れファシズムと本当に紙一重で、それほど強大な権力を、町という地方権力が行使しないとできません。日本の場合、町がそれだけの力をもつ伝統はないでしょう。では日本でどうするのかを、われわれは考えないといけないと思うのです。

公共性の装置としての自治体

中島　広井先生は、この点でお考えがあるのではないでしょうか。

広井　公共性がひとつ大きなテーマだと思っています。日本ですと、政府や自治体というと、なにか住民からかけ離れたところにいるように見えますが、本来はそうではなく、公共性のひとつの装置なのです。

　これも希望を込めて言うのですが、日本は元々はかなり分権的な社会であったはずです。それが人口増加期、拡大・成長の時期を経るに従って、工業化社会ではそうなのですが、どうしても中央集権的になっていきました。それとともに、自治体やコミュニティがどんどん弱くなっていった。ところが、今、人口減少になってきて、高齢化も進んで、若い世代も含めて、地域コミュニティをどうするのかということに人々の関心が向いてきています。江戸時代なら長屋があって、1時間かけて通勤するということはなかったから、みんな地域のことに関心をもっていたわけです。そのように、また地域への関心が戻ってきている。そうした流れはあると思うので、公共性が壁と言いますか、大きな課題だと思います。

中島　政策的には何かやりようがあるのでしょうか。平成の大合併のようなことをやって、集権化を進めましたが、それでかえって地域コミュニティが機能しなくなりました。逆に、もっと小さいコミュニティのほうへ戻すような政策は可能なのですか。

広井　そこは意見がふたつあって、人口減少でもうスカスカになっていくので、小さいコミュニティは維持できない。

小野塚　自治体が維持できない。

広井　そうです。そういうことがあって、難しいところです。

中島　たまたま平成の大合併の時に千葉県の一宮町に呼ばれて、シンポジウムに出たのです。「合併しない宣言」をした福島県矢祭町の町長さんもそこにいらっしゃって、合併推進派の人たちとやり合ったわけです。その後、最終的に一宮町は合併しないという選択をしました。実は、今はわたしの先輩がそこの町長をなさっています。哲学者が町長をしているという町で、大変いい感じで、衰退していないのです。

これはどの地域にも適用できるわけではないと思いますが、一宮町のように、あの時に大合併しなかったところで、うまくいっているところも実はあります。ところが、大合併したところでは、一挙にその周辺が廃れてしまって、中核都市を作ってなんとか止めようとしているのですが、止まらない可能性も出てきていますね。わたしたちの公共的なものへの想像力が相当問われているのだと思います。

小野塚　日本はこの150年の間に、実は3回大合併をしているのです。明治の大合併、昭和の大合併、平成の大合併です。昔の村とか町とか宿場町といった基礎自治体は、ほとんど残っていません。ところが、矢祭や一宮のように、江戸時代以来、基礎自治体だったところがそのまま生き残っているところがあります。明治、昭和、平成の3回の大合併を全部、何らかの仕方で乗り切ったのです。だから基礎自治体は強いのです。

それはなぜかというと、そこに住んでいる人たちは自然に、お互いに何らかの形で知り合える規模で暮らしています。人口で言うと、中核部分でせいぜい1万人です。1万人なら自分の直接の知り合いか、知り合いのまた知り合いの範囲に収まります。しかも歩いて行けて、すべての土地がわかっています。ところが、その条件を、今はもうほぼすべての自治体が失っています。

野原　地域共同体というのは、かつてはあったと思うのですが、日本の近代化につれて、残念ながら減っていきました。日本の知識人がずっと問題にしていたのは、知らない人同士が集まって都市ができた場合に、どうやって合意形成するかということでした。日本では国には従うのですが、それ以外のことで合意を形成して自分たちでやっていくという、地下水脈のような伝統がありません。ですから、これがないといけないと、少なくとも近代化論者の人たちは思っていたのですね。ですから、地域コミュニティの問題は案外根が深いと思います。地域がそもそもあるところはいいのですが、全然ないところで一から作るのは相当仕掛けが必要です。そもそも日本の近代化論者や知識人も、そういうふうに日本がなればいいと百数十年来言ってきているのですが、いまだに実現していません。なかなか難しい問題だと思います。

小野塚　近世の農村史を研究している方から聞くのは、近世の日本の農村には公共性があったということです。たとえば、水利をめぐって他村との間できちんとやり取りをして、取り決めをして、水利組合を自分たちで作っていました。公共性がなくて閉じこもっている、内輪集団では決してなかったのだというのです。その場合の公共性とは、村自体も合議で村会でものを決めて動かすのですが、他村や隣村との関係、あるいは近くの宿場町との関係も、すべて取り決めでもって自分たちで作っていたのです。

それを、幕府や藩の権力は、上から承認していたにすぎないのです。上に乗っかっていたにすぎなかったのは、それが年貢を得るのに一番都合のいいシステムだったからです。ですから、実を言うと、近世までは日本にも公共性はあって、広井さんのおっしゃるエッフェントリッヒカイトつまり公共性があったのですが、近代に3回の大合併を繰り返したことで、公共性をとことん壊してきたのです。つまり、村を壊し、町を壊してきたのは、公共性を壊してきた歴史でもあった。こういう解釈がありうるかもしれません。

広井　テツオ・ナジタさんの『相互扶助の経済——無尽講・報徳の民衆思想史』（五十嵐暁郎監訳・福井昌子訳、みすず書房、2015年）という本では、無尽講とか頼母子講とかが日本各地にあまねく存在していたことを描いています。共同体はもちろん、それを超えたネットワーク、ある種の相互扶助としての講が存在したのです。それは決して利潤極大的な経済だけでなく、まさに相互扶助の経済でした。近江商人の「三方よし」のように、相互扶助で循環する経済なり公共性の姿がDNAとして元々日本には存在している、というのです。そこにひとつ希望をつなぐ鍵があると思います。明治以降失われてきたけれども、その水脈はいろいろなところにまだ残っていて、それをどう掘り起こしていくかが課題だというわけです。それは希望を込めてですけれども、たしかにそうだと思います。

言葉や概念をいかにうまく使うか

丸山　脱成長とかコミュニティという言い方で、その本質を今という時代の多くの日本の人たちに伝えるのはとても難しい気がしています。それだけですと、若い人の言葉で言えば「意識高い系」の人たちの考えのような感じになって、時に揶揄の対象になってしまいがちです。それがとても残念で、もう少しそこに違うリアリティを付加するような何かはないのでしょうか。

小野塚　それはやはり格好良さ、美的価値だと思うのです。そういうところでバリアを作らせないための仕掛けが必要ですね。

丸山　広井先生はせめぎ合いとおっしゃいましたけれども、日本はせめぎ合うのとどちらとも違うような、第三のリアリティを得ることはできないのでしょうか。

広井　脱成長とかコミュニティというと、「意識高い系」(笑) のようなイメージになるのでしょうか。学生もそれをよく言うのです。学生を見ていても、二極化していると言うか、ローカルなものへの関心をもっていて社会貢献意識が強い層が明らかに増えています。とはいえ、まだメインストリームにはなっていなさそうに見えます。しかし、期待を込めて言うと、国連のＳＤＧｓもそうですが、表面的かもしれませんが企業でも一応ＳＤＧｓと言うようにはなっているので、何か多少流れは変わってきているかなと思います。

丸山　それはわたしも思います。学生さんたちと接している時に、考えているセンスで言えば、「意識高い系」を避けているような人たちも、違う言語でその意味あるところに気づけば、もっと面白く、ローカルの魅力を発見するだろうなと、いつももったいなく思います。その一方で、「意識高い系」と言われる人たちも、あるジャンルの狭い言語の世界に閉じている場合もあります。これも非常にもったいなく思います。

広井　同感です。丸山さんが言われた日本独自のモデルのようなものは、わたしも重要だと思っています。実際に、よくも悪くも人口減少のフロントランナーですから、拡大・成長とは真逆の方向が出てきてはいて、ただ、意識が追いついていないのです。そのあたりで日本のモデルとして、どういうことが考えられるのかは、重要なところだと思います。

堀内　先ほどのコミュニティの核になるものへの補足です。わたしが大企業にいた時は、メガバンクやせいぜい地方銀行の大きいところと取引していました。しかし、ソーシャルファイナンスを研究すると、信用金庫と信用組合が非常に大きな役割を果たしていて、それは株式会社の銀行とは違って、まさに出資者がお金を借りるというサイクルで回っている金融機関なのです。昔、相互銀行というのがあって、その後、第二地銀になり、さらに地銀と合併しようという話になっています。また、メガバンクは三つになって、どんどん中央集権的になっています。ところが、信用金庫だけは引き続き地域密着型でやっているのです。

地方自治体でいうと、たとえば県庁は住民に直接接触していませんが、市町村という地方自治体の職員は住民と直接接していますね。それと同様に、メガバンクや地銀は地場産業とあまり接していなくて、信用金庫と信用組合が地場産業と一番接触しているわけです。地元の中小企業や、魚屋さん、八百屋さんですね。先ほど学校とか会社とかで、地域の核となるものが考えられるのではないかという議論がありましたけれども、わたしは金融についてては信用金庫と信用組合の役割というのを非常に見直しています。実際問題として、ソーシャルファイナンスやNPOなどは、信用金庫や信用組合がやっている例が非常に多いのです。

中島　たしかにエアランゲンでも地元の銀行がしっかりしていました。

広井　ドイツは多いですね。

中島　逆に言えば、他の町では、その銀行は通用しないのです。でも非常にいい形で、地元ではお金を回しているようでした。

広井　ドイツでは、地域のヒト・モノ・カネの循環、また地域金融が非常にポイントですね。ひとつの例ですけれども、倉阪先生の教え子が千葉エコ・エネルギーという会社を作りソーラーシェアリングの事業を房総半島で立ち上げようとした時に、千葉のどこの銀行も貸してくれなくて、結局、城南信用金庫に借りたということがありました。こういうところが、けっこう問題と言えるかもしれません。

中島　丸山さんがおっしゃったように、概念や言葉をどう使うかが大事ですね。それこそハンナ・アーレントは、「権力」という概念の定義を変えて、「権力とは、人が集まることである」としました。最初にそれを読んだときには驚きました。自分が想像していた権力イメージと全然違うからです。けれども、よくよく考えてみれば、それこそが権力の本質的なあり方を示しているかもしれないと思うわけです。同じように、「封建」という概念も興味深いものがあります。明治の日本は「封建」を徹底的に叩きましたが、江戸時代のある時期には、「封建」は非常にポジティブな言葉で、自分たちこそが中国のあの理想的な古代の「封建」という制度を継承している、われわれが中華世界の継承者なのだというイメージがあったわけです。「封建」はまさに分権システムですね。そう言っていたのが、明治になって急に変わってしまった。ひょっとするとそのあたりの概念からやり直すのもいいかもしれません。

［2019年3月25日収録］

第10章　ポスト資本主義コミュニティ経済はいかにして可能か？

――脱成長論の背景・現状・課題――

中野佳裕

1. はじめに

わたしの故郷は山口県室積という小さな集落です。瀬戸内海に面した小さな半島で、中世の頃から漁村が形成され、江戸時代中期には北前船と朝鮮通信使によって商業が栄えました。『防長風土注進案』などの民俗史料によると、この地域は江戸時代に半島部の室積浦と山間地の室積村に分かれており、室積村の農家は、漁師が採った海藻や鰯を畑の肥料として使っていました。海と陸地の循環型経済、里海の生活文化ですね。半島から8・5キロ離れた沖にある牛島（うしま）という小さな島でも同じような習慣が確認されています。里海の生活文化は、高度経済成長期に沿岸の護岸工事が進む過程で周縁化されましたが、今でも一部で細々と続けられています。私は1970年代後半に生まれ、幼少期はバブル経済の時代と重なりますが、子供の頃から慣れ親しんでいた身近な経済といえば、半島や島の中で数世代続いてきた漁師や伝統職人業によって営まれる地域に根差した小規模な経済でした。

実家は嘉永5年（1852）に創業した和菓子屋で、2015年末に店を閉じるまで、六世代続きました。私の代を含めれば、一家は七世代にわたって室積で生活してきたことになります。子供の頃は、七代目の後継ぎとして育てられましたので、職人の父親や経営者の祖母の姿を見ながら、商家の息子として集落の中での振舞や礼儀作法などを少しだけ学びました。伝統職人業の家庭で育ったものですから、小学校に上がった時に、周りに会社勤めの御家庭の同級生がいたことが、ある意味、カルチャーショックでした。世の中には企業があって、会社勤めの人もいるのだと知ったのです。

実家の商家の建物は170年前に宮大工が建てたもので、子供の頃はそこで暮らしていました。和菓子作りの道具も、一部は機械化していましたが、生地を練ったりする基本的な道具は、江戸時代から引き継いだものを使っていました。和菓子作りの基本的な工程は、すべて手作業でした。レシピなどは存在せず、代々職人たちが日々の修行の中で身体感覚を通して技術を習得しました。重さはグラム単位ではなくて、貫目という江戸時代の単位で測ります。長さも尺寸で測ります。子供の頃は、父親から貫目や尺寸を身体で覚えるコツを教えてもらったことがあります。実家の生業の基礎には、工業化される以前の伝統技術の存在があり、住まいには、瓦から柱まで、故郷の自然から得られた様々な素材が使われていました。そうした故郷の風土と家族の歴史の中で引き継がれてきたモノとの密接な付き合いが、わたしにとって一番身近な経済だったのです。

和菓子に使う素材、商家の建築空間、伝統的な技術、職人一人ひとりの人生といったものは、地域の風土と歴史の中で育まれてきたもので、ひとつひとつに物語がありました。子供の頃からそういうものづくりの現場を見ていたのですが、中学生か高校生の頃、和菓子が店に並んだ途端に、それが価格で表示されてしまうことにある種の異常さを感じるようになったのです。価格によってモノの価値が決まってしまう、この商品化の圧力は一体何なのだろうか、と。それ以来、現代社会を支配する資本主義の仕組みをもっと知らなければならない、経済学を勉強しないといけないと思ったのです。私が脱成長に関心をもったそもそもの切掛けは、以上で述べた故郷での原体験にあります。

こういう個人的なエピソードをお話しておいたほうが、脱成長の話も理解しやすいと思うのです。といいますのも、脱成長論が提起する問題群の中心には、経済社会をどう運営していくかという政策論の次元を超えて、人間の暮らしの根っこにある生命やモノの世界をどう認識するかという問題があるからです。この点を踏まえた上で、主に南ヨーロッパから出てきた脱成長の思潮について話したいと思います。

2．K．ポランニー『大転換』を通してみる資本主義の歴史

まず資本主義の歴史をどう見るかという時に、カール・ポランニー『大転換――市場社会の形成と崩壊』(「新訳」、野口建彦・栖原学訳、東洋経済新報社、２００９年）を軸にして考えてみたいと思います。ポランニーの『大転換』は２１世紀に入ってから再び注目を集めています。というのも、金融資本主義の歪みが様々な形で出てきている現在、国際社会が直面している問題は、ポランニーが『大転換』を書いたその時代と酷似しているところがあるからです。そのため、開発とグローバル化の歴史を批判的に検証し、ポスト資本主義・ポスト新自由主義パラダイムの構想を試みる批判

理論家・人類学者・社会学者たちの間で再評価されているのです（詳細は、中野佳裕、J-L・ラヴィル、J-L・コラッジオ編『21世紀の豊かさ――経済を変え、真の民主主義を創るために』コモンズ、2016年を参照のこと）

土地・労働・貨幣の擬制的商品化による「市場社会（the market society）」の誕生

『大転換』は、イギリスで産業革命が起こった時に、どのようなロジックで市場社会が成立したのかを、歴史的に分析しています。ポランニーによると、もともと地域コミュニティの中に埋め込まれていた（embedded）土地・労働・貨幣が、産業革命が進展する中で商品化されました。彼は、この特殊な商品化の過程を擬制的商品（fictitious commodities）の誕生と名づけています。本来は商品の性質を持つはずではなかった土地・労働・貨幣が商品化され、地域コミュニティの社会関係の網の目から離床（dis-embedded）してしまったのだと。それによって市場経済が際限なく拡大成長する圧力が生じたのです。

18世紀末頃までは、市場はあくまでもさまざまな社会制度の一部にすぎませんでした。しかもそれぞれの地域社会の中には、市場をどのように規制し運営するかというローカル・ルールもあったわけです。ところが、産業革命期の英国では、一国規模の市場経済という抽象的な経済空間を想定して経済を発展させるという見方が出てきて、当時の英国政府もそのための制度作りを推進していきました。囲い込み運動（エンクロージャー）によるコモンズの解体がその代表例です。

その結果、市場経済に依存する社会が誕生しました。ポランニーはそのような社会を「市場社会（market society）」と呼んでいます。各地域コミュニティの社会関係に埋め込まれた具体的で顔の見えるローカルな市場とは異なり、市場社会では、抽象的な市場原理によって社会が統治されていきます。つまり、社会と市場の関係が逆転してしまったのです。２０世紀の最後の四半期に現れた経済のグローバル化は、市場社会が地球規模で拡大し、本来商品化されるものではない土地（自然）・労働・貨幣の商品化が一層進み、世界全体が市場原理によって統治されている過程であると捉えることができます。しかし、ポランニーが『大転換』で見たように、社会の市場化は様々な構造的矛盾を生み出します。２１世紀の現在、その構造的矛盾が世界規模で、特に地球環境との関わりにおいて生じてきていると言えるでしょう。

市場化（marketisation）と社会的保護（social protection）の二重運動（a double movement）の展開

ポランニーは市場社会の拡大過程に伴う複雑な力学を、二重運動論という理論で説明しています。二重運動論とは次のようなことです。まず、市場経済には拡大局面があります。しかし、それは地域コミュニティの社会関係や自然環境を破壊します。そうなると、人々が自らの生活基盤を防衛するための対抗運動を組織するようになります。つまり、資本主義（ポランニーの言葉では「市場社会」）の発展には、一方で市場経済の拡大成長の力学が存在し、他方ではそれを制御しようとする社会的保護（social protection）の力学が存在する。この相矛盾するふたつの力学の弁証法的過程が資本主義発展の歴史である、ということです。社会的保護を求める運動は、ポランニーが生きた1930年代に、一方ではニューディール政策のような福祉国家の確立へと向かいましたが、他方ではナチス・ドイツやイタリアのファシズムといった全体主義を生み出す方向にも進んでいきました。

先程、ポランニーの『大転換』の再評価が近年進んでいると述べましたが、同書を再評価する研究者は、一様に彼の二重運動論に注目し、それをグローバル化時代の資本主義の分析に応用しています。1980年代以降の新自由主義反革命によって、先進工業国でも発展途上国でも社会の市場化が進んでいきました。しかし、1990年代になると、新自由主義イデオロギーに基づく経済グローバル化に反対するさまざまな社会運動が世界各地の市民社会から出現しました。これら反グローバリズムの運動は、当初、主に左派陣営によって組織されてきました。左派の反グローバリズム運動は、グローバル化の名の下で進められる社会の行き過ぎた市場化に歯止めをかけ、公正なグローバル経済の構築を目指しているので、「グローバル・ジャスティス運動」と呼ばれています。この思潮の中には、ポランニーの影響を受け、市場とも国家とも異なるコミュニティ経済の再生を目指す社会的・連帯的経済運動も存在します。これら社会的・連帯的経済運動に加え、アグロエコロジー運動、オルタナティブ・テクノロジー運動、新しい職人のネットワーク、エコビレッジ運動、トランジション・タウン運動など、様々な市民アソシエーションによるオルタナティブ経済運動が出現しています。自律的で持続可能な地域社会の構築を目指すローカリゼーションの取り組みが世界各地で展開するようになっています。

ところが2008年の金融危機以降、左派の反グローバリズム運動だけではなく、これまで水面下でくすぶってきた右派の反グローバリズム運動も目立ってきました。現在（2019年3月）メディアで注目を集めている反グローバリズムの運動は、例えばドナルド・トランプの支持層であるとか、フランスの国民戦線であるとか、ドイツにおける「ドイツのための選択肢（AfD）」であるとか、ナショナリズムと結びついた排外主義的な反グローバリズム運動です。二重運動論の観点から見ると、過去20~30年の間に、左派と右派の各陣営から社会的保護を求める異なる運動が現れてきていると言えます。

一方では、左派の反グローバリズム運動のように、より民主的で開かれたコミュニティの構築という提案が出てきていますが、他方では排他的でナショナリスティックなコミュニティを求める運動も出てきています。そのせめぎ合いが起こるわけです。これが現在の状況ではないでしょうか。この状況の中で、どのようなコミュニティを構築していくのかが、現代の重要なテーマになってきます。

浮上するコミュニティという領域

では、なぜコミュニティという領域が、現在浮上しているのでしょうか。

一つ目は、ポランニーが当時予期していなかった事態が起こっているからです。ポランニーは、

『大転換』の結論部分で当時の全体主義の台頭に警鐘を鳴らしています。他方で、彼自身はキリスト教社会主義や社会民主主義に傾倒していましたので、ヨーロッパにおける福祉国家の発展に全体主義を克服する道を期待していた側面があると思います。

けれども1970年代以後になりますと、戦後の欧米諸国が確立してきた福祉国家体制が限界に直面し、産業社会の逆生産性が顕在化してきます。特に際立つ問題は、経済成長が生み出す富の分配を通じて生活を保障するという成長主義的な福祉政策が、地球環境の側面から限界に達しているわけです。

二つ目には、ウルリッヒ・ベックが定式化した「リスク社会」の台頭が挙げられます。この時代に科学技術の急速な発展とともに工業化が進みましたが、その結果、先進工業国は原発事故などの様々な科学技術リスクを抱えるようになりました。科学技術の進歩の思想が根本から問われるようになり、先端技術を応用して生産力を上げていく従来の経済発展モデルの限界が顕在化してきました。

三つ目は文化的側面です。イヴァン・イリイチが指摘していることですが、福祉国家体制は、同時に消費者を作っていく体制だったわけです。人々は学校教育や会社勤めの生活といった産業社会のルーティンの中で、消費者に仕立てられていきました。より多く消費することで、より大きな生活満足感を得ることを良しとする消費主義の価値観が社会の中に浸透していきました。その結果、消費社会から自立した市民生活を構築することが次第に難しくなっていきました。イリイチは、商品世界に閉じ込められた現代人が生活づくりの能力を失っている状況を「現代化された貧困」と呼びました。

福祉国家体制の矛盾が顕在化した後、1980年代には新自由主義政策が英国・米国を中心に進められていきました。消費社会のグローバル化が進む中で、国家と市場の関係は大きく変容していきます。1970年代まで、国家は市場と社会のバランスを調整し、公共の福祉のために市場を規制する役割を担っていました。しかし新自由主義体制の下では、国家は市場の規制緩和を推し進め、市場原理によって社会を統治しようとします。国家が社会的保護の役割を放棄するようになったのです。

国家と市場の間の弁証法が変わってしまったのです。今や国家は、市民の生活の質を犠牲にしてまでも巨大ビジネスを裨益する役割を担うようになっている。ポランニーの二重運動論を援用するなら、国家が社会的保護よりもむしろ市場化を進める方に振り子を切るようになってしまった。その結果、先進工業国では不安定労働者が増加し、貧富の格差が拡大しましたし、地球温暖化対策に対する国際協調も進まなくなっています。

かつての福祉国家の時代のように国家に社会的保護の役割を期待できなくなっている現在、新たな社会的保護の担い手を創出していかなければならなくなっている。そこで注目されているのが、国家とも市場とも位相を異にするコミュニティの領域なのです。

3．南ヨーロッパの脱成長運動

以上で述べた時代背景の中で出てきたのが、脱成長運動（la décroissance）です。脱成長運動は、21世紀初頭にフランスの脱開発学派によって提唱され、イタリア、スペイン、ギリシャなど南ヨーロッパを中心に普及しました。現在は世界各地にそのアイデアが普及し、二年に一度のペースで国際会議も開催されています。フランスの経済学者・哲学者のセルジュ・ラトゥーシュは、脱成長運動の指導的存在で、これまで様々な理論書を執筆しています。ラトゥーシュは、持続可能な世界を創るために、先進国の脱成長の必要性を主張しています。その基本的考えは、フランスのアグロエコロジー運動、イタリアのスローフード運動、スペインの協同組合運動など、自律的で持続可能な地域づくりに取り組む南ヨーロッパの社会運動の中で受け入れられています（余談ですが、ラトゥーシュはスローフード運動の創始者カルロ・ペトリーニの友人です。そしてペトリーニは、ウルグアイの元大統領ホセ・ムヒカや現ローマ教皇のフランチェスコと交流があります。ラテン語圏文化に生きる彼らが皆、脱成長に共感している事実は、思想文化研究の点からも興味深いです）。

脱成長運動もまた、ポランニーの思想に影響を受けており、コミュニティの社会関係から離床した市場経済をコミュニティの社会関係の中に再び埋め込み直すことを目指しています。ラトゥーシュは、「地球規模での市場化以外の何ものでもないグローバル化に直面して、わたしたちは経済的価値が中心価値ではなくなる社会を構想しなければなりません。つまり経済が人間生活の最終目標ではなく、単なる手段として位置づけ直される社会の構想です」(Serge Latouche, *Survivre au développement*, Paris, Mille et une nuits, 2004, p. 115.) と述べています。さらにこの後に、「そのためにはわたしたちの想像力の脱植民地化、つまり精神の脱経済化が必要です」(同上) と続けています。わたしたち現代人のものの見方は、経済学的なものの見方にあまりにも染まっているので、まずそこから抜け出す必要がある。わたしたちの生活、そして人間と他の生命、そして様々な物 (人工物、自然物) との関係を、経済学以外の認識枠組みで捉えられるようにならなければならない。そういうことを言っているわけです。

脱成長運動は具体的にどのように展開したのでしょうか。21世紀最初の10年間の動きを振り返ると、フランスでは、主に地方都市で脱成長運動が出てきました。隔月誌『脱成長 (*La Décroissance, le journal pour la joie de vivre*)』(後に月刊誌となる) がリヨンに拠点を置く市民アソシエーションによって、年二回の学術誌『エントロピア (ENTROPIA)』(2006—2014) がラトゥーシュの監修によって刊行されました。また、環境破壊のリスクがある地域開発を阻止するために様々なデモやキャンペーンなども行われました。ディジョンなど一部の地方都市では、脱成長を基本政策に掲げる地方政党も誕生しています。

脱成長の考え方は、フランス以上にイタリアやスペインで普及しているのではないかと思われます。この点はまだ検証する必要がある点ですが、フランスの地方にせよ、イタリアやスペインにせよ、脱成長運動が普及する地域には、19世紀の頃から非マルクス主義的な社会主義運動やアナーキズム運動の基盤があると考えられます。スペインでは、ラトゥーシュの本はスペイン語訳とカタルーニャ語訳で刊行されており、特にカタルーニャ地方では、反資本主義運動活動家のエンリック・デュランによって、脱成長のアイデアが普及し、多様な協同組合のネットワークによる地域づくりが進められています。また、バルセロナ自治大学には、南ヨーロッパの脱成長派の研究者が集まって独自の研究・教育プログラムが実施されています。

脱成長運動が提案していることのひとつに、「カタツムリの知恵に学ぼう」というのがあります。カタツムリにはいろいろなメタファーがあります。たとえばイタリアのスローフード運動にとって、カタツムリはスローな生活の象徴です。スピードや効率を優先してせかせかして生きる現代社会のアンチテーゼとして、スローフード運動はカタツムリをシンボルとしているのです。生活のテンポを緩めて少し立ち止まり、生活の質を高めていこうということです。良質な食文化を育てるには、一定の時間量が必要です。遅さは、生産者と消費者、自然と人間の間に良質な関係を再生し、食べる歓びを他者と分かち合う生活を築くのに必要な価値なのです。

脱成長運動もまた、スローな生活を評価しますが、それだけではありません。それとは別に、カタツムリには殻の成長を自ら止める本能をもっています。また、チリ出身の作家ルイス・セプルベーダが述べていることですが、カタツムリは世界のさまざまな文化において、バランスの良さ、つまり公正さの感覚の象徴として描かれています。つまり、自然やコミュニティの社会関係を破壊してまで利潤追求を目指す過剰な経済成長主義に歯止めをかけて、社会のバランスを回復していこうということなのです。そのためには、市場経済以外の社会関係資本や自然環境の豊かさをもっと積極的に評価し、市場を非市場の関係の網の目に埋め込みなおす必要がある、ということです。

4．脱成長論による消費社会批判とオルタナティブな対案

脱成長の理論面における大きな特徴として、消費社会の批判的分析があります。さらに、消費社会から抜け出すオルタナティブ社会の構想があります。

消費社会の批判的分析に関しては、現在、複雑系理論を援用した研究がなされてきています。特にわたしが注目している人は、イタリアの脱成長派の経済学者マウロ・ボナイユーチ（Mauro Bonaiuti）です。彼が2013年に刊行した『大いなる移行——衰退から脱成長社会へ』（原題——*La grande transizione : Della declino alla società della decrescita*, Turin, Bollati Boringhieri, 2013）は、ニコラス・ジョージェスク＝レーゲンの生物経済学と複雑系理論を融合させながら、大規模化した消費社会の維持不可能性を分析しています。

彼によると、市場社会のグローバル化が進行していくと、それに合わせて社会システム（交通制度、情報システム、教育制度など）も複雑化していきます。ところが、社会システムは大規模化し複雑性を増すほど、システム維持に必要な生態学的・社会的・経済的コストがかかるようになります。たとえばエネルギーひとつとってみても、交通や産業インフラの維持のためにより多くの化石燃料を

利用しなければならなくなります。その結果、エントロピーは増大の一途を辿り、最終的に社会システムは崩壊にいたるわけです。

もうひとつが、2018年にわたしが翻訳出版したイタリアの経済学者ステファーノ・バルトリーニ（Stefano Bartolini）の研究です（邦題――『幸せのマニフェスト――消費社会から関係の豊かな社会へ』、中野佳裕訳、コモンズ、2018年）。バルトリーニはイタリアの「幸せの経済学派」の一人で、コミュニティの社会関係資本と幸福度の観点から脱成長社会への移行を提唱しています。

バルトリーニによると、消費社会の発展過程において、それまで地域コミュニティの中に存在した社会関係資本や自然環境などの無償の共有財（コモンズ）が減少する。そのため市場経済が提供する財・サービスによって、それらコモンズを代替しなければならなくなり、人間の生活は、より多く働いてより多くのお金を稼ぎ、より多くの商品を消費するというサイクルに嵌り込む。消費社会が推進する競争と比較の圧力は、そのサイクルを加速化し、現代人はそこから抜け出せなくなってしまいます。その結果、働きすぎなどによって人々はストレスや不満を抱えるが、ストレスや不満を消費によって解消しようとして、さらに多くのお金を求め、働くようになる。消費社会が拡大して商品が豊富になればなるほど、幸福度が低下するという逆説的現象が起こってくる。明示的ではありませんが、バルトリーニの研究も、複雑系理論の発想を用いて消費社会の諸制度が生み出す不満足増大のフィードバックループをうまく分析しています。

ボナイユーチやバルトリーニの研究は、市場経済の拡大成長が生活の質と社会の持続可能性を損ねるという悪循環を明らかにしています。では、この悪循環からどのように抜け出せばよいのだろうか。これが、脱成長の理論研究が探求しているもうひとつのテーマです。

近年、ラトゥーシュを始めとする脱成長派の研究者は、国家とも市場とも異なる位相にある第三の生活領域としてコミュニティやコモンズの再生を強調しています。ただし、産業社会以前の伝統的なコミュニティやコモンズに戻ることは不可能なので、現代社会の条件の中で、コミュニティやコモンズを新たに創出することを目指しています。それは、インターネットを通じた緩いつながりからなるネットワーク資本を活用してコミュニティの社会関係資本を補完したり、諸個人が所有している物を共有化して疑似コモンズを構築したりする活動として現れています。

例えば、南ヨーロッパでは、社会的経済や連帯経済と呼ばれる協同組合や社会的企業を母体とするコミュニティ・ベースの経済活動のネットワークが広がっており、若者・女性・障がい者の就労支援、貧困地区の生活環境改善、コミュニティの食育事業、移民のための語学教育、空き家の再生、アートスペースと融合した書店の経営など、地域社会の様々なニーズに応えています。さらには、新自由主義政策の下で民営化された公共サービスを再公営化する新しい自治体政治も現れてきています。これらのイニシアチブは、多様な社会関係と人々の協働によってつくられる新しいタイプのコミュニティ、新しい形態のコモンズですので、フランスの社会理論家ピエール・ダルドーとクリスチャン・ラヴァルは、〈共（コモン）〉（le commun）と呼んでいます。

5．脱成長論の課題

最後に、脱成長論の課題をお話しします。ここで議論しなければいけないのは、〈共（コモン）〉をどのように描いていくのかです。ラトゥーシュや他の論者たちも、ある程度の方向性は示しているのですが、今のところ議論は文化の次元の変革に集中しており、具体的にそれをどのように実践に転換していけばいいかというシナリオ作りには至っていません。特に脱成長論が提案する文明移行の着想を推進するための制度構想が弱いのです。

制度構想において重要なのは、自治体政治の領域です。近年、南ヨーロッパだけではなく、世界各地の自治体で、新自由主義政策の影響下で民営化された公共サービスを再公営化する動きが出てきています。代表的事例は水道事業の再公営化ですが、フランスのパリやグルノーブル、イタリアのナポリでは、市民社会と自治体の新たな連携に基づく新しい公共性が生まれています。

詳しくは、私の論文「〈南型知〉としての地域主義」（『21世紀の豊かさ』前掲書、所収）を参照して頂きたいのですが、たとえばイタリアのナポリ市では、2011年に住民投票で水道事業の再公営化が決定し、水道事業を自治体と市民団体の代表による共同管理によって維持することになりました。この事例はヨーロッパで注目されています。というのも、水道事業の再公営化を契機にナポリ市がコモンズの権利を定める法案を採択し、水をナポリ市民にとってのコモンズとして共同管理することを法的に規定したからです。私有財産、公共財とは異なる第三の財産としてコモンズの権利が保障されたことが画期的です。

エコロジーの観点から言うと、脱成長論が目指すようなエコロジカルな地域社会を創っていくためには、ポランニーの言った互酬性の領域だけではなく、生命循環やエントロピー処理という視点も入れる必要があると思います。

しかし、エコロジーの問題をエコロジーの観点だけで議論することも、おそらくはできないでしょう。この点は近年、フェミニズム政治経済学の中から提出されている論点です。

たとえば、英国のメアリー・モラー（Mary Moller）というエコフェミニストの研究者は、英国や米国の再生エネルギー事業や環境政策部門を見てみると、圧倒的に雇用されているのが男性であり、他方で女性は低賃金で不安定なケアワーカーとして働いている現状があると指摘しています（Mary Moller, 'Ecofeminist political economy : a green and feminist agenda,' in Sherilyn MacGregor（ed.）*Routledge Handbook of Gender and Environment*, London : Routledge, 2017, pp. 86-100）。そうすると脱成長社会の構築のためには環境政策を行えば事足りるということではなくて、環境政策におけるジェンダー不平等を是正していく公共政策も必要となってくるだろうと思います。まさにエコロジーの観点とフェミニズムの観点の融合が、〈共（コモン）〉を構築する公共政策の領域でも必要なのです。

わたし自身が現在強い関心を持っているのは、教育です。脱成長的な生活スタイル、つまり消費主義から抜け出すような生活スタイルを、小学校の頃からの学びとして、子どもたちが身につけていくことは非常に大事だと思います。それには表現力や感受性、他者との協働性や自然との共生を育むような教育が大事になってきます。イタリアでもフランスでも、アグロエコロジー（農業エコロジー）や脱成長を、子どもたちにわかりやすく説く絵本などが作られています。やはり未来の世代に語ることは非常に大切だと思います。

最後に、感性論に関わる領域ですが、これが脱成長をめぐる国際的な議論の中で最もなされていない分野です。わたし自身は感性論に特にコミットメントしたいと思っています。自己と他者、人間と物（人工物、自然物）との関係を身体全体で感じ取り、その感性的な結びつきを様々な仕方で表現できるようになることは、とても重要なことだと思っています。人間と物との感性的な結びつきの中から新たなコミュニティを描くことはできないでしょうか。その際、芸術の役割は非常に大事になってくると思います。近年、芸術の社会的な役割が重視されていて、ソーシャル・アート（社会的芸術）やソーシャリー・エンゲイジド・アート（社会的に関与する芸術）という取り組みがなされています。そうした芸術によって地域づくりを行うことが日本でもなされています。

わたしもそうした芸術などを通して、地域づくりや脱成長社会の創出に貢献する可能性を探求してみたいと思っています。

［討議］

地域主義の限界と可能性

玉野井芳郎が考えていたこと

中島　ポランニーや玉野井芳郎という名前を、わたしなどは30数年前に聞いて勉強していたのですが、ではこの30年間に、どういう理論的な深化があったのか、あるいは新しいパースペクティブが開けたのかをもう少し伺いたいと思います。今の議論は、玉野井先生たちが考えていたことと根本的にどう違うのでしょうか。

それと関連していると思いますが、地域主義の問題は、非常に重要だと思っていますが、同時に、それが有する限界もちゃんと論じておきたいと思っています。批判的にでもいいのですが、どういうコミットメントをすれば、限界を回避できるのか。このふたつをまず伺いたいと思います。

中野　わたしは現在、玉野井芳郎の地域主義を世界の脱開発・脱成長論の中で検討する英語論文を執筆しています。執筆する過程で面白いと思ったのが、玉野井さんの地域主義において明示的あるいは暗黙的に提示されていた議論が、現在の脱開発・脱成長論においてようやくアクチュアリティをもってきたということです。

中島　玉野井先生は早すぎたのですね。

中野　玉野井さんがかつて主張していたことが、今ようやく時代とシンクロしていると思います。脱成長をめぐる国際的な議論を見ても、そう思えるところがあります。晩年の玉野井さんは、将来世代の生命（いのち）を含めた生命の流れに現在世代がアイデンティファイ（一体化）する社会を作る必要があると言っていました。人間だけではなく、人間以外の生命との循環の中で人間の社会なり、人間の生き方なりを考えるべきだと言っていたのです。これは最晩年の『科学文明の負荷――等身大の生活世界の発見』（論創社、１９８５年）という本の中で提示されている視座です。現在の環境哲学の中でようやく議論しうる土壌が整ってきたと思います。

２１世紀に入り開発の批判理論においても、ようやく人間と人間以外の生物との間の共生を考えていくための新たな存在論が模索されるようになりました。開発の批判理論における実在論的・存在論的転回が起こっており、脱開発・脱成長論も実在論の視点から議論されるようになってきています。そうした時、生命系という概念の下で人間社会と生態系との物質循環を考えていた玉野井芳郎の理論が生きてくるのです。

ではなぜ欧米の脱開発・脱成長論では、そうした議論が２１世紀になってようやく浸透するようになったのでしょうか。ひとつ考えられる理由としては、１９８０～９０年代の欧米の批判理論では、ポスト構造主義の流れを汲む言説分析を中心に社会分析が進められたために、人間社会を構成する言説制度の分析が中心となり、実在論的視座が後退したことが挙げられます。開発の批判理論においても同様で、この時期の脱開発論は、開発概念や開発政策の言説分析を中心に研究が進められています。それが現代思想の実在論的・存在論的転回を経て、脱開発・脱成長論においても実在論的視座が前面に出るようになり、そこで玉野井さんの哲学的な部分が時代とシンクロしはじめたのだと思います。

ただし、玉野井さんの議論にも限界はいくつかあります。ひとつには、玉野井さんの地域主義の議論では、今日のようにグローバル化した経済の複雑な仕組みを俯瞰的に分析することはできません。そのような理論装置は、玉野井さんの枠組みではまだできあがっていなかったのです。もちろん玉野井さんは、産業社会がこのまま地球規模に拡大していったとき、エントロピーの増大によって文明崩壊が起こることを予見していました。しかし、市場社会のグローバル化の過程でエントロピー増大のフィードバックループが地球規模でどのように編成されるか、その仕組みを分析する理論枠組みまでは作っていませんでした。

地域と脱成長論

中島　地域を超えるものについては、どう関わろうとされているのでしょうか。

中野　脱成長論の提唱するローカリゼーションには、ジョン・アーリの言う「グローバルな複雑性」の考察が不足していると思います。おそらく、地域を固定的な実体として捉えているところがあることと関係しているとは思うのですが。アーリが言うように、グローバルな複雑性によって構成される現代世界では、ローカルで起こっていることがグローバルなレベルに影響を与え、それがさらにフィードバックループを通じて再びローカルなレベルに戻ってきたりします。実際には、目の前のローカルな問題を、その地域空間だけに限定して考えることはできません。脱成長論は、グローバル経済の複雑性の分析については十分にできているのですが、反対にローカリゼーションが生み出すであろうフィードバックループの分析については、不十分なところがあります。

もうひとつは、特に欧米の脱成長論がそうなのですが、環境政策に偏りすぎているところがあります。セルジュ・ラトゥーシュは著書の中で、今回私が問題提起したようなトピック（ジェンダー、教育、感性論）を繰り返し論じています。しかし、脱成長に関する英語で書かれた論文などを読むと、脱成長の理論的射程が矮小化されており、環境経済学の一分野として議論が進んでいます。その点は、少し残念に思っています。

小野塚　わたしも脱成長論には関心があって、ラトゥーシュやマウロ・ボナイユーチのものをいくつか読んでみて、なるほどな思うところがすごくあります。一番なるほどなと思ったのは、先ほど紹介された『ラ・プロヴァンサル』という雑誌です。その副題に「生活の」というのか、「生命の」というのか、La joie de vivre（生の喜び）という言葉が出ていましたね。つまり、成長がかつては生の喜びを実現していたはずなのに、いつの間にか成長は生の喜びを実現しなくなり、かえって疎外している。そういう非常に明瞭な主張があるわけです。その点は確かにそうなのです。２０世紀末から現在にかけての資本主義のあり方を見ると、成長が、自分が幸福になっているという実感を必ずしも生み出していません。日本経済などは特にその典型なのかもしれませんね。ですから、とてもよく理解できる部分が哲学的にはあります。

その上で、二つ質問があります。ひとつ目は、ラトゥーシュやボナイユーチは、成長のない資本主義の可能性をどう考えているのかという問題で、ふたつ目は、脱成長した場合に、現在の人口をどうするのかという問題です。

ひとつめに関して言うと、当たりさわりのない可能性としては、非物財的な成長の可能性ですね。非物財的な成長は少なくとも日本に関してはいくらでもありますし、デンマークやフィンランドのように、GDPの半分以上が非物財で占めているところもあります。そこでは、教育や医療も含めて対人サービスがGDPのほとんどを占めているのです。対人サービスを充実していけば、GDPも増え、雇用も増え、だから非物財的に成長できる。これがひとつの考え方です。ただ、それは、対人サービスを商品化するわけですから、ますます人間の生活を商品の世界に取り込んでいくことにもなります。実際に、デンマークやフィンランドそしてスウェーデンは、税金が所得の半分を超えています。その吸い上げた所得を、国や自治体が使って、いろいろな仕方で雇用や需要を生み出しているのです。ということは、デンマークやフィンランドでは、われわれの生活がますます商品化されつつあるわけです。

それとは異なる考え方もありうると思うのですが、ラトゥーシュを読んでいてもそこのところははっきりしていません。資本主義でなくてもよい、成長なんか本当になくてよいというのですが、成長のない資本主義は原理的にありえないでしょう。わたしはそう思うのです。では、非資本主義的ないかなる生産様式を彼は考えているのかというと、どうもそこはラトゥーシュを読んでも、ボナイユーチを読んでも見えてきません。観念的で、よく言えば哲学的です。これについて中野さんはどうお考えでしょうか。

ふたつめの質問は人口の問題で、これは単純です。現在の食料生産力は化学肥料と合成農薬によって支えられています。化学肥料も合成農薬も、原料として化石燃料を使っているので、いずれもたなくなります。もちろん100年程度のオーダーではもつかもしれないけれども、100年経ったら農産物の価格はおそらく今よりもはるかに高くなるでしょう。実際に、では化学肥料と合成農薬を使わないでどの程度の食料が生産できるのでしょうか。ざっくりといろいろな試算があるのですが、一番多めに見積もっても現在の人口を3分の1から5分の1程度に減らさないといけません。3分の1なら30億、5分の1なら15億、それくらいまで世界の人口を減らさないと持続可能な人口状態にはならない。この問題を、脱成長を考えている人たちはどう考えているのでしょうか。

スペイン、イタリア、フランスは、人口増加率は日本よりも高いですが、それにしても出生率が低い社会ですから、今くらいの人口で生きられたらいいと思っているのかもしれません。しかし、今まさに人口がどんどん増えて、さらに人口成長率以上に1人当たりの物財の消費も増えていて、経済成長ものすごくたくましい、ブラジルや中国やインドはどうでしょうか。中国とインドを合わせたら世界の人口の3分の1程度を占めるわけです。そういう国でどんどん人口も増えて物財も増えているのです。人口問題という観点から、脱成長論の人たちは何を主張しようとしているのでしょうか。

中野　どちらのご質問も、わたしも疑問に思っていることです。まず、最初に明確にしておきたいことは、脱成長は成長のない資本主義ではありません。資本主義から抜け出すこと、つまりポスト資本主義社会へ向かう運動です。そのための社会運動戦略として、経済成長パラダイムとの闘いを挑んでいます。

まずひとつめですが、ラトゥーシュもボナイユーチも北欧の経済問題に対してはほとんど言及していません。ラトゥーシュは、ドイツや北欧諸国の環境政策はエコロジカルな近代化であり、脱成長のビジョンとは相いれないところがあると述べています。また、北欧の福祉国家の在り方については、連帯経済研究を専門とするジャン＝ルイ・ラヴィルの意見を聴いたことがありますが、やはり国家の力が強すぎると言っていました。ラヴィルによると、南ヨーロッパにおける国家と市民社会の関係は北欧のそれと異なり、市民社会における自律的社会を志向する力学が強く、そのダイナミズムが社会連帯を推進する国家の構築へつながる傾向があるそうです。これは、南ヨーロッパにアナーキズムの思想文化が根付いていることと関係があるのではないだろうかと思います。

つまり国家や市場に依存しない自律社会を作ることが、脱成長の出発点としてあるのではないかと思います。ということは、脱成長派は、成長がない資本主義については、おそらく考えていないのではないでしょうか。むしろそういう成長がない資本主義に依存しなくても、自立して生きていける〈共（コモン）〉の構築を目指しているのではないでしょうか。

ただし、現在の日本の、東京のような都市社会に暮らしていると、〈共〉を経験的にもっている人のほうが少ないですよね。そうした状況で脱成長のいろいろなキーコンセプトをどう実践していくのかは難しいと思います。都市化した社会になればなるほど難しいのではないかと思っています。

小野塚 もうひとつの人口の問題、例えば脱成長の先駆者とされるイヴァン・イリイチは、1973年に刊行された『コンヴィヴィアリティのための道具』（渡辺京二・渡辺梨佐訳、ちくま学芸文庫、2015年）の中で、人口抑制の必要性についてはっきり言及しています。ただ、ラトゥーシュは、2010年に来日した時に、現在は人口問題を表立って議論することが難しい状況にあると述べていました。もし人口減少が必要となってくるとして、それをどのように政策的に行うとよいとお考えでしょうか。

中野 それは、ないと思います。人口を減らす政策というのは、政策としてはこれまでありえなかったことです。

ラトゥーシュが人口問題を難しいと述べる理由の一つは、国際社会の議論が人口抑制に集中することで、先進工業国の過剰消費が不問に付される危険があるからです。彼の最新の本（『脱成長』白水社クセジュ、2020年）でも触れられていますが、平均的な米国人の消費水準を基準とするならば、世界人口は10億人まで減少しなければならない。これに対して、最底辺のブルキナファソ人の消費水準を基準とするならば地球は230億人の人口を収容できる。問題は我々の消費生活の適正な水準を定めることである、と。彼は人口抑制政策を議論する以前に、社会経済システムの公正さや妥当さを問題にしたいのではないかと思います。

小野塚　難しいですね。ただ、中野さんのおっしゃっている特に南フランスとイタリア、スペインというのは、介護に関して言うと、家族介護型の社会なのです。つまり、在宅介護型ですね。北欧はすべて施設介護でしょう。北フランスも、ドイツも、スウェーデンも、施設介護なのです。施設介護は国家が管理して、介護労働者を用意して、介護労働者にきちんとした賃金を払いますから、それなりに経済成長ができるわけです。ところが南フランスや、イタリア、スペインは、家族介護ですから、結局どうなるかというと、家で介護を見きれなくなると、外国人労働者や移民をどんどん受け入れて、移民に在宅介護をやらせているわけです。

　実を言うと、外側から人口をもってこないと、南フランスやイタリアやスペインは、社会が成り立っていないのです。これは、介護という点のみを見ればということですけれども。まさに今それと同じ道を、日本や韓国は歩んでいて、移民労働者を入れて介護をしようと言っています。台湾もそうですね。

ついでに言うと、施設介護型の社会では野良猫がいなくなるのです。逆に、在宅介護型の社会では野良猫が発生する。なぜかというと独居高齢者がいて、猫に餌をやるから、野良猫が増えるのです。岩合光昭さんの「世界ネコ歩き」には、イタリアやスペイン、台湾や日本は出てくるのですが、ドイツやスウェーデンは出てこないのです。それは介護のあり方が違うからです。野良猫が発生していることの裏返しにあるのは、外側から人口を連れてこないと介護が成り立たないという状況です。

中島　地域主義と言っても、これはこれでかなり独特のものですね。

小野塚　完全に地域で閉じて成り立ってはいないのです。

野原　その点に関して言うと、南イタリアやスペインは、入ってくる移民だけではなく、出て行く人も19世紀以降非常に多いのです。むしろ地域が成り立っているのは、移民で過剰労働力を都市などに移していたからこそ、地域が成り立っていたとも言えるわけです。もし地域に全員がずっといたら、おそらく食べていけなかったはずです。そうだとすると、おっしゃっていた地域主義では、南スペインで豊かな暮らしをしている人たちと都市で大変な暮らしをしている人たちとが、実は反するどころか補完しているような感じさえします。それをどう考えるのかですね。

ポランニーをどう捉え直すか

野原　もうひとつ、わたしは経済学の歴史の研究をしているので、ちょっと気になっているのは、ポランニーを通じて資本主義の歴史を見るのはけっこうだと思うのですが、現代の研究ではポランニーの資本主義の見方がおおむね間違っていると考えている人が多いのです。市場に関しても、市場社会は古代ローマからあったわけですし、グローバリゼーションに関しても、500年間ほど、少なくとも大航海時代以降はあったはずですから、実はもっとややこしいのです。それをポランニーは単純化して、19世紀が大転換だと言うのですが、実は非常にややこしい問題があるので、若干、ポランニーの議論に留保をつけたほうがいいのかもしれないと思います。

中野　わたしが関わっている研究分野では、ポスト資本主義／ポスト新自由主義パラダイムに着想を与える理論としてポランニーが読まれています。彼の二重運動論や「市場―再分配―互酬性」という三つの原理や概念をある程度抽象化して、現代資本主義の批判的分析や社会運動理論に応用したりしています。おそらく、経済史の観点からではなく、実践的な批判理論の構築という観点からそういう創造的な読解がなされているのではないでしょうか。私も反グローバリズム左派の社会運動に長年関わっていますが、運動の現場から眺めると、ポランニーの概念は様々なインスピレーションを与えてくれます。野原さんはどのようにポランニーを読まれますか？

野原　そこでは、ポランニーというか、互酬性の問題を大きく考えると思います。互酬性は古代ローマからありました。古代ローマにコロッセオがありますよね。あれは実は寄付金で建設されているのです。古代ローマの公共建造物はほぼ寄付です。ものすごく寄付をしているのですね。現代のコモンズといっても、誰かがお金を出さないとできないわけです。古代ローマでは、寄付をした人は名誉を得られるといった工夫がありました。そこまでは無理にしても、多少学べるところはあるのではないでしょうか。誰かが寄付金を出さないと、コモンズのようなものは回っていかなくなると思います。

中野　近年の議論では、ポランニーやイリイチを経由して、新しい形態のコモンズを創出する社会運動が出てきています。この運動では、パソコンや楽器など、各人が所有しているものを互いに共有してコモンズ的な生活空間をつくろうというものです。そういう文脈の中で、ポランニーやイリイチの議論が実践的見地から再解釈されています。社会運動の現場においては、彼らの提供する概念をもっと自由に解釈していると思うのです。

中島　別の文脈において読まれているわけですね。

中野　そうです。サイエンス（学術研究）の対象として読むか、実践運動のツールとして読むかという違いがあるかと思います。

安田　わたしの立場はサイエンスとしての経済学に一番近いのかもしれません。しかし、そこも少し足元がぐらついているので、温故知新といいますか、ポランニーの理論を再検討することは、わたし自身は非常に重要だと思っています。

宇沢弘文先生の提唱された社会的共通資本は、やはり時代の少し先を行っていたと思います。社会的共通資本に関して言うと、宇沢先生はあれだけ数理的な分析において輝かしい業績をあげられた方ですが、あれほどの方でも、『社会的共通資本』（岩波新書、2000年）を読むと、わりとグダグダしていてわかりにくい印象があるのです。少なくとも数理化されていない。ご本人が理路整然とまとめたというものもない。端的に言うと、難しいものなのです。ただ、あれだけの方が晩年ほぼそれに費やしたというほど、重要性を訴えられているものなので、当然重要性は高いと思います。残念ながら宇沢先生は亡くなられたので、それをわれわれがどういう形で再解釈するなり、きちんとサイエンスに近づけていくかは使命ではないかと感じています。

グローバリゼーションの進展と脱成長論

安田　先ほど人口や環境の話が出てきたので、それについてわたし自身が知っていることで、ご参考になればという話をしたいと思います。

まず、人口に関して言うと、最近読んだハンス・ロスリング、オーラ・ロスリング、アンナ・ロスリング・ロンランド『FACT FULNESS』（上杉周作・関美和訳、日経BP、2019年）に詳しく書かれていましたが、人口増加は早晩止まるというのです。止まったところで、もともとの人口規模が大きいので、環境負荷や食料問題に深刻な影響は出るはずですが、どの程度までなのかというところまでは、書いていませんでした。とにかく世界中で起きていることは、暮らしぶりがよくなってくると出生率が下がるということです。これはかなり普遍的な法則です。

少し前に、不幸なテロ事件がニュージーランドでありました。ムスリムはどんどん子どもを作るので、われわれ白人の生活が脅かされるという妄想に取りつかれた人が起こした事件でした。一口にムスリムと言っても、経済成長であるとか、社会基盤が発展している国では出生率が下がっています。意外だったのは、イランの出生率が1・6で、サウジアラビアが2・3だったことです。まだ出生率の高い国も残っていますが、それでも宗教などに関係なく、経済発展していくと、子どもが、投資としての子どもから消費としての子どもに変わっていきます。そうすると、どんどん子どもをもつ数を減らしていくのが、今のところ普遍的な法則です。ですから人口増加自体は、個人的にはあまり深刻な問題だとは思っていません。

もうひとつ関連して、環境の話で言うと、日本の高度経済成長期には深刻な環境問題がたくさん出てきました。ただ、気がついてみると、かなり市場原理と相性のいい、利潤動機を組み入れたやり方で、科学の力で乗り切ってきた部分がたくさんありました。省エネなどもそうでした。最近、環境負荷のもっとも低いものへの投資を行っているのは、実は中国です。再生可能エネルギーにどんどん投資して、蓄電池にも投資しています。その背後にあるのは、それによって中国の経済力を増やしていくということです。ですから、経済的な動機と環境保全とは非常に親和性が高いものでもあることは言っておきたいと思います。

グローバリゼーションの話では、90年代以降に、従来のグローバリゼーション運動に関わる人の属性が、左派、右派と両方になってきました。これも他人の受け売りですけれども、国際経済学者のリチャード・ボールドウィンが、昨年日本語訳で『世界経済 大いなる収斂』（遠藤真美訳、日本経済新聞社、2018年）という本を出しました。英語が The Great Convergence ですので、これはケネス・ポメランツの The Great Divergence（『大分岐』）と対になることを狙ったタイトルです。そのなかで彼が言っているのは、グローバリズムやグローバリゼーションと呼ばれるものには、3種類あるということです。

多くの人がグローバリゼーションと言っているのは、古いグローバリゼーションを指しています。何が古いかというと、グローバル化が進む時は、何らかのコストが非常に下がった時に進みます。古いグローバリゼーションでは、物の移動コスト、物流コストが下がります。これは、遡ると大航海時代からかなり下がり始めていて、物のコストが下がることによる物流駆動型のグローバリゼーションは1990年代初頭まで続いてきました。この間、何が起きたかというとまさにグレート・ダイバージェンスつまり大分岐が起きたのです。ヨーロッパを中心とした経済的な先進国であるG7のGDPシェアが非常に高まります。ピーク時は、1990年頃ですが、世界全体の7割ほどを、日本も含まれているG7の国が占めるようになったのです。そういった地域的な経済活動の偏在が起きたのです。その後に、逆にグレート・コンバージェンスつまり大収斂が起きて、G7のシェアが下がり、中国を中心とした新興国のシェアが上がってきました。

それを牽引したのが新しい、第二のグローバリゼーションです。何がグローバル化したのかというと、知識やノウハウの移動コストが劇的に下がりました。なぜ下がったかというと、通信革命、ICT革命ですね。国際電話が安くなり、インターネットやメール、スカイプができることで、情報伝達のコストが劇的に下がったのです。古いグローバリゼーションの時は、高い技術力をもっている人と企業は同じ地域にしかいられなかったので、日本を含めた経済先進国は国内でがんがん作り、物の移動コストが低いのでそれを世界中に売るという、非常に単純なビジネスモデルがグローバルに成立していました。ところが、情報の移動コストが下がると、今度は企業が多国籍化します。新興国にどんどん出て行く。それによって出て行った企業はまたさらに儲かるわけですが、国ごとの経済規模で見ると、それまでの経済先進国のシェアはどんどん落ちていく。理由は単純で、企業が出て行ってしまったからです。

そういったことがグローバリゼーションの運動にどういう影響を与えるかというと、

90年代以前は、新興国や途上国はグローバリゼーションに反対することが少なくなかったわけです。なぜかというと、先進国から工業製品なり何なりが来てしまう。ところが第二のグローバリゼーションに入ってくると、企業がやって来てくれるのです。しかも情報の移動コストが下がるので丸々産業ごと来るのではなくて、細かい工程に分かれて適材適所でグローバル・バリューチェーンが作れるようになってくるので、多国籍企業を呼ぶことのハードルが下がっていく。この間何が起きたかというと、新興国での関税の引き下げ競争です。ですから、WTO主導型で関税を皆さん引き下げましょうとしなくても、途上国が積極的に関税を引き下げて誘致をするのです。それが古いグローバリゼーションと新しいグローバリゼーションの違いですし、それに呼応した各国政府の経済政策や変容につながっていきました。

もともとのお話の、南ヨーロッパで脱成長運動が起きたことにはいろいろな理由があると思います。お話を伺って思ったのは、南欧諸国はもともとヨーロッパの中では経済的にはやや低迷した地域ですけれども、2000年以降、EUができて通貨が共通化すると、それによって物価が高くなりました。それによって一部の、たとえば地主などは突然地価が上がったので、大金持ちになるわけです。要は、今までは通貨が違うことによって通貨安をエンジョイしていた地域が、急激に通貨高になったので、多くの産業が非常にダメージを受けたのです。グローバリゼーション自体、性質が変わったというお話をしましたが、そこで成長からこぼれてしまった人たちが、そういった運動を増していくきっかけになりやすいというところはあると思います。

堀内　脱成長論の課題の「美学の視点」というところで、お伺いしたいのです。わたしはソーシャリー・エンゲイジド・アートをサポートしています。それに関わる財団でプレゼンテーションを聞くと、わたしは社会問題を解決するアートだと理解していたのですけれども、もっと広い意味で言われています。一般的にはアートの活動は経済的な意味での地域おこしに使われていると思うのですが、どういうふうに捉えればよいのでしょうか。

中野　まず、脱成長論が出てきた背景ですが、21世紀に何もない状態から突然出てきたというよりは、19世紀以来の社会主義やアナーキズムの思潮、1968年のフランス五月革命を契機に現れた消費社会批判、1970年代以降の住民運動や自主管理運動の実践が、南ヨーロッパの市民社会の地下水脈としてずっと引き継がれてきて、それら多様な思潮が脱成長運動として結実したということです。ですので、単純に1990年代のグローバリゼーションを背景として脱成長論が提案されたというわけではありません。

アートに関しては、環境政策や経済成長の話とも少し関わるところだと思います。近代化の過程で一番失われたのは、人間と世界とのコスモロジカルな結びつきではないでしょうか。コルネリュウス・カストリアディスが言うように、現代人は「意味を失った世界」に生きています。たとえ経済成長によって環境保全が実現したとしても、コスモロジーの回復には至らないのではないだろうか。しかし、脱成長はコスモロジーの再生を目指しています。この点において、感性論の視座から脱成長を考えていく必要があります。

アートを使って、地域に暮らす人々やそこに関わる人たちがさまざまな表現活動を行い、創意工夫しながらコスモロジーを描き直していく。そういう気づきを与える活動として、芸術やソーシャル・アートを考えようとしています。ですから単純に、経済活動と地域づくりのためのアートというわけではないのです。

中島　イタリアの思想家ジョルジョ・アガンベンが、彼はヨーロッパをラテンの世界とドイツとかの世界と区別するべきだと、5、6年前から非常に強く主張するようになっています。それは安田さんがおっしゃったように、南ヨーロッパのもっているいろいろな問題を背景に言っていると思うのです。ですから中野さんにお話いただいた地域主義の問題というのは、非常に重要な問題だとあらためて思いました。

［2019年3月25日収録］

第１１章　人口減少社会で気づく持続可能性の経済学
——フロー管理から「手入れ」によるストック管理へ——

倉阪秀史

1．課　題

図1にあるように、日本社会は、その人口が2008年にピークを迎え、高齢化も進んでいることで、それに伴うさまざまな問題点に直面しています。特に社会保障費が年々膨張していて（図2）、これをどうするのかという課題がありますし、さらに人工資本基盤にまつわる課題があります（図3）。人工資本基盤というのは、たとえば、高度成長期に建てられたインフラのことで、それをメンテナンスする維持費が必要になります。水道もコストがかかりますので、それを民営化して、経済原理を利用して運営していこうという話も出てきています。こうした社会インフラの維持更新費は、これから人口減少が進んでいくと、それ自体が都市と地方の格差を生む要因になります。人口が少なくなる地方ほど、1人あたりの維持費が高くなるからです。

人口が減るからといってインフラは減りません。図4は千葉県館山市の例です。1980年代から人口が減少していますが、水道、ガス管、道路などの生活インフラはそれぞれ増えています。都市というのは花火のようなものです。人口が増える過程で都市は膨張します。そのまま、その規模を維持したまま薄くなっていくために、花火のようなものだというわけです。しかし、その過程で大きな問題点が生じますから、いかに計画的に町をたたんでいくのかが重要なのですが、そうした制度化はなされていません。

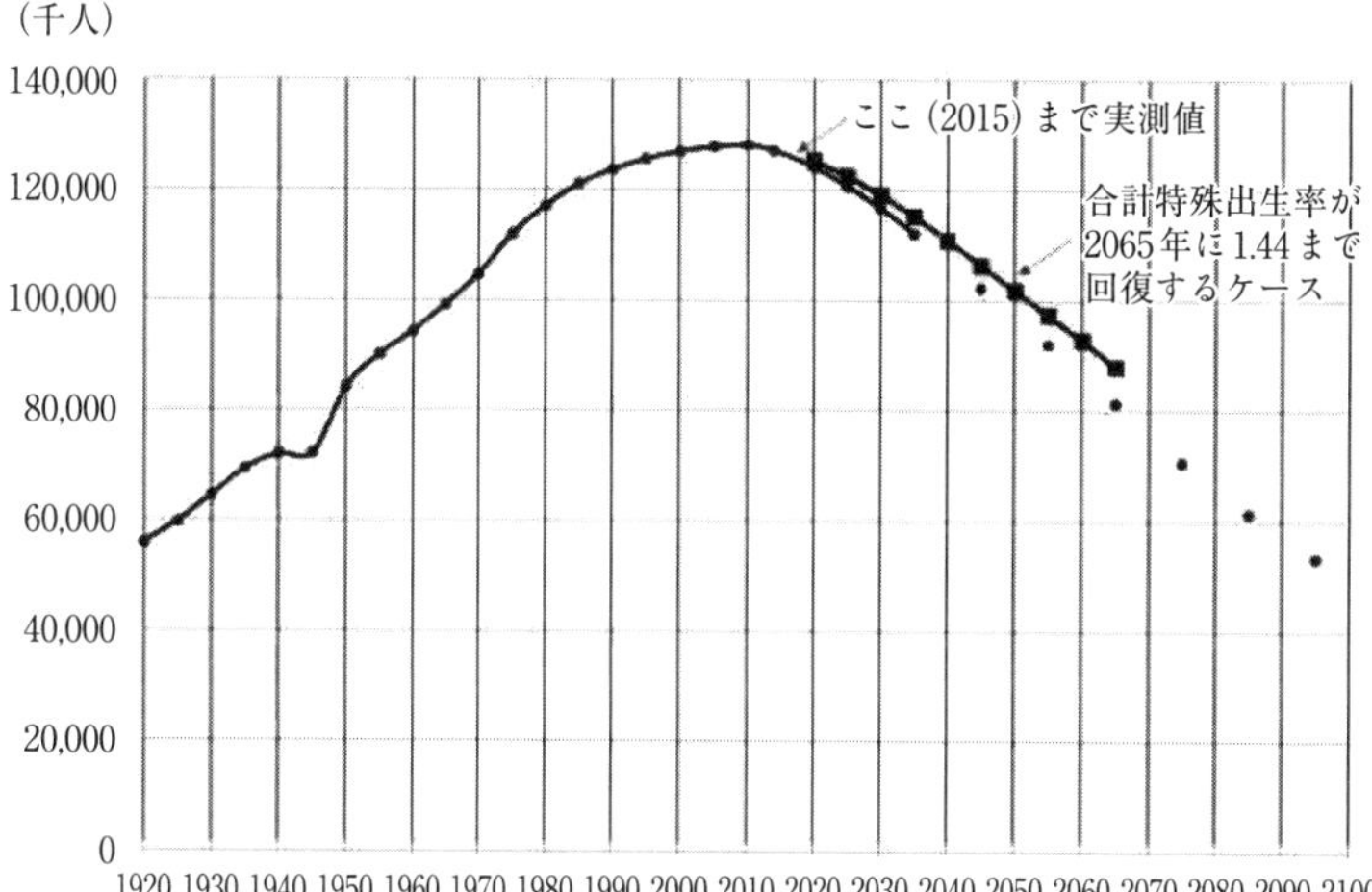

図1　日本の人口予測

（出典）　総務省「日本の統計2016」より筆者作成。大正9年～平成17年、22年は国勢調査（昭和20年は人口調査）による人口（総人口に年齢不詳を含む）。平成18～21、23～25年は国勢調査人口を基礎とした10月1日の推計人口。昭和20～45年は沖縄県を除く（昭和25年以降は総人口の総数、男女及び年齢3区分別人口には沖縄県を含む。ただし、昭和25年の年齢3区分別人口は沖縄県を除く）。将来人口は、平成22年国勢調査人口等基本集計結果及び同年人口動態統計の確定数が公表されたことを踏まえた。国立社会保障・人口問題研究所による各年10月1日の中位推計値、及び、日本の将来推計人口（平成29年推計）の出生中位（死亡中位）推計（2020年から2065年までの線）。

さらに人が減っていくと、自然が豊かになると思われるかもしれませんが、そうではありません。人の手が入って維持されていた農地や人工林では、間伐がされないために竹がはびこってきて、イノシシのねぐらになっていきます。人が減ると、これまで人が維持してきた農地、人工林といったものの質が劣化していくのです。林業従事者は実は最近増えていて、林業に若者が入ってきています。とはいえ、全体として見ると１９８０年に比べて３分の１になっているのです。こういう状態

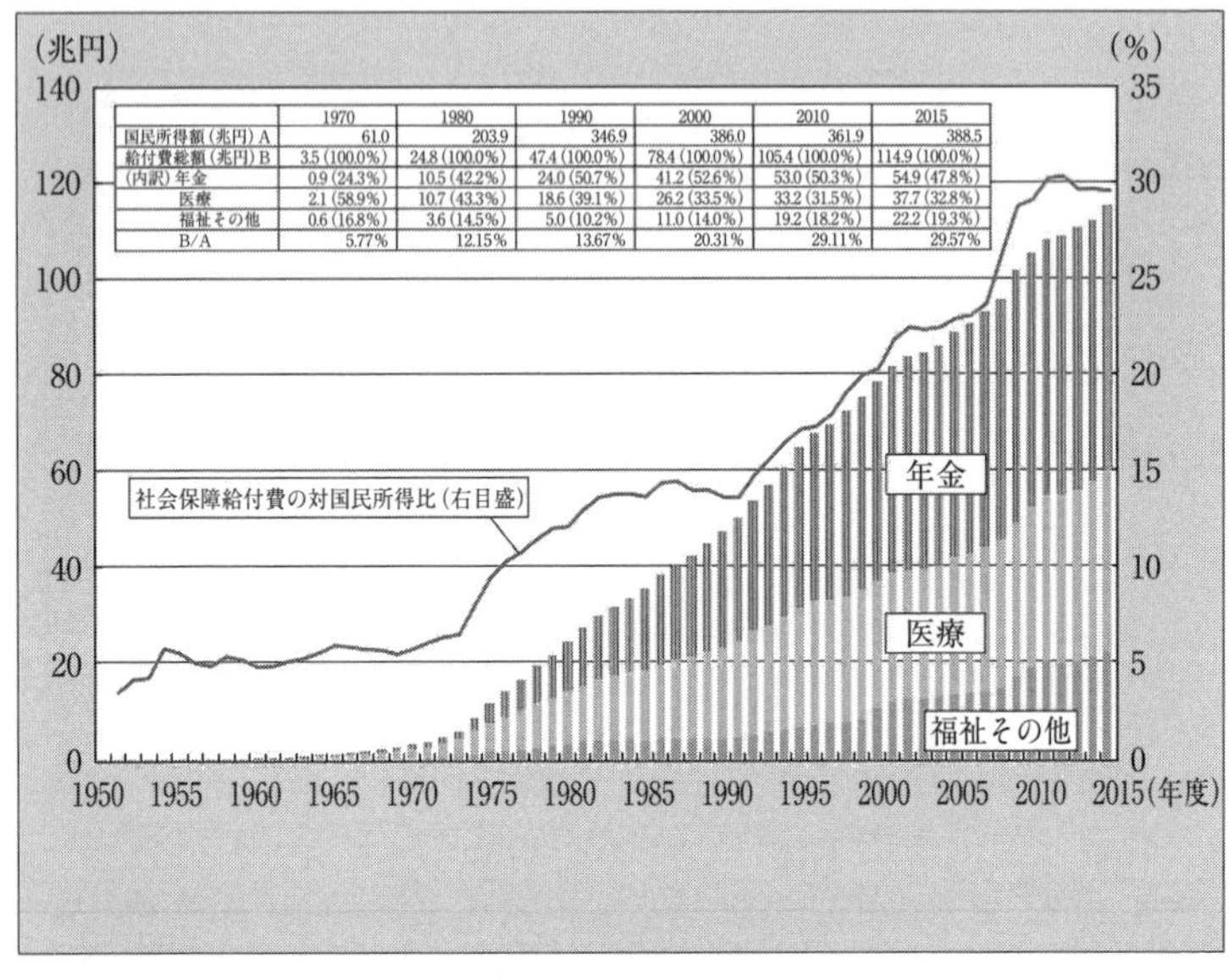

	1970	1980	1990	2000	2010	2015
国民所得額（兆円）A	61.0	203.9	346.9	386.0	361.9	388.5
給付費総額（兆円）B	3.5（100.0%）	24.8（100.0%）	47.4（100.0%）	78.4（100.0%）	105.4（100.0%）	114.9（100.0%）
（内訳）年金	0.9（24.3%）	10.5（42.2%）	24.0（50.7%）	41.2（52.6%）	53.0（50.3%）	54.9（47.8%）
医療	2.1（58.9%）	10.7（43.3%）	18.6（39.1%）	26.2（33.5%）	33.2（31.5%）	37.7（32.8%）
福祉その他	0.6（16.8%）	3.6（14.5%）	5.0（10.2%）	11.0（14.0%）	19.2（18.2%）	22.2（19.3%）
B/A	5.77%	12.15%	13.67%	20.31%	29.11%	29.57%

図2　社会保障給付費の推移

（資料）　国立社会保障・人口問題研究所「平成27年度社会保障費用統計」

（注）　1963年度までは「医療」と「年金・福祉その他」の2分類、1964年度以降は「医療」「年金」「福祉その他」の3分類である。

（出典）『平成29年版厚生労働白書』。

では、とても日本の人工林を維持するほどの林業者はいません。

有害鳥獣を駆除する人も減ってきていますし、高齢化しています。その一方で、人の手が入らなくなったために、イノシシ、シカ、クマといった有害鳥獣の捕獲数はどんどん増えている。鳥獣保護法が鳥獣保護管理法になりました。保護するだけではなくて生息域を狭めて、個体数を減らすことが目的です。そういうことも環境省の役割になってきています。わたしは環境省に11年いたのですが、その頃

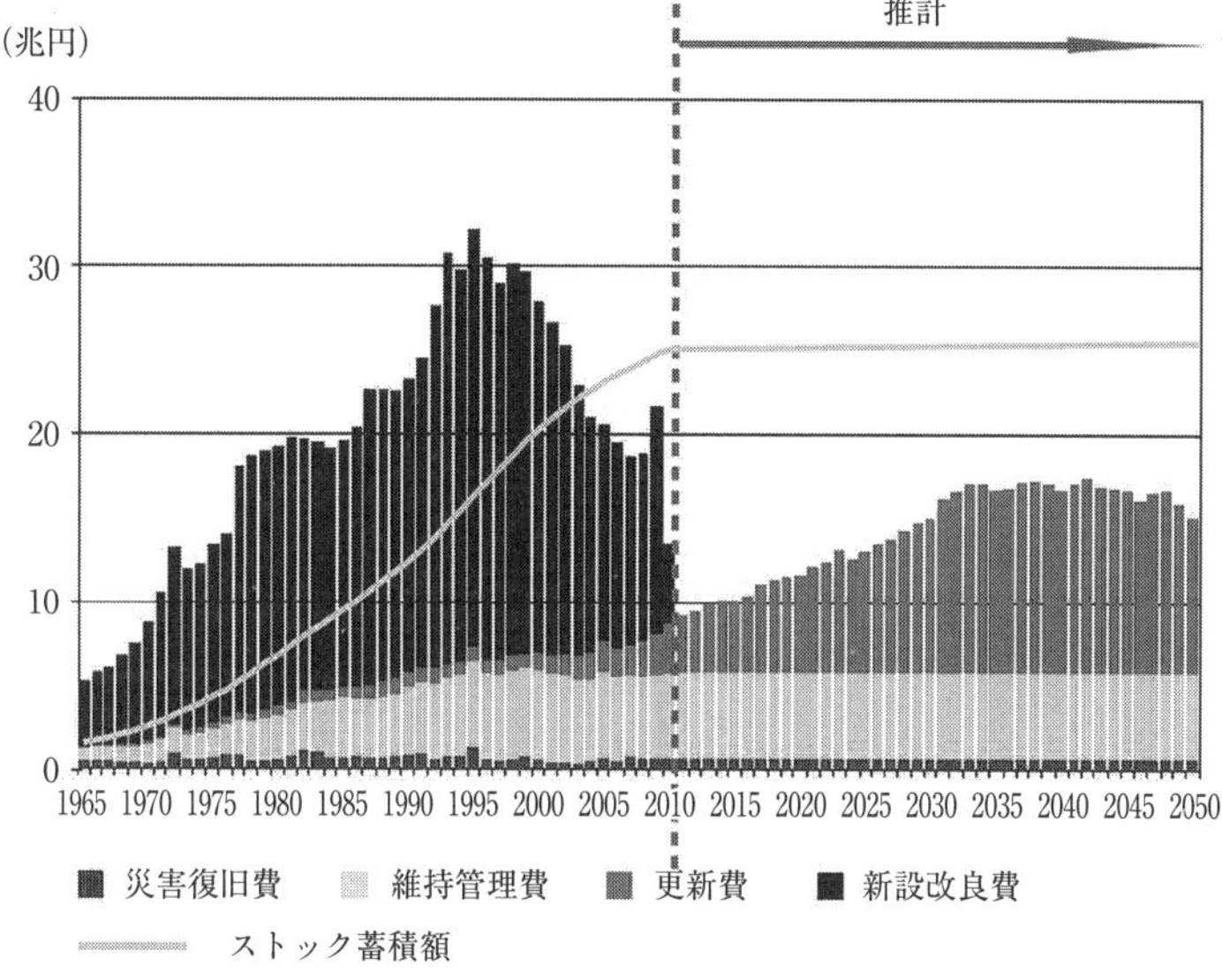

図3　人工資本基盤のメンテナンス

（出所）　倉阪秀史（編著）、大石亜希子、岡部明子、広井良典、宮脇勝（著）『人口減少・環境制約下で持続するコミュニティづくり—南房総をイメージエリアとして』千葉日報社。

は思ってもみなかったことです。今では環境省のエコライフ・フェアに狩猟体験ブースがあり、バーチャル狩猟体験のようなことをやっています。そういう状態になるとは、当時は全く考えてもいませんでした。

農業についても、基幹的農業従事者の平均は65歳を超えています。そうなると耕作放棄地が今後も増えていくことでしょう。

このように人の手が入らないことによって、生態系の質が劣化していくことは国も認識しています。人間活動の縮小による危機のために、里地や里山が維

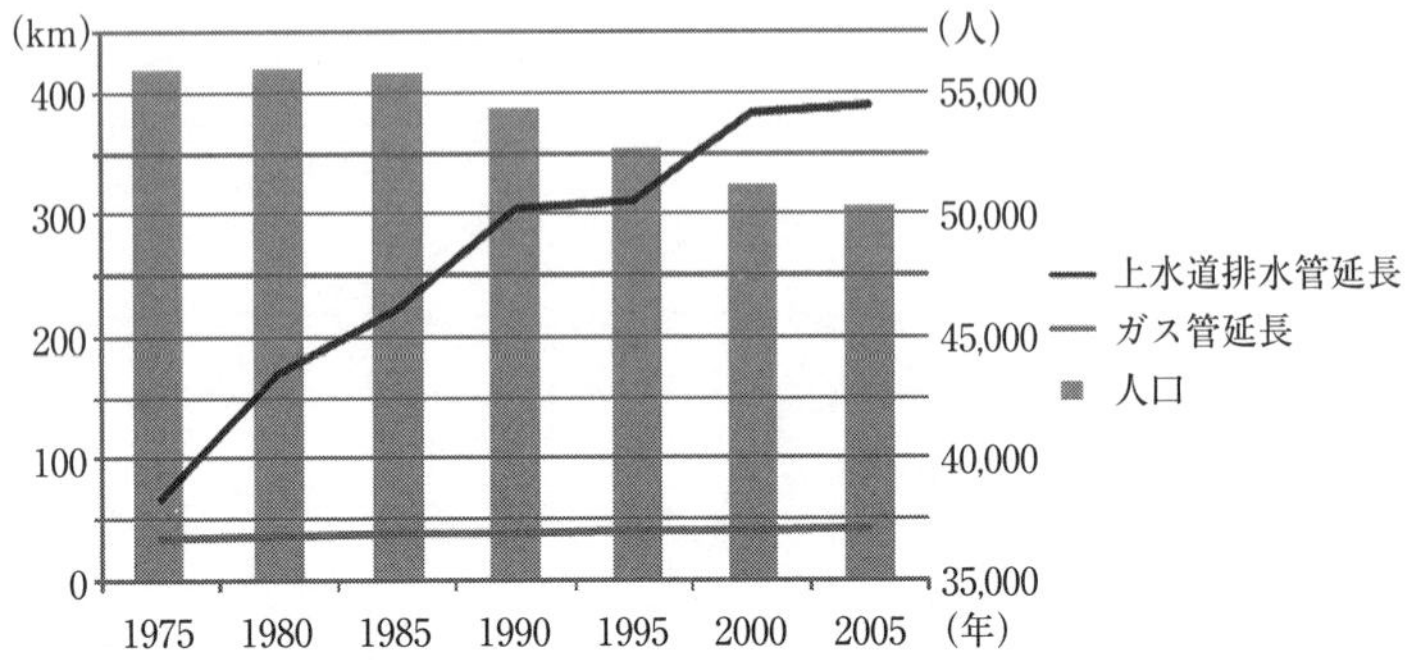

図 4　館山市の人口と生活インフラ延長の推移（1975-2005 年）
（出所）館山市「館山市の統計」をもとに作成。

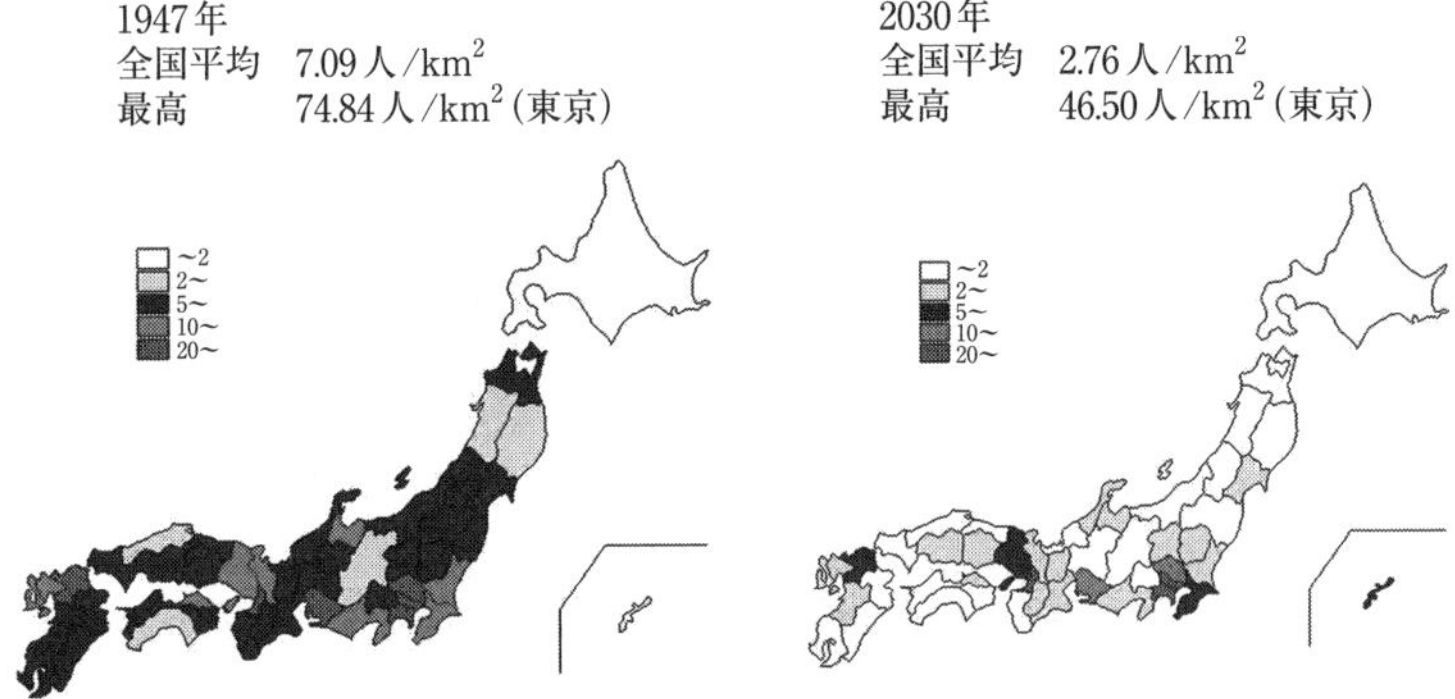

図 5　日本のおともだち密度
（出所）倉阪秀史（編著）、大石亜希子、岡部明子、広井良典、宮脇勝（著）『人口減少・環境制約下で持続するコミュニティづくり―南房総をイメージエリアとして』千葉日報社。

持できないのです。そのために、2010年に生物多様性締約国会議が名古屋で開かれた時に、里山イニシアティブということを日本から発信しました。

さらに社会関係資本基盤についても、人と人との関係性が薄れていっています。図5を見てください。「日本のおともだち密度」というものです。それは、歩いて行ける範囲に新生児がどの程度いるのかを調べたものです、それによると、1947年には全国平均で7人いました。2030年には全国平均が2・76人になります。1を切るような自治体もあります。歩いて行ける範囲に幼馴染がいない。このような世の中になってきているのです。

さらに世帯数の構成について見てみましょう。社会保障・人口問題研究所の予測では、お一人様世帯が2030年には37・4%になります。家族でなんとか介護してくれ、施設ではお金がかかるから介護はできないといっても、家族自体がないのです。そういう世の中になっていくということです。

2. 人口減少社会における資本基盤の手入れの重要性

こういった問題を総称すると、人口減少社会において資本基盤の手入れができなくなる課題ということになります。

人口減少下における資本基盤は四つあります（図6）。人的資本基盤、自然資本基盤（しぜん）、人

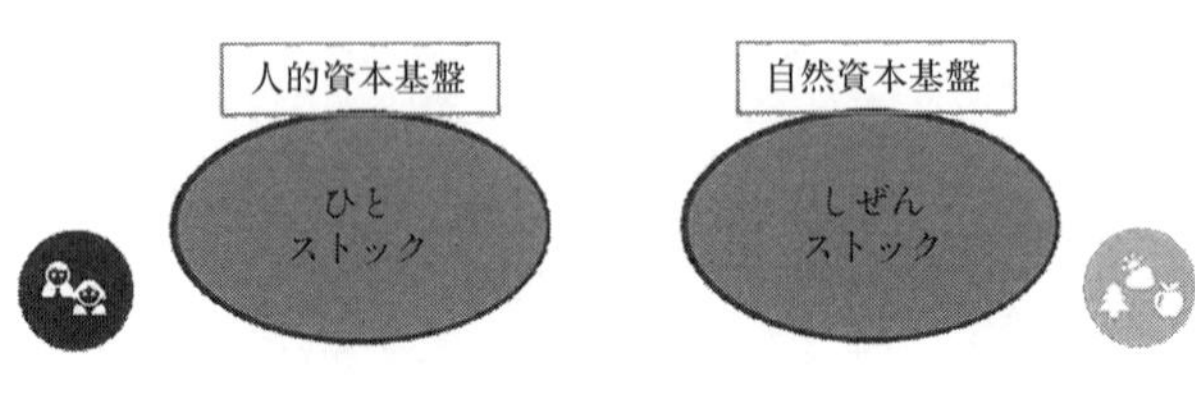

幸せな生活を支えるストックの健全さを持続させる

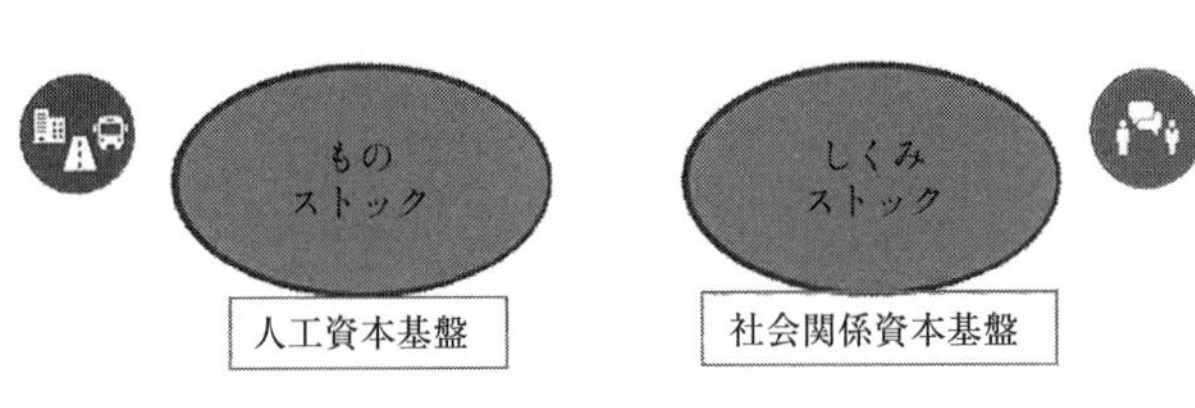

図6　人口減少下における四つの資本基盤

工資本基盤（もの）、それから社会関係資本基盤（しくみ）です。ここでは「基盤」という名前をつけています。たとえば単なる「資本」という言葉を使うと、どうしても増殖するようなイメージがありますので、それはやめました。宇沢弘文先生が提唱された「社会的共通資本」からヒントを得て、資本という言葉を使って、新しい用語として「資本基盤」と言っています。こちらのほうが、より実体的なものだということがわかるかと思います。

この資本基盤は、状況に応じて手入れをしないといけません。この手入れの対象の状態を見ると、手入れ労働がどれだけ必要なのかは、だいたいわかります。農地、人工林、介護しないといけない高齢者、あるいはインフラの状態、そういったものの状況に応じて手入れ労働の必要数はだいたいわかると思います。そういうものがきちんと充足できているのかどうかが人口減少下における大きな課題となります。

手入れ労働については専門的な議論が必要です。それは大量生産できないので、儲けることができないのです。定型的処理を大量に行うことができません。したがって、他の労働市場の中で、工場やＩＴといったものと競争すると絶対に負けてしまうのです。ですから今の有効求人倍率を見ると、手入れ労働に当たる職種では、すでに人手不足が顕在化してきています。

人口が減る中で完全雇用というのは当たり前です。人がいなくなるわけですから、完全雇用は当たり前で、さらに完全手入れを目指さないといけないと思うのです。

3．資本基盤と通過資源による経済理論

エコロジカル経済で議論されている、ファンド―サービス資源とストック―フロー資源という分け方があります。これはどういうものかというと、昼にハンバーグ定食を頼んだらハンバーグが出てきた。そのハンバーグに物質的に対価しているようなもの、たとえばひき肉やガスの火力は、これで言うと、ストック―フロー資源になります。ハンバーグ定食が出てくるにあたってはコックさんが必要で、フライパンも必要です。コックさん、フライパンというのはハンバーグ定食の中には入ってきません。しかし、それはハンバーグ定食を提供するにあたって必要なものですので、ここで言うと、ファンド―サービス資源にあたります。

こういったファンド―サービス資源とストック―フロー資源というのは、ニコラス・ジョージェ

スク＝レーゲンからハーマン・デイリーといった研究の流れの中で捉えられてきました。けれども、ストック―フロー資源という用語の中に、ストックとフローの両方が入っていてわかりにくいので、新しい名前つけました。つまり、ファンド―サービス資源が資本基盤で、ストック―フロー資源は通過資源だと呼びます。資本基盤と通過資源のふたつによる経済理論を考えることが必要だというわけです。

資本基盤については、宇沢先生の社会的共通資本とも共通するのではないかと思っています。ただし、宇沢先生はおそらく人的資本とは口が裂けてもおっしゃいません。宇沢先生は、人を資本として扱うのは大嫌いでした。わたしが人的資本基盤という場合、それは生産への寄与とは関係なく、人は尊いのだという前提で、全員が人的資本基盤であるとして説明したいと思います。

資本基盤の特徴ですが、コックさんでもフライパンでも、どちらにも有用性をもたらすメカニズムが内在しているわけです。けれどもそれが持続できなくなる、継続できなくなる閾値が存在します。過労死するかもしれませんし、フライパンも手入れしなければ錆びついてしまうかもしれません。使えなくなるような状態になると、そのシステムが有用性をもたらすメカニズムは継続できません。そのような閾値に至ることなく、有用性を提供し続けるようにするためには、手入れ労働やケアワークが必要です。こうしたメンテナンスを投下すれば、資本基盤はより長い時間使用できるようになり、単位時間当たりのサービス提供量を増やすことができます。

これは生産とは違うということです。生産というのは、新しいサービスを創造する活動です。手入れというのは、すでにある資本基盤の有用性を持続させるために必要な労力です。これは、これまでの経済学で考えていた生産ではなく、新しい概念としての「手入れ」です。このことを認識する必要があるのではないでしょうか。人的資本基盤に関する手入れ労働の典型的なものは、保育、教育、介護、医療です。人工資本基盤については、建設業、リサイクルやシェアリングサービスも入ってくると思います。自然資本基盤については農林水産業があります。

これは従来の経済理論と、どこが違うでしょうか。従来の経済理論では、生産要素を投入することで供給される生産物が出てきます。それを市場で調整して、生産物を消費すると、なぜかなくなるのです。生産物は消えてなくなり、ゴミも残らない。そういったものが従来の経済理論です。新しい経済理論では、資本基盤と通過資源のふたつがあります。通過資源が投入されれば、必ず環境負荷、ゴミ、あるいは廃熱など、さまざまなものが通過資源の物量に則して出てきます。それから、資本基盤の持続性を確保するためには手入れ労働が必要です。

ここで考えなければならないのは、市場の中で意志決定できることと、市場外的な意志決定を必要とするものとは、区別しなければならないということです。たとえば、生産物の価格づけや労働市場における賃金（労働市場ですべて価格が調整されるわけではないと思いますが）には、一応の市場があります。市場の供給側と需要側の両者が、人の世界で処理できるものは市場内で意志決定できるのです。

ところが、通過資源への値づけの決定や資本基盤の手入れ水準の決定は、市場外的な意志決定がどうしても必要になります。たとえば、カーボンプライシングのようなものをやらなければ、温暖化対策はできません。あるいは資本基盤については、どの程度手入れをしなければいけないのかは、市場が決めるのではなく、工学や看護学や医学などの知見をふまえて決めるのです。そのような実学で決まってくるということです。

4. 枯渇性資源と更新性資源

さて、枯渇性資源と更新性資源というわけ方があります。これは従来のエコロジー経済学の教科書に書かれていますが、これも相対的なものです。特に枯渇性資源は、通過資源の中でも、当該資源を生み出す自然資本基盤のメカニズムが失われたものという形になります。再生可能資源のほうは、自然資本基盤のメカニズムが存在しているということですが、自然資本基盤の提供のメカニズムが未来永劫持続するかは保証の限りではないので、更新性資源といっても過剰な利用についてはやはり抑制をしないといけないことになります。

生産については、四つのタイプが考えられます。資本基盤の観点と絡めて考えていくと、1つは、人が自分で歌を歌ってお金をもらうようなもの（人的サービス創出型）があります。これは通過資源を使わずにできるかもしれません。それから、自然資本基盤であるとか人工資本基盤を創出するようなもの（自然資本基盤創出型、人工資本基盤創出型）ですね。さらには、通過資源自体を作り出すもの（通過資源創出型）です。このように通過資源と資本基盤の考え方に則して、生産のタイプをわけるとこうなります。手入れは、こういった生産ではなく、すでにある資本基盤をより持続させるものです。

こういう四つのタイプの生産の中に、通過資源が必要なものと必要でないものとがありますが、だいたいは通過資源が必要です。通過資源を使わずにお金をもらうのは、ストリートミュージシャンが路上演奏してお金をもらうぐらいのもので、それ以外はだいたい通過資源が必要になってきます。すると物量決定のステージとサービス量決定のステージの二段階で、生産関数を再構成する必要があります（拙著『持続可能性の経済理論』、東洋経済新報社、2021年を参照）。

市場で決めることができる価格と、市場外の意志決定が必要な価格があります。価格体系のうち、需要側と供給側の双方が人間の経済の範疇に置かれているものについては、市場における需給が一致する点で価格を決定するメカニズムを想定してもかまいません。しかし、生態系サービスの持続可能性に影響を及ぼす価格については、市場における需給調整のみで決定することはできません。科学的知見を考慮し、熟議のプロセスを経て、市場外的な判断を働かせる必要があります。どの程度まで資本基盤の手入れを行うべきか、どの程度まで環境負荷に関する回避・最小化・代償措置を講ずるべきかについては、市場における価格調整からは意味のある回答が得られないからです。

つまり、資本基盤の管理については、市場の効率という原則とは違う原則が必要になってくるということです。図7は、サイモン・レヴィンが『持続不可能性——環境保全のための複雑系理論入

・第一　閾値把握
  ・システムが持続できなくなる閾値の見積もりを行う
・第二　状態監視
  ・閾値に近づいているかどうかを確認するモニタリングシステムを備える
・第三　負荷管理
  ・可能な限り人為的な環境負荷を回避し、最小化し、それでも発生する環境負荷については代償措置を講ずる
・第四　攪乱対応
  ・外的攪乱によって一部が損傷しても十分なレジリエンスが確保できるように措置する
・第五　維持管理
  ・資本の物理的な状態に応じて適切に手入れを行って、提供サービス量と提供可能期間を適切に確保する

図7　資本基盤管理の5原則

（注）　サイモン・レヴィンは『持続不可能性』の中で、環境管理のための八戒として、①不確実性を減らせ、②不意の事態に備えよ、③不均一性を維持せよ、④モジュール構造を保て、⑤冗長性を確保せよ、⑥フィードバックを強化せよ、⑦信頼関係を築け、⑧あなたが望むことを人にも施せ、の8つを提示している。

門』（重定南奈子・高須夫悟訳、文一総合出版、２００３年）の中で言っているものをベースにしながら、わたしが再構成したものです。まず、閾値を把握する必要があります。それから状態を監視していく。そして負荷を管理して、万が一の時のための攪乱対応を準備する。攪乱があっても元に戻るようにするのです。たとえば、区画化をするとか冗長性を確保します。そのようなものをやらなければ、万が一の時に対応できません。最後に適切に手入れを行う。

　効率性だけ考えると、単一の作物が植えられているような、一番生産性の高いものを植えている農地が一番効率的なのです。しかし、それは何かあった時に全滅してしまいます。そこで冗長性が必要になってくるのです。これが、市場における意志決定だけでは持続可能性が担保できないということのひとつの意味です。

将来にわたって資本基盤をどの程度維持・管理するのかについても、やはり市場外の意志決定で決める必要があります。それに応じて、どの程度の資本基盤を抱えるのかを見積もり、それに応じて資本基盤やケアを確保します。こういった資本基盤マネジメント、あるいはストックマネジメントをやっていくことが必要になってきます。

そうすると何が起こるかというと、人口が減少していく中で、ここはつぶしましょう、ここは食料生産にしましょう、ここは農地よりは人工林、平地林にして将来のエネルギー供給を確保しましょうという形で、身軽になっていくという選択肢が出てくるわけです。そうなると、対前年比で付加価値を上げないといけないわけではなくなります。結果的に脱成長になる可能性があるのです。

5. 新しい政策目標をつくる

資本基盤の維持管理を行うためのコストは、それでも必要です。ですから省力化は必要ですし、域外から収入を得ることも必要ですし、域外から労働力を呼び込むことも必要です。また、適切な経済的付加価値を確保することも必要です。それらを否定するわけではありません。しかし、それが自己目的化してはいけないと思います。必要な手入れを行うために、必要なだけの経済的付加価値を獲得すればいいという話です。ですので、経済学から脱するわけではないのですが、従来の経済学、フローの対前年比成長を自己目的化しているような経済学からは脱するということになります。

新しい経済学では、「完全手入れ」という新しい政策目標を作ることも重要です。似たものとして、失業率という指標があります。失業率は、働きたいと思う人がどのぐらい働けているかという指標です。それと同じように、介護されなければいけない人がどの程度介護されているか、維持管理されるべきインフラがどの程度維持管理されているのか、こうした完全手入れという実物の経済指標が必要なのです。人口が減る中で、1人当たりの健全なストック量の確保というような政策目標であれば、人口が減る中でもプラスの方向で政策目標を設定することができるでしょう。こうした考えは人口減少社会においてこそ受け入れられる素地があるのではないでしょうか。これについては具体的に指標を試算して、提案していくことを考えています。

さらに資本基盤の手入れを行う産業部門（持続部門）と、外から顧客や収入を得るような産業部門（成長部門）はわけて考える必要があります。持続部門を維持するためには、やはり成長部門で稼いで、その稼ぎがきちんと持続部門のほうに回っていかないといけない。そのような2部門の経済をうまく維持することを考える必要があるということです。

個別的な論点で考えてみましょう。人口が減る中で、所有権に基づく管理が不全を起こしつつあります。モノについても、所有権を盾にして、自分の持ちものだから何をしてもいいというようなことではないと思います。サービサイズという考え方では、作ったモノを売り渡さず、サービスだけ提供します。これで何が起こるかというと、ライフサイクル全体について生産者（設計者）が責任

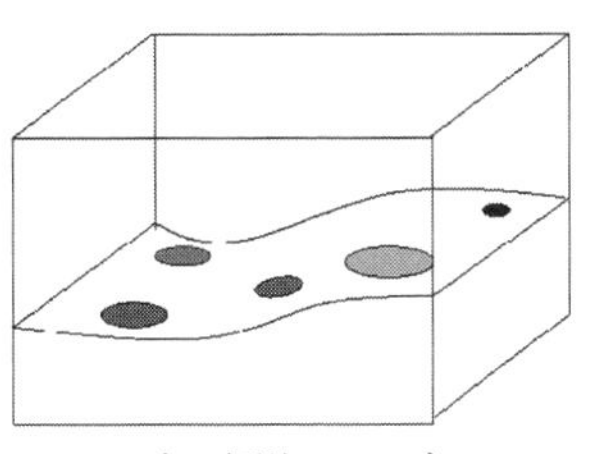

穴＝個別のニーズ

1.洪水案

もっとも手間をかけないで穴に水を入れる
解決策＝既製品によるニーズの充足

2.水路案

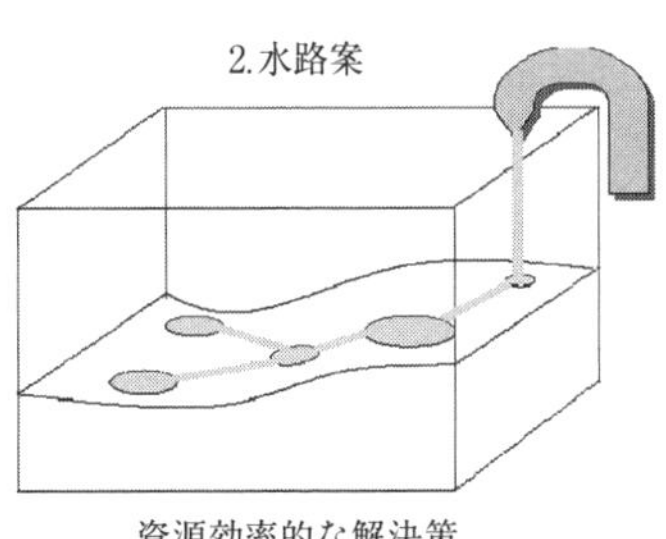

資源効率的な解決策
（ただし外部の資源のみによる充足）

この解決策を
IoTが支える社会

3.水路＋井戸案

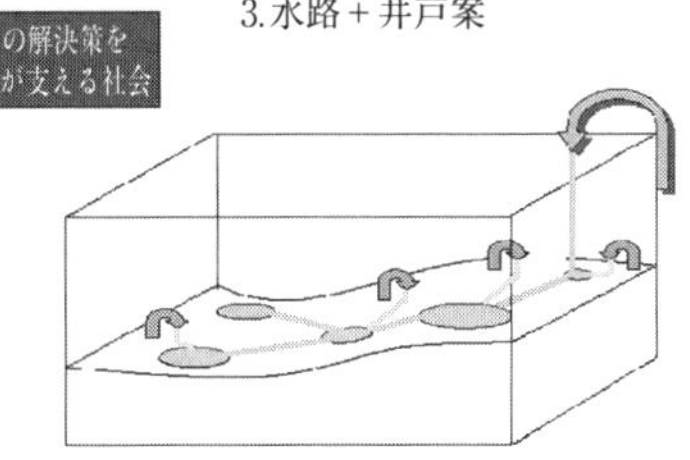

もっとも資源効率的な解決策
（外部資源＋ローカルな資源）

図8　地域で充足することのメリット
〈穴に水を入れる問題〉

をもつようになります。すると、モノが廃棄された後もきちんと回ってくることを前提にして設計をするようになります。あるいはそれを前提にして、モジュール化であるとか、機能を追加するとか、いろいろな形で有効に活用するようになるのです。

　こういったものをベースにして、ＩｏＴを活用した資本基盤の利活用促進が、実際に今できるようになってきています。シェアリングサービスでも、すべての基盤の状態をＩｏＴが発信してくれて、ストック管理ができるようになっています。

　今、Society5.0を政府が言って

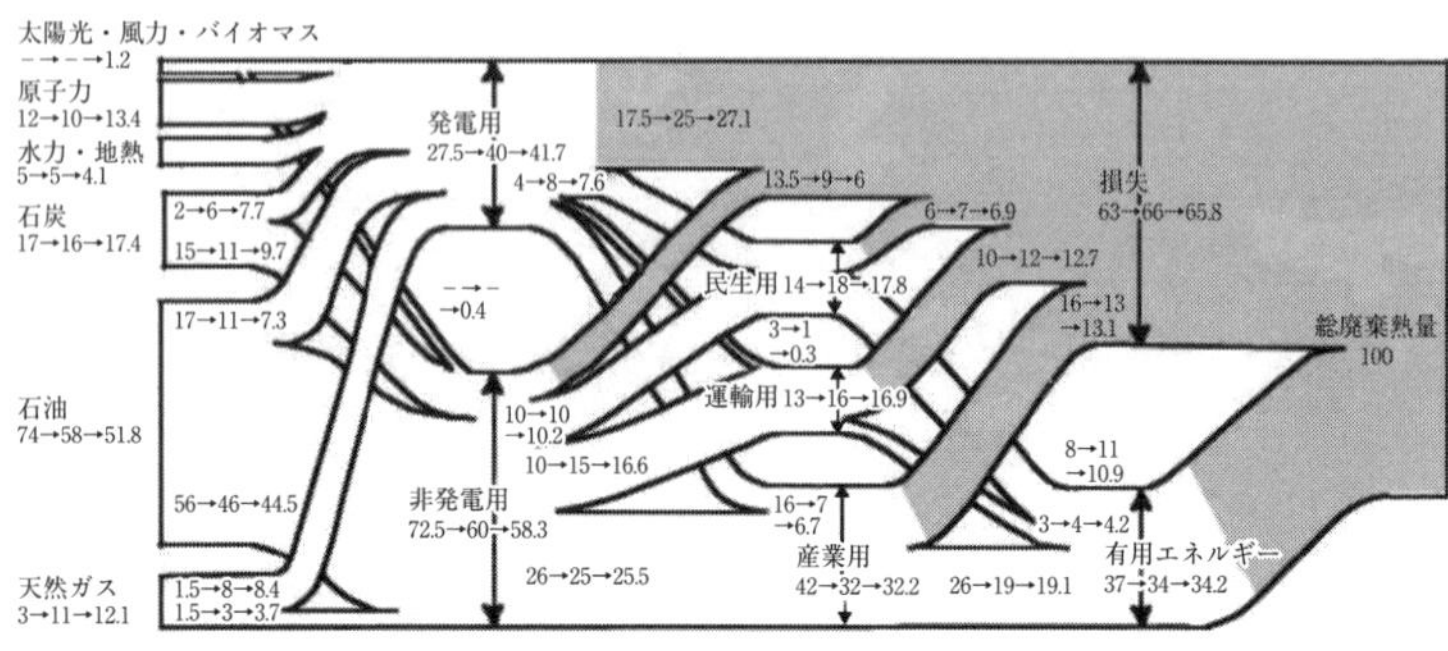

図９　日本のエネルギーフロー図（1975年度→1992年度→1997年度）

（出典）1975年度、1992年度のデータは、平成6年版「環境白書」より。東京大学平田賢名誉教授作成。太陽光・風力・バイオマスはデータなし。1997年度のデータは、第7回コプロワークショップ東京大学堤教授発表資料（2015）https://www.energy.iis.u-tokyo.ac.jp/html_seminar/20080229/20080229tsutsumi.pdf

いますが、それと似たようなものをわたしも前から考えていました。図8は、穴に水を入れるという問題です。穴は個別のニーズです。今の資本主義は洪水案で、ワーッと既製品を流し込む。すると穴はみんな埋まるのですが、たくさんの資源が必要になります。これをもっと資源効率的にすることができます。水路案です。さらに水路＋井戸案として、再生可能エネルギーなどを使っていく。これをＩｏＴが支える。必要なものを必要なだけ必要な人にというのは、これのことです。Society5.0はこれのことだとわたしは思っています。

さきほどのはモノの使い方ですが、エネルギーについてもエネルギーフロー図というものがあります（図9）。これを見ると、損失が3分の2もあるのですね。ですから省エネというのは、有用エネルギーを減らすような、我慢をする省エネではなく、無駄になっている部分をいかに有用エネルギーにもってくるかなのです。そのためには、大規模火力発電で電気だけ起こすのは無駄です。今、発電のところの効率は、まったく改善されていません。なぜ効率が改善されないかというと、今の発電は、遠く離れたところで電気だけ作って、熱を捨てているわけです。それを分散的にして、発電するにしてもコジェネレーションにして、熱をきちんと使えるように地域分散的に発電するべきです。このような形でエネルギーの供給構造を変えていく必要があります。

省エネに加えて地域主体での再生エネ導入も必要です。われわれの「永続地帯研究」では、永続地帯として考えられる市町村は、現在57あります。57の市町村は、その市町村の中で得られる食料とエネルギーだけで暮らしていけるということです。エネルギーだけで言うと100あります。100の自治体が熱と電気を、計算上ですけれども、自給できます。2018年は82の自治体でした。これが100になったのです。さらに言えば、電力だけ自給できるところは157になりました。このような形でどんどん増えてきています。

居住のあり方についても、人口が減る中で、変えていかなければいけません。多地点居住にしないと、37万平方キロの国土は維持できません。そもそも住所がひとつであるという制度はおかしいのではないでしょうか。複数の住所を登録することができ、複数のところに分散して暮らす比率に応じて、地方税を複数の自治体に納めるといったことは考えられないでしょうか。このとき居住割合に応じて、2分の1投票とか、3分の1投票とか、分散することができます。マイナンバーができたので、これは可能になりました。このような分散的納税、分散的投票を実現できるのです。

交流人口と言いますが、その実態はなかなか自治体も把握できていません。しかし、こうした策が実現されると、自治体もきちんと把握できますし、より人口の流動化が進みます。移住してくれということはなかなか難しいと思うのですが、週末だけ来てくださいとか、八ヶ岳に別荘があるというような人は、八ヶ岳にも納税して、あのあたりの自治体にも投票する。そのような世の中にしていく必要があるのではないかと思っています。

バランスの取れた健全な資本基盤が、将来にわたって維持される社会となることが重要です。そのためには、人主体の所有権ベースの管理から、資本基盤の状態に応じた使用価値ベースの管理に変わっていくことです。そこではモノの使用段階についても「生産者」が管理する社会になります。廃熱を徹底的に排除する分散的エネルギー供給構造に変わりますし、資本基盤のケアのために人が多地点で居住する社会になります。このようなものを想定していきたいと思っています。そのベースとして新しい経済理論が必要であって、資本基盤と通過資源からなる経済理論を構想している次第です。

［討議］

資本基盤と手入れ

所有権の制約、集団的合意形成の難しさ

中島　新しい想像力を見せていただいたような気がして、大変愉快な気持ちになっています。「手入れ」という概念をうまく使われたのだなと思いました。まさか「手入れ」が概念化できると普通思いませんから。

広井　ケアですよね。

中島　そうですね。ただ、これまでは「ケア」を日本語に訳せなかったわけです。それを「手入れ」と訳し、別の意味も含ませたことがすごいと思います。ひとつだけ伺えたらと思うのは、論考を読んでいて真っ先に思い出したのが、竹内好の議論です。彼は、「いかなる組織であれ、解散規定を設けるべきである。たとえそれが国家であっても」と言いました。これは何を言っているのだろうとずっと引っかかっていました。これだけ人口が減少してくると、今後維持できない地域がおそらく出てきます。あるいはうまくできているように見えているところでも、手入れをしないと駄目になってしまいます。そうであれば、どこかでその地域は解散するということをきちんと話し合って議論する枠組みが、絶対に必要です。また手入れをその地域で合意する枠組みも必要です。それを議論するための言葉をどうすればよいのか。倉阪先生には何かいいお考えがあるのでしょうか。

倉阪　地域を解散するというのは、その地域にとっては最終手段ですよね。まずは、「まち畳み」です。まちとしての機能を維持するというポジティブな方向に向けて、どのように将来的

に住まうのか。その時に、ここからあちらへ移動したほうが全体として見ると地域経済の負担は少なくなりますね、という合意形成をしないといけない。なかなかこれは難しいのですが、そういったものを各地域で考えていく必要があります。

その際に大きく問題になるのは、所有権の制約です。人口減少社会で所有者不明の土地の問題が顕在化してきているわけです。所有権を取り上げるのはなかなか難しいのですが、「そこにある以上、そう使いなさい」、「その地域、その場所に土地をもっている以上、その場所に農地をもっている以上、こういう形で、まちづくりの中で使う必要がある」という使用義務については全体で考えていくことができます。

つまり、そこに住居を構えるのではなくて、そこの土地については別の形で使いましょう、住まうところは中心市街地にもっていきましょう、というような、従来の所有権を取り上げるやり方はなかなか難しいのです。そうではなく、そこにもっているものを使いなさいという、地域における意志決定をして、土地も流動化させていく必要があると思います。

中島　広井さんと中国の土地問題について議論していたのですが、ご存じのように中国は所有権を認めていません。あれは借りて、使用しているもので、使用権です。その期限が70年ですので、もうすぐやってくるわけです。それでどうしたらよいのかという議論に入っています。日本の場合は所有権が非常に強力なので、そういう議論はできません。ただ、中国のほうがその点でいいのかと言われると、中国は中国なりにいろいろ問題を抱えているわけです。日本の所有権の限界を踏まえたうえで、おっしゃるような議論をするためには、相当いろいろな法律的なステップを作っておかないと難しいですよね。何かいい具体案はあるのですか。

倉阪　法制度的には、まず壊れかけて周囲に問題を生じさせている空き家については、所有権者の同意なしに壊すことができます。マンションの建替えについては、「全員同意」ではなくても建て替えることができるのです。さらに農地については、所有者不明の農地は農地バンクで使えるようにする。そのあたりです。山林についてはまだですけれども、徐々にそういう制度化はされてきています。

堀内　人工資本基盤の管理をする人は具体的に誰がして、どういう意志で、どういう仕方で合意形成を行っていくのか、そのあたりはどのようにお考えでしょうか。

倉阪　集団的な合意形成をするにあたって、ひとつのマンションの例がわかりやすいと思います。どのようなメンテナンスが必要かについては、建物の状態を把握できれば、だいたい出てくるだろうと思います。それをやるかどうかですよね。全棟を建て替えるのか、一部保守をしてやっていくのか。そのような判断については、そこに住んでいる人が集団的合意形成を図って、やっていく必要がある。それをどうやっていくのか。

わたしも、エコロジカル経済学を研究していく中で、突き詰めて考えていくと、市場には任せられないと考えるようになりました。ところが、では、誰がやるのかという問題に突き当たると、完全なコンセンサスを社会的に得ることはなかなか難しいわけです。ですからコンセンサスに近づくためにはどうすればいいのか。たとえば、情報をきちんと共有するとか、あるいは視野を揃える、判断基準を培うとか、そういう熟議をやっていくと、やらないよりはやったほうが合意形成に近づいていくと思います。とはいえ、そのやり方については、定式化されたものがまだあまりないのです。特に人数が多くなると、全員が会議場に参加できるわけではない。ではミニパブリックスをどうやって作るのかという議論や、そのためにどのような設計が必要なのかといったことが出てきます。これらは、まだまだこれからやっていかなければいけないところだと思います。

所有権の利用と活用の方策

小野塚　所有権と利用や活用という問題を解決するために、人類が編み出してきた方法は、おそらく三通りあります。

ひとつは、これはもっともあちこちに見られたやり方です。所有権者がいなくなった場合にどうするかというと、誰か相続人を無理やり作って相続させる。つまり家は、ゴーイング・コンサーンとして残る。これは日本でもヨーロッパでも古い共同体では必ずやったことで、家はなくならないのです。

東大本郷キャンパスの周辺で、この数年の間にそば屋が3軒、パン屋が2軒、ともかく明治時代からずっとやってきて、関東大震災も、第2次大戦も、高度経済成長も乗り切ったのに、この数年でつぶれている店がたくさんあるのです。何が原因かというと、すべて相続問題で、後継者がいなくなってつぶれています。けれども、それではわれわれは困るわけです。そば屋に行きたいのにそば屋がない。けれども、誰かにそのそば屋の営業権譲渡をして、そば屋にしてしまえばいいわけです。そういうやり方は、かつては前近代社会にはいくらでもあったのです。これがひとつのやり方です。

もうひとつのやり方は、第一次世界大戦中から大戦後にかけてイギリスやドイツでなされたやり方で、私的所有権はそのまま維持するのですが適正耕作準則というものを作って、国の食料自給率を高める方法以外の仕方でもって農地を使おうとしたら、罰則を与えるというものです。地主が、ここは小麦を作るより牛肉を作ったほうが儲かるから、牛肉を作る借地放牧業者に土地を貸そうとするとします。しかし、国は、それは自給率を高めないから駄目だと言って、小麦を作る借地農業者に貸しなさいということを言うわけです。これは国家権力が強大になった総力戦の時だからできたやり方です。

みっつめのやり方は、中国のやり方です。中国は共同体が伝統的になくて、耕作を放棄したらそのまま放棄されて、誰かが入ってきてそのままそこに住みついて耕作すれば、それでけっこうですということをずっと長くやってきました。ところが、共産党の時代になって、人口も増えすぎたので、全部国家の土地ですと言うようになりました。ある種の公地公民制のような考え方ですね。誰の所有権でもなくて、全部公のものであって、定期借地権なり永代借地権なりを与える。その管理は国がやる。この発想です。

倉阪　倉阪先生がご提案になっているのは、地域の共同体が土地の所有や管理については、ある種の特定多数決で決められるようにするのがベターであるというお考えでしょうか。

小野塚　地域でランドスケーププランのようなものを合意できて、それに従って準則のようなものがきちんとできれば、それが一番望ましいと思います。

倉阪　その場合、地域のレベルでは、ミクロに何らかの均衡が達成されるかもしれませんが、そのことによって、国全体、地球全体で言うと、食糧自給率が下がるとか、温暖化ガスの発生量が増えるとか、マクロにはむしろまずい問題が起きる可能性はありませんか。

小野塚　そこは下から積み上げていく中で、地域で処理できないものについては、地域をまたいだ行政機関等が準則のようなものを作って、補完性原理で下から積み上げていくのがよいと思っています。積み上げていくけれども、やはり全体として、温暖化などは地域でなかなか処理できません。そこはもう少し上のレベルからの準則が降りてくる。そういうイメージです。

倉阪　現在、EUが採っている基本的な方策がそれなのです。一番下の農村レベル、基礎自治体のレベルで、まず問題を解決してください。できない場合はその上の郡レベル、県レベルで、国家レベル、最後はEUがやりますと。

倉阪　補完性の原理ですね。それを一応想定しています。

安田　所有権絡みの議論で、わたし自身、最近注目したのは、アメリカの経済学者のグレン・ワイルの *Radical Markets: Uprooting Capitalism and Democracy for a Just Society*（Princeton University Press, 2018. 安田洋祐・遠藤真美訳『ラディカル・マーケット 脱・私有財産の世紀——公正な社会への資本主義と民主主義改革』東洋経済新報社、2019年）という本です。その本は政治学のエリック・ポズナーとの共著なので、経済の問題と政治の意志決定の問題の両方が触れられているのですが、その中でよりラディカル感があるのはグレンの担当した経済編で、今皆さんが議論されている所有権の問題にどうやって対応するかについてのアイデアが述べられています。

ひとつは、諸々の外部性を内部化するために、誰か1人、2人、有力者が意志決定するということが解決策です。内部化してパイを増やした時にうまく成功すると儲かるわけです。それは、富の配分において格差が生まれやすい。独占化のメリットもあればデメリットもある。それを解消しながら、資源をどうやって活用していけばいいのか。彼はその中で、新しい形でのコモンプロパティを提唱して、共同所有している資産の利用権を競争を通じて配分することで、全体としてパイを増やせるような外部性の内部化を、うまくやるような仕組みを提案しているのです。

まず土地が一番典型ですが、そもそも所有権自体を、古くから個人が所有するのではなくて共同で所有しようという話は珍しいことではありません。グレンのアイデアはそれを現代版にアップデートし、そのうえでどういう形で活用するかとか、オークション的な仕組みを入れようとしたりしています。

ちなみに今の話の関連で言うと、倉阪さんの二段階の生産関数のところは、一番経済学的に理解しやすいアプローチです。生産を考えた時に中間財を入れて議論することはわりとスタンダードだと思います。要はインプットとして、労働（レイバー）と資本（キャピタル）があって、最終財ができるというのは単純すぎるストーリーであって、実際にはそこから中間財が出てきて、それを使って最終的な生産活動が行われるというモデルですね。特に国際貿易の中では、中間財を含めた貿易の自由化を議論するので、その際、何がそういった既存のモデルから大きく違うのかと考えていたのですが、この中間財を生み出すテクノロジーの中に、外部性がたくさん入っているということでしょうか。

倉阪　中間財といいますか、ひとつの生産工場を想定してみると、実際に工場長の知恵とデザイナーの知恵とが両方あります。いかに設計図をうまく描くかという知恵と、設計図を実際に実現するために、いかに無駄なく設計図どおりに作り出すかという知恵ですね。デザイナーの知恵のほうは従来の経済学では扱われていますが、物量のコントロールの方は不十分です。いかに歩留まり率を上げるのか。今の経済学は、無駄はないということを基本的な前提としているので、物量のところをきちんと目に見えるような形にすると、歩留まり率を上げるとともに、投入する物量を減らすことによって利潤を上げることができます。

たとえば、ＥＳＣＯ事業のようなものです。エネルギーサービス・カンパニーが、いかに省エネを実現するのかという知恵を出すときに、そのお金を省エネ代から出すような、そういうビジネスモデルがあります。しかし、そういったビジネスモデルは、今の主流の経済学ではなかなか説明できません。そこを物量のステージを明確にすることによって説明できるようにする。そういうものです。中間財の話は、少し違うと思います。

丸山　素朴な質問でひとつ伺いたいのですが、図7の資本基盤管理の5原則で、サイモン・レヴィンが提示した「冗長性を確保せよ」というのは、具体的にはどういうことを指しているのでしょうか。

倉阪　どこかのルートが駄目になっても、別のルートがあるということです。たとえば、食物連鎖でも、複数の食物を食べるような種は、どこかの餌がなくなっても生きていけます。そういったルートが複数あれば、全体として強くなります。生物多様性を維持するというのもそういう理由なのです。強い生態系というのは、そういう網がきちんと根を張っているのに対して、弱い生態系になると、攪乱に極めて脆弱になります。そういった冗長性は、経済原理、特に市場での効率性で考える際には、無視されがちです。ですので、そこは市場主義ではやっていけないよという、ひとつの例として説明しました。

経済学は実物的な世界に埋め込まれていないところで、学問として成立していったために、いろいろなものを捨象してきました。その捨象してきたものを、もう一度復活させる。捨象してきたものの名前が、資本基盤なのです。

中島　今日のお話で、トヨタのカイゼンとは違う「手入れ」という概念、資本基盤についてよく理解できました。ありがとうございました。

［2019年3月25日収録］

あとがき

この本は、稲盛経営哲学研究センターで進めてきた「人の資本主義」研究プロジェクトの成果です。稲盛経営哲学研究センターは、2015年6月に立命館大学大阪いばらきキャンパスに開設されました。その際、京セラ株式会社から、高津正紀さんが赴任されました。温厚さと大きな熱量をあわせ持ったそのお人柄に、稲盛経営哲学研究センターとわたしたちの「人の資本主義」研究プロジェクトがどれだけ支えられたか、感謝の思いでいっぱいです。大変残念ながら、2019年8月23日に滞在先の北京で逝去なさいました。この本をまず最初に手に取っていただきたかったのが高津さんでした。毎回の研究会の最後に、高津さんから激励と叱咤のコメントを頂戴したことは、わたしたちにとってかけがえのない宝だと思っています。心よりご冥福をお祈りいたします。

稲盛経営哲学研究センターは、稲盛和夫さんの「利他の心」をベースとした経営哲学がいかなる普遍性を有しうるのかを探求するプラットフォームです。わたしは、幸いにも一度だけ直接お目にかかって、お話をうかがうことができました。2016年2月のことです。稲盛さんのお書きになったものを一通り読んで確信していたのは、その経営哲学がある種の精神性に裏打ちされたもので、その上で人々を豊かに利する具体的な方策を考えてきた方だということでした。鹿児島の隠れ念仏のこともじっくりうかがいましたし、近代のスピリチュアリティの世界的展開についても教えていただきました。それは、単に利益を効率的に最大化するような発想ではなく、まさに「人」について考え続けた方の、魂のかたちが現れていました。

お目にかかった直後に浮かんだのが、「人の資本主義」という言葉でした。もう一度、人と資本主義の双方を考え直そう。しかも、両者の内在的に入り組んだ複雑な関係から考え直そう。このように思いを定めたのです。

その後、準備期間を十分にとって、「人の資本主義」研究会を立ち上げたのは、２０１８年になってからでした。小野塚知二さん（東京大学教授）、広井良典さん（京都大学教授）、堀内勉さん（多摩大学教授）、丸山俊一さん（ＮＨＫエンタープライズ・エグゼクティブプロデューサー）、安田洋祐さん（大阪大学准教授）に創設のステアリング・メンバーとして参加していただき、その都度ゲスト・スピーカーの方々をお招きして、議論を深めていきました。２０１８年7月に第1回のカンファレンスを開催してから、今現在まで１３回を積み重ねています。

この本で取り上げたのは、そのなかの一部の議論です。今回採録できなかった議論も、今後是非出版できればと思っています。分野の異なる人々がその言論を互いに共有することで、新しい地平を開いていくことは、それ自体が「人の資本主義」を駆動させるものです。それを可能にしていただいた、稲盛経営哲学研究センターと立命館大学の関係者のみなさまにあらためて感謝申し上げたいと思います。

とりわけ、研究センター長の青山敦さん（立命館大学教授）と、いつも裏方として支えてくださっている中上晶代さん（学校法人立命館総務部次長・秘書課長）と向山和希さん（学校法人立命館総務部社会連携課）には、記して御礼申し上げたいと思います。また、この稲盛経営哲学研究センターを立ち上げ、そして維持するのに尽力された、長田豊臣先生（立命館大学元総長、前理事長）と森島朋三理事長にも、深い敬愛とともに感謝を申し上げたいと思います。最後に、難しい編集の労を取っていただいた、黒田拓也さん（東京大学出版会専務理事）にはいつも助けていただいており、今回も大変感謝しております。ちなみに、黒田さんが最初に手がけた本が長田豊臣先生の『南北戦争と国家』（東京大学出版会、1992年）だとうかがいました。不思議な縁ですが、素敵な縁だと思います。

なおパーソナルなことですが、最愛の妻美幸に感謝を捧げたいと思います。今のわたしがこのようにあるのはすべて妻の支えがあってのことです。学生時代に知り合い、その後結婚し、気がつけば三十年余の星霜をともに歩んできた。立命館大学への赴任やハーバード大学での海外研修に加えて、数多くの海外出張や国内出張をこなすことができたのは、どれもこれも妻のおかげであり、妻が三人の子どもたちをしっかり育ててくれたからです。Human Co-becoming を語るのであれば、わたしにとってもっとも大切な「ともに」は妻でありましたし、これからも変わらずそうです。

最後に、新型コロナウィルスという疫病は、おそらくわたしたちの社会と社会的想像力を根底から変えるものだと思います。わたしたちは岐路に立たされているのではないでしょうか。それは、人の生をますます制御し支配する方向に向かうのか、それとも人の生をより豊かに自由にしていく方向に向かうのか、です。危機を利用する言説は、しばしば全体主義的な監視に人々を誘導します。それがどのような結末を迎えたのかは、２０世紀を振り返れば容易にわかるはずです。もし「利他の心」を生きるのであれば、それとは異なる方向に向かうべきだと思います。「人の資本主義」が開こうとするのは、人がともに人間的になる未来であり、それを支える社会・経済システムです。是非、一緒にこのことを考えていければと思います。

２０２１年３月
桜咲き誇る東京にて

中島隆博

執筆者紹介

［編者］

中島隆博　立命館大学稲盛経営哲学研究センター副研究センター長、東京大学東洋文化研究所教授、東京大学東アジア藝文書院院長

1964年生まれ。著書：『危機の時代の哲学——想像力のディスクール』（東京大学出版会、2021年）、『全体主義の克服』（マルクス・ガブリエルとの共著、集英社、2020年）、『思想としての言語』（岩波書店、2017年）など。

［著者］

小野塚知二　東京大学大学院経済学研究科教授

1957年生まれ。著書：『経済史——いまを知り，未来を生きるために』（有斐閣、2018年）、『大塚久雄から資本主義と共同体を考える——コモンウィール・結社・ネーション』（共編著、日本経済評論社、2018年）、『第一次世界大戦開戦原因の再検討——国際分業と民衆心理』（岩波書店、2014年）など。

広井良典　京都大学こころの未来研究センター教授

1961年生まれ。著書：『無と意識の人類史——私たちはどこへ向かうのか』（東洋経済新報社、2021年）、『人口減少社会のデザイン』（東洋経済新報社、2019年）、『ポスト資本主義——科学・人間・社会の未来』（岩波新書、2015年）など。

安田洋祐　大阪大学大学院経済学研究科准教授

1980年生まれ。著書：『改訂版　経済学で出る数学——高校数学からきちんと攻める』（共編著、日本評論社、2013年）、『日本の難題をかたづけよう　経済、政治、教育、社会保障、エネルギー』（共著、光文社新書、2012年）、『学校選択制のデザイン——ゲーム理論アプローチ』（編著、NTT出版、2010年）など。訳書：ポズナー／ワイル『ラディカル・マーケット　脱・私有財産の世紀——公正な社会への資本主義と民主主義改革』（共訳、東洋経済新報社、2019年）など。

山下範久　立命館大学国際関係学部教授
１９７１年生まれ。著書：『教養としての世界史の学び方』（編著、２０１９年、東洋経済新報社）、『現代帝国論——人類史の中のグローバリゼーション』（ＮＨＫブックス、２００８年）、「世界システム論で読む日本」（講談社メチエ、２００３年）など。訳書：ムーア『生命の網のなかの資本主義』（共訳、東洋経済新報社、２０２１年）など。

野原慎司　東京大学大学院経済学研究科准教授
１９８０年生まれ。著書：『戦後経済学史の群像——日本資本主義はいかに捉えられたか』（白水社、２０２０年）、*Commerce and Strangers in Adam Smith*（Springer、２０１８年）、『アダム・スミスの近代性の根源』（京都大学学術出版会、２０１３年）、など。訳書：ロバートソン『啓蒙とはなにか』（共訳、白水社、２０１９年）など。

國分功一郎　東京大学大学院総合文化研究科准教授
１９７４年生まれ。著書：『はじめてのスピノザ——自由へのエチカ』（講談社現代新書、２０２０年）、『中動態の世界——意志と責任の考古学』（医学書院、２０１７年）、『暇と退屈の倫理学　増補新版』（太田出版、２０１５年）、『ドゥルーズの哲学原理』（岩波現代全書、２０１３年）、『〈責任〉の生成——中動態と当事者研究』（共著、新潮社、２０２１年）など。

堂目卓生　大阪大学大学院経済学研究科教授
１９５９年生まれ。著書：『アダム・スミス——『道徳感情論』と『国富論』の世界』（中公新書、２００８年）、*The Political Economy of Public Finance in Britain 1767-1873*（Routledge、２００４年）など。

丸山俊一　ＮＨＫエンタープライズエグゼクティブ・プロデューサー、東京藝術大学客員教授、早稲田大学非常勤講師。
１９６２年生まれ。著書：『１４歳からの個人主義』（大和書房、２０２１年）、『１４歳からの資本主義』（大和書房、２０１９年）、『結論は出さなくていい』（光文社新書、２０１７年）、共著に『欲望の資本主義１-５』（東洋経済新報社、２０１７

-21年)、『欲望の民主主義』(幻冬舎新書、2018年)、『マルクス・ガブリエル欲望の時代を哲学する』『AI以後　変貌するテクノロジーの危機と希望』(ともにNHK出版新書、2018年/19年)など。

中野佳裕　早稲田大学地域・地域間研究機構(ORIS)次席研究員/研究院講師
1977年生まれ。著書:『カタツムリの知恵と脱成長——貧しさと豊かさについての変奏曲』(コモンズ、2017年)、『21世紀の豊かさ——経済を変え、真の民主主義を創るために』(共編著、コモンズ、2016年)など。訳書:ラトゥーシュ『脱成長』(白水社〈文庫クセジュ〉、2020年)など。

倉阪秀史　千葉大学大学院社会科学研究院教授
1964年生まれ。著書:『持続可能性の経済理論:SDGs時代と「資本基盤主義」』(東洋経済新報社、2021年)、『環境政策論　第3版』(信山社、2015年)、『政策・合意形成入門』(勁草書房、2012年)など。

[討議者]

アレッサンドロ・スタンチアーニ　社会科学高等研究院(École des hautes études en sciences sociales)教授
著書:*Les métamorphoses du travail constraint. Une histoire globale XVIIIe-XIXe siècles*, Presses de SciencesPo: Paris, 2020. *Labor in the Fringes of Empire: Voice, Exit and the Law*, New York: Palgrave Mac Millan, 2018. *Bondage: Labor and rights in Eurasia, 16th-20th centuries*, Oxford and New York: Berghahm, 2014.

堀内　勉　多摩大学社会的投資研究所教授・副所長(多摩大学大学院特任教授)
1960年生まれ。著書:『読書大全——世界のビジネスリーダーが読んでいる経済・哲学・歴史・科学200冊』(日経BP、2021年)、『資本主義はどこに向かうのか』(編著、日本評論社、2019年)、ファイナンスの哲学——資本主義の本質的な理解のための10大概念』(ダイヤモンド社、2016年)、『コーポレートファイナンス実践講座』（中央経済社、2014年）など。

［企画協力］

立命館大学稲盛経営哲学研究センター

索 引

[サ行]

[マ行]

[ヤ行]

[ラ行]

人の資本主義

2021 年 10 月 29 日　初　版

［検印廃止］

編　者　中島隆博（なかじまたかひろ）

発行所　一般財団法人　東京大学出版会

代表者　吉見俊哉

153-0041 東京都目黒区駒場 4-5-29

http://www.utp.or.jp/

電話 03-6407-1069　Fax 03-6407-1991

振替 00160-6-59964

印刷所　株式会社真興社

製本所　誠製本印刷株式会社

ISBN 978-4-13-013098-1　Printed in Japan